REFERENCE TO CRIMINAL TRIAL

刑事审判参考

中华人民共和国最高人民法院
刑事审判第一、二、三、四、五庭／主办

总第120集

法律出版社
LAW PRESS·CHINA

总第120集

刑事审判参考

编辑说明

《刑事审判参考》系最高人民法院刑事审判庭主办的业务指导和研究性出版物，自 1999 年 4 月创办以来，秉承立足实践、突出实用、重在指导、体现权威的编辑宗旨，在编辑委员会成员、作者和读者的共同努力下，密切联系刑事司法实践，为刑事司法人员提供了有针对性和权威性的业务指导和参考，受到刑事司法工作人员和刑事法律教学、研究人员的广泛肯定和欢迎。

《刑事审判参考》作为最高人民法院用以指导全国各级人民法院刑事审判工作的唯一出版物，由最高人民法院刑事审判第一、二、三、四、五庭共同主办，最高人民法院李少平副院长担任编辑委员会主任，姜伟、高憬宏、杨万明副院长和胡云腾、裴显鼎专委担任副主任。姜伟副院长担任主编，各刑事审判庭庭长担任副主编。

根据《刑事审判参考》主编会的决定，自 2012 年始，《刑事审判参考》由原 32 开改版为特 16 开。改版后的《刑事审判参考》仍为双月出版，全年共出版六集，设有以下栏目：

【指导案例】选择在认定事实、采信证据、适用法律和裁量刑罚等方面具有研究价值的典型案例，详细阐明裁判理由，为刑事司法工作人员处理类似案件提供具体的指导和参考。

【立法、司法规范】收录与刑事司法工作密切相关的法律、行政法规、部门规章、司法解释及其他规范性文件。

【刑事政策】最新的刑事司法政策，如最高人民法院院领导在刑事审判工作会议上的讲话、刑事审判工作会议讨论的问题等。

【审判实务释疑】最高人民法院刑事审判庭解答在刑事审判工作中具有普遍指导价值的法律适用问题。

【理论前沿】摘要登载近期刑事理论界、实务界最新研究成果，及时跟踪研究刑事审判中出现的新问题，为刑事司法人员提供最新理论参考。

【域外司法】评介域外的刑事立法及司法制度、实务问题和典型案例的文章。

【经验交流】地方司法机关制定的刑事司法规范性文件及其背景说明；地方各级人民法院在刑事审判工作中对于某些问题的处理政策和意见等。

【实务探讨】针对刑事司法工作中必须解决的疑难、复杂问题，登载相关学者与司法人员的研究文章，为刑事司法工作人员提供解决相关问题的思路。

【大案传真】登载在社会上影响较大的案件的有关裁判文书，及时传递大要案、热点案件的审判信息。

【疑案争鸣】针对实践中发生的疑难案例，对其中争议问题进行分析，给读者提供参与交流探讨的平台，推动相关问题的深入研究。

【裁判文书评析】选择典型裁判文书进行评析，展现法官智慧，指出不足，促进裁判文书制作水平的不断提高。

最高人民法院刑事审判第一、二、三、四、五庭

目　录

指导案例

[第1297号]

胡伦霞交通肇事案

——行人引起的交通肇事案件的司法认定

一、基本案情

被告人胡伦霞,女,1968年11月28日出生。2018年5月17日被取保候审。

广东省中山市第一市区人民检察院于2018年8月24日以被告人胡伦霞犯交通肇事罪,向中山市第一人民法院提起公诉。

经中山市第一人民法院审理查明:2017年5月27日20时许,被告人胡伦霞步行至中山市火炬开发区中山六路上坡头对开路段,未按交通信号灯指示而穿越马路,并在穿越马路时使用手机;其间与机动车道内正常行驶的由缪渊源驾驶的普通二轮摩托车发生碰撞,致乘坐摩托车的被害人张小清受伤,后经送医院抢救无效死亡。经法医鉴定,张小清系钝性暴力作用于头面部致重型颅脑损伤而死亡。胡伦霞也受伤并被送医救治。经公安交警部门现场勘查和调查取证认定,胡伦霞通过有交通信号灯的人行道,未按交通信号灯指示通行,违反《中华人民共和国道路交通安全法》第六十二条的规定,是导致此事故的主要过错方;根据《道路交通事故处理程序规定》(2008年,已失效)第四十六条第一款第二项的规定,胡伦霞承担此事故的主要责任。

2018年5月17日,被告人胡伦霞经公安交警人员电话通知后,到公安机关接受处理。案发后,胡伦霞于2018年9月18日与被害人张小清的家属达成执行和解协议,支付部分赔偿款,取得了被害人家属的谅解。

中山市第一人民法院认为,被告人胡伦霞违反交通运输管理法规,因而发生重大事故，致一人死亡，负事故的主要责任，其行为已构成交通肇事罪。被害人胡伦霞有自首情节，且已向被害人家属进行了赔偿并取得谅解，依法可以从轻处罚。依照《中华人民共和国刑法》第一百三十三条，第六十七条第一款，第七十二条第一款，第七十三条第二款、第三款及《最高人民法院关于审理交通肇事刑事案件具体应用法律若干问题的解释》第二条第一款第一项、《最高人民法院关于处理自首和立功具体应用法律若干问题的解释》第一条之规定，于2018年11月19日作出一审判决：被告人胡伦霞犯交通肇事罪，判处有期徒刑十个月，缓刑一年。

一审宣判后，被告人胡伦霞及其辩护人提出：(1)交警部门出具的道路交通事故认定书及道路交通事故认定复核结论不能作为本案的证据；(2)被告人在事故中的过错只是因疏忽大意而未触发交通信号灯按钮，且《工伤认定决定书》已认定胡伦霞属于工伤，其不应对此事故承担主要责任；(3)缪渊源、张小清在此事故中存在多个过错，应承担此事故的主要责任；因此认为被告人胡伦霞的行为不构成交通肇事罪，请求二审改判其无罪。

中山市中级人民法院经审理认为，被告人胡伦霞的行为已构成交通肇事罪。对其上诉意见评判如下：(1)胡伦霞并非一时疏忽大意未触发交通信号灯，而是完全无视交通法规关于行人穿越马路所应当遵守的规范而乱穿马路，原判认定其行为是引发此次交通事故的直接原因并无不当。(2)交警部门出具的《道路交通事故认定书》是公安交警部门经过对事故现场的勘查、技术分析，依照法定程序作出的对于交通事故的基本事实、成因及当事人责任划分的认定意见，且交警部门在收到被告人胡伦霞的复核申请后，已依照法定程序作出复核结论，该两份意见均经一审庭审质证，依法可以作为本案的证据使用；而被告人胡伦霞所持《工伤认定决定书》并非对此次交通事故的事实、成因及当事人责任划分的认定意见，原判采信交警部门出具的《道路交通事故认定书》及道路交通事故认定复核结论作为本案定案的证据并无不当。(3)《道路交通事故认定书》基于摩托车司机缪渊源存在诸多违反交通安全法规的行政违法行为，已客观认定其行为对造成本次事故应承担次要责任，且无证据证实缪渊源在事故发生时超速行驶，故胡伦霞及其辩护人提出缪渊源应承担事故的主要责任的意见理据不足。综上，一审法院根据公安交警部门出具的《道路交通事故认定书》的意见，结合本案现有证据，认定胡伦霞的行为构成交通肇事罪并无不当。一审判决认定事实清楚，证据确实充分，定罪和量刑适当，适用法律正确，审判程序合法；依照《中华人民共和国刑事诉讼法》第二百三十六条第一款第一项之规定，裁定驳回上诉，维持原判。

二、主要问题

1. 行人是否可以成为交通肇事罪的主体？

2. 本案事故的责任如何评价与认定？

三、裁判理由

（一）行人可以成为交通肇事罪的主体

本案在审理过程中，对被告人胡伦霞在穿越马路时使用手机，未按交通信号灯指示通行行为的定性，存在以下两种意见：

第一种意见认为，在道路通行过程中，行人属于弱势群体，处于弱势地位，因行人的行为引发交通事故的，可以相应减轻机动车驾驶人的责任，没有必要也不应该将行人作为交通肇事罪的主体予以处理。

第二种意见认为，行人可以成为交通肇事罪的主体。理由是，依据我国《刑法》和相关司法解释的规定，行人可以成为交通肇事罪的主体。

我们同意第二种意见，具体分析如下：

依据《中华人民共和国道路交通安全法》（以下简称《道路交通安全法》）第一百一十九条，“道路”，是指公路、城市道路和虽在单位管辖范围但允许社会机动车通行的地方，包括广场、公共停车场等用于公众通行的场所；“车辆”，是指机动车和非机动车；“机动车”，是指以动力装置驱动或者牵引，上道路行驶的供人员乘用或者用于运送物品以及进行工程专项作业的轮式车辆；“非机动车”，是指以人力或者畜力驱动，上道路行驶的交通工具，以及虽有动力装置驱动但设计最高时速、空车质量、外形尺寸符合有关国家标准的残疾人机动轮椅车、电动自行车等交通工具；“交通事故”，是指车辆在道路上因过错或者意外造成的人身伤亡或者财产损失的事件。

构成交通事故,应当具备以下要素:一是由车辆(包括机动车辆和非机动车辆)造成的;二是在道路上发生;三是在运动中发生;四是有事态(如碰撞、剐蹭等)发生;五是造成事态的原因是人为的;六是有损害后果发生;七是当事人心理状态是过失或者其他意外因素。其中,根据事故双方是否驾驶车辆,交通事故可以分成车辆与车辆的事故、车辆与行人的事故,而行人与行人之间的事故,不能认定为交通事故。

虽然车辆是交通事故中不可缺少的要素,但我们不能就此得出结论,认为交通肇事刑事案件(交通肇事罪)只追究机动车及其驾驶人的责任。

《刑法》第一百三十三条规定,违反交通运输管理法规,因而发生重大事故,致人重伤、死亡或者公私财产遭受重大损失的,处三年以下有期徒刑或者拘役。可以看出,自1997年《刑法》修订之后,交通肇事罪的主体扩大为一般主体。① 而《最高人民法院关于审理交通肇事刑事案件具体应用法律若干问题的解释》(以下简称《解释》)第一条规定:"从事交通运输人员或者非交通运输人员,违反交通运输管理法规发生重大交通事故,在分清事故责任的基础上,对于构成犯罪的,依照刑法第一百三十三条的规定定罪处罚。"《解释》进一步明确了交通肇事罪的主体包括非交通运输人员,即包括行人及非机动车的驾驶人。从实际发生的交通肇事案件来看,因行人和非机动车驾驶人违章造成交通事故的情形也时有发生,给公民的生命、健康和公私财产安全造成了危害。因此,虽然行人和非机动车驾驶人在道路交通中属于相对的弱者,应给予特别的关照,但其违反交通管理法规发生交通事故,也危及了交通安全,理应依法按照交通肇事罪处罚。

(二)本案事故责任的司法认定

本案争论的另一个焦点在于对事故责任的认定,即被告人胡伦霞是否应当承担该起事故的主要责任,这也是胡伦霞是否构成交通肇事罪的另一个关键问题。

有观点认为,交通事故双方各有违反交通管理法规的行为,《道路交通事故认定书》不是绝对的定案依据,由行人胡伦霞承担刑事责任有失公平。

---

① 1979年《刑法》规定,交通肇事罪的主体为"从事交通运输的人员"。

理由是：根据《道路交通安全法》第七十三条的规定，《道路交通事故认定书》可以作为诉讼证据使用是毋庸置疑的，但必须按照《中华人民共和国刑事诉讼法》第五十条第三款的规定，即需要经过查证属实，才能作为定案的根据。《道路交通事故认定书》依据行政法规推定交通事故责任的内容，不具有刑事诉讼的证明力。首先，刑事诉讼中的证据必须是经过查证属实的，在事实真相不明又无其他证据予以佐证的情况下，推定责任只能作为承担行政责任和民事责任的重要依据，而不能成为刑事案件的定案证据；其次，在刑事诉讼中，承担举证责任的主体是公诉机关，除法律有特别规定的外，被告人无证明自己无罪的举证义务，也就是说，被告人对推定的责任划分不负有举证责任。对于交通事故责任划分，应当由公安机关提供充分的证据来确定，而不能通过推定来确定。故本案中不应依据《道路交通事故认定书》判定由胡伦霞承担交通肇事罪的责任。

我们认为，本案可以依据《道路交通事故认定书》，结合其他证据，分清事故责任，判定被告人胡伦霞承担刑事责任。理由是：

1. 胡伦霞有违反交通管理法规的行为

《道路交通安全法》第六十二条规定，行人通过路口或者横过道路，应当走人行横道或者过街设施；通过有交通信号灯的人行横道，应当按照交通信号灯指示通行；通过没有交通信号灯、人行横道的路口，或者在没有过街设施的路段横过道路，应当在确认安全后通过。本案案发时间是夜晚，被告人胡伦霞未按交通信号灯指示而穿越马路，并在穿越马路时一直低头使用手机，未尽到注意义务。胡伦霞的以上行为，符合交通肇事罪的客观要件。

2. 本案有一人死亡后果的发生

《刑法》规定，过失犯罪，法律有规定的才负刑事责任。一般在行为人的过失行为造成严重后果的情况下才对其定罪处罚。本案中，乘坐摩托车的被害人张小清因交通事故受伤，后经送医抢救无效死亡。经法医鉴定，张小清系钝性暴力作用于头面部致重型颅脑损伤而死亡。此次交通事故是造成被害人张小清死亡的直接原因，符合交通肇事罪的危害性要件。

3. 胡伦霞的行为与损害后果之间存在因果关系

《解释》明确规定，认定交通肇事罪要“在分清事故责任的基础上”，即要求行为人的行为与损害后果之间应当存在因果关系。分清事故责任，尤其是造成事故的原因、过错、行为与损害后果之间的因果关系，是判断是否构成交通肇事罪的关键，这也是刑法罪责自负原则、禁止推定原则的体现。也就是说，分析事故责任，是司法实践中认定交通肇事犯罪的重要内容。

本案经法院审理查明，被告人胡伦霞未按交通信号灯指示沿有交通信号灯的人行道横过机动车道，在夜晚一直低头使用手机，没有观察路况和信号灯而径直向前走，并在感知对方车辆灯光的时候突然加速向前跑。沿机动车道行驶的被害人乘坐的摩托车驾驶人遇到这种情况时来不及刹车，虽然向左打方向，但仍未避免撞击的后果，造成胡伦霞、摩托车驾驶人和乘客同时倒地。由此可见，胡伦霞的前述行为，是导致此事故的直接原因。尽管存在缪渊源穿轮滑鞋驾驶普通二轮摩托车、缪渊源驾驶和被害人乘坐摩托车未按规定戴安全头盔等违反交通安全法规的行政违法行为，但这均不是导致本次事故的直接原因。《道路交通事故认定书》认定胡伦霞是导致此事故的主要过错方，承担此事故的主要责任；同时也客观认定了摩托车驾驶员存在诸多已经查实的违反交通安全法规的行政违法行为，承担此事故的次要责任。上述经法院查明的事实和情节，与公安交通管理部门通过对交通事故现场勘查、技术分析和有关经验、鉴定、分析查明交通事故的基本事实、成因和当事人责任所出具的《道路交通事故认定书》的认定意见是一致的，并经过法庭的当庭质证认定，可以作为本案的定案证据使用。本案的事故责任清楚。

综上，人民法院在审理本案件的过程中，根据证据规则依法采纳了公安交警部门的《道路交通事故认定书》，结合其他证据，准确认定案件事实，分清交通事故责任，并在此基础上作出裁判。一审判决、二审裁定正确，量刑适当。

（撰稿：河北省邢台市中级人民法院　陈雁琴
广东省中山市第一人民法院　温文凯
审编：最高人民法院刑二庭　韩维中）

[第 1298 号]

吴小军非法经营同类营业、对非国家工作人员行贿案

——非法经营同类营业罪的主体范围及对“同类营业”的准确理解

一、基本案情

被告人吴小军,男,1971 年 8 月 10 日出生,曾任农银国联无锡投资管理有限公司总经理。2014 年 10 月 17 日被逮捕。

江苏省淮安市人民检察院以被告人吴小军犯非法经营同类营业罪、对非国家工作人员行贿罪,向淮安市中级人民法院提起公诉。

淮安市中级人民法院经公开审理查明:

(一)主体身份的事实

农银国联无锡投资管理有限公司(以下简称农银国联)设立于 2011 年 9 月 30 日。其股东包括:(1)无锡国联资本管理有限公司(国有独资)股本占比 30%。2012 年 12 月无锡国联资本管理有限公司将 30% 的股份转让给国联信托股份有限公司(国有控股)。(2)农银无锡投资咨询有限公司(以下简称农银无锡)股本占比 70%。农银无锡系农银国际(中国)投资有限公司(也被称为北京总部)的子公司。农银国际(中国)投资有限公司的股东为农银国际控股有限公司(在香港设立,以下简称农银控股)。农银控股的股东为中国农业银行股份有限公司和捷骏公司(1 份股份)。中国农业银行股份有限公司系国有控股金融企业(参见示意图)。

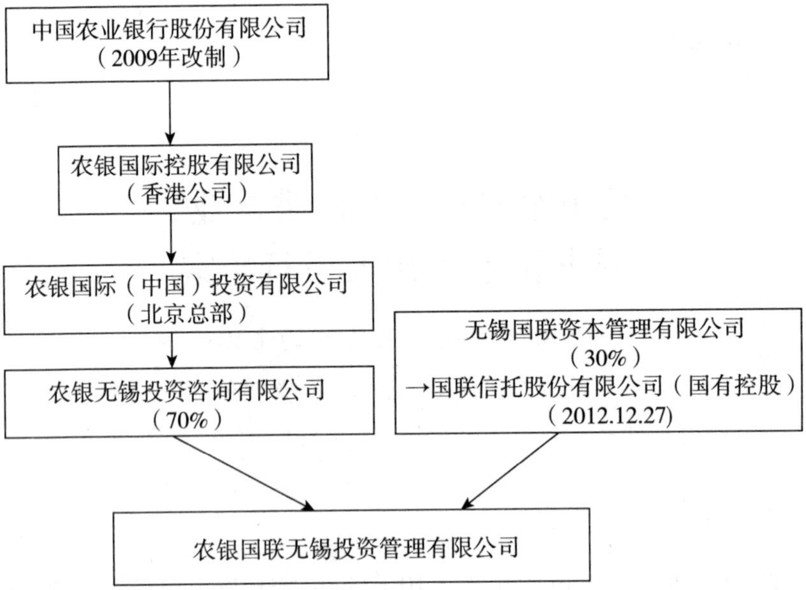

农银国联的股权结构示意图

吴小军原系中国农业银行江苏省分行（以下简称省农行）员工，2011年10月24日，省农行聘任吴小军为投资银行部总经理（正处级）；省农行党委组织部经研究同意吴小军提任正处级干部；2011年12月派至农银控股，任农银国联总经理（正处级）。吴小军于2011年12月31日与省农行解除劳动合同。2011年12月22日吴小军赴农银国联任职，2012年12月5日吴小军向农银控股提交了个人辞呈，2013年1月25日吴小军签订了离职承诺书，2013年4月9日农银国联董事会决议解聘吴小军的总经理职务。

（二）非法经营同类营业事实

1. 被告人吴小军在担任农银国联总经理期间，利用本公司与苏宁电器集团有限公司（以下简称苏宁集团）接洽并提供融资服务的便利，得知苏宁集团有10亿元融资需求，遂安排工作人员以苏宁集团需融资5亿元立项上报北京总部。在北京总部作出暂缓决议后，吴小军个人决定私下运作苏宁集团融资项目。吴小军联系了中国农业银行秦皇岛分行作为资金托管行，大连银行作为出资行，安徽国元信托有限责任公司（以下简称安徽国元）作为信托通道。2012年7月19日，苏宁集团与安徽国元达成10亿元借款合同;相关各方也分别达成资金信托合同。吴小军通过其朋友控制的江苏中港担保有限责任公司与苏宁集团签订财务顾问协议,收取顾问费,非法获利7 800万元。

2. 2012年6月,被告人吴小军经原农行同事引荐,结识了南京丰盛产业控股集团有限公司(以下简称丰盛集团)老总季昌群。经商谈,初步认为可以用丰盛集团"六合文化城"项目融资。吴小军遂安排农银国联工作人员和丰盛集团对接,并完成项目尽职报告。2012年9月,经北京总部审核,认为该项目有风险,未立即批准该项目。在与丰盛集团接触过程中,吴小军得知丰盛集团年底前还需融资30亿元。吴小军在未告知本公司的情况下,决定利用自己实际控制的南京来恩投资管理有限公司(以下简称来恩公司)完成该业务。吴小军主要联系了宏源汇智投资有限公司(以下简称宏源汇智公司)落实项目的资金方、过手方。以安徽国元作为信托通道和放款单位,确定了融资各方的利率。在吴小军的斡旋下,丰盛集团30亿元融资项目得以落实。为确保自己收益,吴小军将自己的收益拆分为两部分,分别从丰盛集团及安徽国元收取财务顾问费。至案发,吴小军将本公司承揽的业务转给其个人经营的公司运作,非法获利共计23 119.779 453万元。

(三)对非国家工作人员行贿事实

2012年11月,吴小军运作丰盛集团融资项目时,其联系了宏源汇智公司的胡挺(另案处理),由胡挺负责安排出资方、名义担保方,并与各方确定收益比例。吴小军为了掩盖该项目系农银国联的业务,要求胡挺为其保密。2012年11月底吴小军与胡挺见面时,确定给予胡挺个人好处费700万元。吴小军在扣除7.5万元税款后,由其控制的来恩公司向胡挺指定的上海坤山投资管理咨询有限公司、上海市挺友投资管理有限公司汇款共计692.5万元。

被告人吴小军对公诉机关指控事实不表异议,但提出其不构成非法经营同类营业罪。主要理由是:(1)主体不适格。非法经营同类营业罪的主体是"国有公司、企业的董事、经理",《刑法》中的"国有公司、企业"仅限于国有独资公司、企业,而其所任职的农银国联是国有控股公司。(2)其没有经营"同类营业"的行为。其任职的农银国联的经营范围不包括"财务顾问业务"。

淮安市中级人民法院认为,被告人吴小军原系省农行员工,后被委派担任国有控股的农银国联的总经理,负责公司全面工作,符合认定"国有公司、企业工作人员"所要求的"经委派"和"从事公务"的构成要件,可以被视为"国有公司、企业工作人员"。同时,吴小军又是国有控股的农银国联总经理,符合《刑法》第一百六十五条"国有公司、企业的董事、经理"的规定。吴小军的非法经营同类营业行为,是将本应属于农银国联的交易机会据为己有,损害了农银国联的利益,也损害了公司管理秩序、市场秩序,依法构成非法经营同类营业罪。吴小军在非法经营同类营业过程中,为谋取不正当利益,给予其他公司工作人员以财物,数额巨大,其行为已构成对非国家工作人员行贿罪。综上,依照《刑法》有关规定,对被告人吴小军以非法经营同类营业罪判处有期徒刑四年,并处罚金人民币二百万元;以对非国家工作人员行贿罪判处有期徒刑三年,并处罚金人民币一百万元,决定执行有期徒刑六年,并处罚金人民币三百万元。扣押在案的犯罪所得赃款共计292 980 823.13元予以没收,上缴国库。不足部分,继续追缴。

一审宣判后,被告人吴小军提出上诉。江苏省高级人民法院裁定驳回上诉,维持原判。

二、主要问题

1.吴小军作为国有控股公司的经理,是否符合非法经营同类营业罪的主体要件?

2.《国民经济行业分类》是否可作为认定"同类营业"的依据?对"同类营业"应坚持怎样的判断标准?

3.非法经营同类营业罪的社会危害性如何判断?

三、裁判理由

(一)非法经营同类营业罪中的"国有公司、企业"不限于国有独资公司、企业

《刑法》第一百六十五条规定了非法经营同类营业罪的主体是"国有公司、企业的董事、经理"。通常而言,刑法中的国有公司、企业仅限于国有独

资公司、企业。“刑法意义上的国有公司仅指国家出资的国有独资公司,不包含国有资本控股公司、国有资本参股公司等其他类型的国家出资企业。”[①]据此,有观点认为,非法经营同类营业罪的主体必须是国有独资公司、企业的董事、经理,而本案中,农银国联系国有控股公司,不属于《刑法》意义上的“国有公司、企业”,故被告人吴小军不具备非法经营同类营业罪的主体资格。我们认为,上述观点缺乏法律依据。“国有公司、企业的董事、经理”并非“国有公司、企业”与“董事、经理”两个词语的简单拼接组合,认为“国有公司、企业”仅限于国有独资公司、企业,进而得出“国有公司、企业的董事、经理”仅限于国有独资公司、企业的董事、经理的观点不符合立法本意。

随着我国经济体制改革的深入推进,市场经济体制的完善,国有经济更多的以国有控股、参股的形式出现,而《刑法》中存在大量以“国有公司、企业人员”为特殊主体的罪名,如按照上述观点,则相关罪名面临着被虚置的窘境,不利于对犯罪的打击。为了顺应经济发展现实,最高人民法院先后颁布了多个规范性文件,在坚持国有公司、企业既定外延(仅限于国有独资公司)的基础上,对“国有公司、企业人员”的范围进行了逐步的扩大。其中,2005年《最高人民法院关于如何认定国有控股、参股股份有限公司中的国有公司、企业人员的解释》明确“国有公司、企业委派到国有控股、参股公司从事公务的人员,以国有公司、企业人员论”之后,针对多次委派、层层委派等问题,2010年《最高人民法院、最高人民检察院关于办理国家出资企业中职务犯罪案件具体应用法律若干问题的意见》(以下简称《意见》)第六条规定,“经国家出资企业中负有管理、监督国有资产职责的组织批准或者研究决定,代表其在国有控股、参股公司及其分支机构中从事组织、领导、监督、经营、管理工作的人员,应当认定为国家工作人员。”

综上,《刑法》意义上“国有公司、企业”还仅限于国有独资公司、企业,但“国有公司、企业人员”的外延已经进行了调整。换句话说,经委派到国家出资企业中从事公务的人员,虽然其所任职的企业不能被认定为《刑法》意义

① 张威力、李洪川:《王海洋非国家工作人员受贿、挪用资金案——如何认定国家出资企业中工作人员的主体身份》,载最高人民法院刑事审判第一、二、三、四、五庭主办:《刑事审判参考》(总第102期),法律出版社2016年版,第3页。

上的“国有公司、企业”,甚至委派他的单位也不是刑法意义上的“国有公司、企业”,但其本人在符合特定条件的情况下,仍可以被认定为“国有公司、企业人员”。所谓符合特定条件,主要从以下三个方面考察:一是委派的主体。适格的委派主体应当是国有公司、企业,或者国有控股、参股公司中负有管理、监督国有资产职责的组织。二是委派的实质内容,即委派是否体现国有单位、组织的意志。至于委派的具体形式、被委派单位是否通过特定程序对被委派人员进行任命等,均不影响委派的认定。三是是否从事公务,主要体现为“从事组织、领导、监督、经营、管理工作”。

本案中,省农行系国有控股公司,被告人吴小军是由省农行党委研究决定,以中国农业银行总行发文推荐的方式,推荐吴小军为国有控股的农银国联总经理(正处级)人选,作为“总经理”,其职务范围无疑属于《意见》所规定的“组织、领导、监督、经营、管理工作”。综上,吴小军符合国家出资企业中“国家工作人员”的认定条件,属于“国有公司、企业人员”。而无论从语义解释,还是从体系解释等角度出发,“国有公司、企业的董事、经理”都应当被认定是“国有公司、企业人员”的子概念,是“国有公司、企业人员”的特定部分。吴小军经委派,担任国有控股公司的总经理,符合《刑法》第一百六十五条“国有公司、企业的董事、经理”的规定。综上所述,被告人吴小军具备非法经营同类营业罪的主体资格。

(二)吴小军的行为属于“同类营业”行为

根据《国民经济行业分类》,吴小军所开展的业务对应的分类是“财务管理咨询”,而农银国联工商登记资料显示其经营范围为“投资管理;企业管理咨询;利用自有资金对外投资”,并不包括“财务管理咨询”,且两者所属类别亦有所区别。尽管如此,我们认为这并不影响非法经营同类营业罪的认定,具体理由如下:

首先,私法领域,法无明文禁止即可为。根据公司法的相关规定,公司的经营活动即便超出了其营业执照标示的范围,只要不违反国家禁止性规定,都不应当被认定为无效。故农银国联法务主管所称的“企业管理咨询是指我们对其他企业提出管理意见,也包括为资金方和资金提供方提供服务,收取中介费,撮合资金供方和需方达成协议”,更接近于农银国联对自身经营范围的理解。并且,农银国联也曾以“农银无锡”名义做过融资咨询业务,该融资咨询业务与吴小军所从事的苏宁集团、丰盛集团融资业务并无本质区别。综上,农银国联可以从事财务顾问业务,吴小军及其来恩公司的行为属于非法经营同类营业行为。

其次,“同类营业”并非“同样营业”。吴小军因自身资金实力限制,而将相关业务做成了财务顾问形式。但事实上,对于丰盛集团而言,其只需要在自己可接受的融资成本范围内实现融资即可,至于是通过财务顾问形式,还是债权投资形式均可接受。因此,如果仅仅将该笔业务作为财务顾问业务看待,进而审查农银国联是否进行“同样营业”,是相对片面的。我们应当将该笔业务作为一次交易机会,审查农银国联是否可以在自己的业务范围内满足相对方的融资需求,即审查农银国联是否有“同类营业”。经查,农银国联的经营范围包括债权投资,其也有实力通过优先劣后等形式完成债权投资。故即便认为农银国联不具备财务顾问的业务范围,农银国联也完全可以在自己登记的业务范围内实现与丰盛集团的交易。吴小军在北京总部未对“六合文化城”项目表态的情况下,对于其利用职务之便获知的丰盛集团30亿元融资项目未作汇报,剥夺了本公司的交易机会,属于同类营业行为。

需要说明的是,被告人吴小军利用其担任农银国联总经理期间获得的交易信息及前期所做工作,通过其他公司运作苏宁集团、丰盛集团的融资项目,将本应属于农银国联的交易机会据为己有,其行为构成非法经营同类营业罪而非受贿罪。

（三）吴小军的行为具有社会危害性

认定某一行为是否构成犯罪,不仅要看该行为是否符合犯罪构成要件,还要审查该行为是否具有社会危害性,即是否侵害刑法所保护的法益。本案中,被告人吴小军及其来恩公司在运作苏宁集团、丰盛集团融资项目过程中,融资交易基本上得到了履行,交易各方的利益没有受损,甚至可以说,各方还不同程度的从交易行为中获利。但是,竞业禁止规则是市场经济的基本规则,非法经营同类营业罪是竞业禁止规则在刑法中的体现,其所保护的法益并非交易各方的利益,而是正常的市场秩序以及国有公司、企业的利益。吴小军私下抢占农银国联的交易机会,其行为损害了农银国联的利益,危害了公司管理秩序和市场秩序，具有社会危害性，且获取非法利益数额特别巨大，应依《刑法》予以制裁。一审判决、二审裁定是正确的。

（撰稿：江苏省淮安市中级人民法院　时恒支　王广田
审编：最高人民法院刑二庭　韩维中）

[第 1299 号]

高淑华、孙里海合同诈骗案

——签订合同并收取对方的保证金后挪作他用是否可以认定具有非法占有目的

一、基本案情

被告人高淑华,女,1961 年 2 月 12 日出生,河北省唐山市鑫海房地产开发有限公司(以下简称鑫海公司)法定代表人、董事长。因涉嫌犯合同诈骗罪于 2013 年 2 月 25 日被逮捕。

被告人孙里海,男,1963 年 2 月 27 日出生,鑫海公司总经理。因涉嫌犯合同诈骗罪于 2013 年 2 月 25 日被逮捕。

河北省石家庄市人民检察院以被告人高淑华、孙里海犯合同诈骗罪向石家庄市中级人民法院提起公诉。

石家庄市人民检察院指控:2012 年 2 月 20 日,被告人高淑华、孙里海虚构河北省唐山市丰润区任各庄镇曹信庄村的"鑫海唐山第一城"住宅楼项目,与河北世达建设集团有限公司石家庄分公司(以下简称世达公司)签订工程施工协议,骗取该公司 400 万元保证金。

被告人高淑华、孙里海均辩称自己的行为不构成合同诈骗罪,理由是:(1)没有虚构事实欺骗世达公司,本案涉及的项目是真实的。(2)没有非法占有世达公司 400 万元保证金的目的,一直在想办法筹钱,没有逃逸行为。

被告人高淑华、孙里海的辩护人均提出:(1)本案涉及的"鑫海唐山第一城"项目是真实的,鑫海公司与曹信庄村委会签订的协议也是真实的,二被告人没有虚构事实、隐瞒真相。(2)鑫海公司与世达公司之间属于民事纠纷。(3)鑫海公司没有非法占有 400 万元保证金的故意,高淑华、孙里海二人一直在想办法筹钱,没有逃逸、藏匿等行为。综上,高淑华、孙里海二人的行为不构成合同诈骗罪。

石家庄市中级人民法院经审理查明:

2011年7月,经河北省推进农村新民居建设工作领导小组审定,唐山市丰润区任各庄镇曹信庄村被列为新民居建设示范村。同年8月18日,曹信庄村委会与被告人高淑华任董事长、孙里海任总经理的鑫海公司签订意向书,准备在该村开发新民居房产项目。意向书的主要内容是:(1)鑫海公司应尽快办理新民居项目所需的各项手续,于当年8月17日向曹信庄村委会账户汇入400万元保证金,并于当年9月27日前再汇入4 600万元启动资金,曹信庄村委会提供20亩临建用地。(2)鑫海公司如不能在约定时间足额交纳启动资金,曹信庄村委会有权与他人另议新民居项目,一切临建物归曹信庄村委会所有,经确认临建物无债务后退还400万元保证金。意向书签订后,鑫海公司依约将400万元保证金汇入曹信庄村委会账户,随后在临建用地上进行了平整土地等前期准备工作,并委托时任村委会主任付洪钢承建部分临建工程,但未能按约定的时间筹集到4 600万元启动资金,也未办理好项目所需的建筑工程规划及开发用地审批等手续,对此,曹信庄村委会并未向鑫海公司提出解约要求,也未与他人另议该项目。

2011年8月,被告人高淑华、孙里海与武汉新八建设集团有限公司(以下简称新八公司)项目经理王腊元洽谈合作事宜,约定由新八公司承建曹信庄村新民居项目约46万平方米的建筑工程,并要求先向鑫海公司账户汇入300万元作为保证金。王腊元按要求汇款后,鑫海公司与新八公司签订了承建合同,约定合同签订后三个月内保证开工建设。此后,由于鑫海公司未能按合同约定让新八公司按时入场开工,王腊元开始向鑫海公司追要300万元保证金。

2012年2月20日,被告人高淑华、孙里海与世达公司市场部经理马超、项目经理唐山洽谈合作。孙里海告诉马超、唐山,项目是得到国家政策支持的新农村建设项目,并表态保证20日至30日内把所需的所有手续弄全。马超、唐山认为鑫海公司提出的条件非常优惠,如能获得施工协议将会获得超出预期的利润,在仅看了项目效果图的情况下就签订了“鑫海唐山第一城”

（曹信庄村新民居项目）住宅楼工程施工协议，约定世达公司承建该项目约20万平方米共价值3.2亿元的工程（合同显示该项目总建筑面积66万平方米，道路、广场、绿地2.13万平方米），并在合同签订后向鑫海公司交纳400万元保证金。协议签订后，孙里海开始以撕毁协议相威胁频繁催促世达公司交保证金。世达公司于当年2月27日将400万元保证金汇入鑫海公司账户，鑫海公司收到后，随即将其中的200万元用于退还2011年8月新八公司王腊元所支付的保证金（欠王腊元的剩余100万元亦在随后不久还清），另200万元用于项目施工及公司日常开支。世达公司与鑫海公司签订施工协议后，于2012年3月组织工人进入临建场地开始建设工人活动房，同年4月竣工。在鑫海公司与世达公司签订的施工协议中，约定签订40天内让世达公司进场正式施工，但鑫海公司未能履约，后又承诺当年5月25日前开工，但也一直未能兑现。在此情况下，世达公司开始追要400万元保证金，高淑华、孙里海表示愿意退还，但由于鑫海公司账上没钱且没有筹集到资金，故一直未能归还。其间为了应付要账人员，高淑华、孙里海还指使公司财务给世达公司开过两次空头支票。世达公司多次要账未果后，于2012年11月2日向公安机关报案。2013年1月17日，高淑华、孙里海在北京朝阳区农光东里桔子酒店内被公安人员抓获。

石家庄市中级人民法院认为，被告人高淑华、孙里海以非法占有为目的，在无履约能力的情况下，隐瞒事实，以鑫海公司名义与世达公司签订“鑫海唐山第一城”住宅楼工程施工协议，并通过该协议骗取400万元非法占有，数额特别巨大，其行为均已构成合同诈骗罪。高淑华、孙里海在共同犯罪中作用相当，均系主犯，依法应予惩处。依照《中华人民共和国刑法》第二百二十四条、第六十四条之规定，以合同诈骗罪分别判处被告人高淑华有期徒刑十五年，并处罚金二百万元；判处被告人孙里海有期徒刑十五年，并处罚金二百万元。

一审宣判后，被告人高淑华、孙里海均提出上诉。高淑华、孙里海及其辩护人的主要辩解和辩护意见是：(1)曹信庄村新民居开发项目真实存在。(2)鑫海公司在该项目上确有大量投入，与曹信庄村委会的协议并未解除，与世达公司的施工协议真实有效。(3)本案属民事纠纷，二被告人不构成合同诈骗罪。

河北省人民检察院认为,原判决认定事实清楚,证据确实、充分,定性准确,量刑适当,审判程序合法,二被告人的上诉理由及其辩护人的辩护意见均不能成立,建议驳回上诉,维持原判。

河北省高级人民法院经审理认为,上诉人高淑华、孙里海在与世达公司签订合同时存在欺诈行为,但鑫海公司的新民居建设项目真实存在且有一定的前期投入,收取的保证金主要用于归还项目经营形成的债务以及公司日常支出,认定二上诉人非法占有目的的证据不足。高淑华、孙里海及其辩护人所提本案属于民事纠纷,二上诉人不构成合同诈骗罪的上诉理由和辩护意见予以采纳,依照2012年《中华人民共和国刑事诉讼法》第一百九十五条第一款第三项、第二百二十五条第一款第三项、第二百三十三条之规定,依法改判高淑华、孙里海无罪。

二、主要问题

签订合同并收取对方的保证金后挪作他用是否可以认定具有非法占有目的?

三、裁判理由

对于本案中被告人高淑华和孙里海的行为应当如何定性,存在两种意见:

第一种意见认为,被告人高淑华、孙里海的行为构成合同诈骗罪。理由是:(1)鑫海公司未按期交纳曹信庄村新民居项目4 600万元启动资金,项目开发权利尚不确定,二被告人在签订合同时未告知被害方这一情况,存在欺诈行为。(2)鑫海公司没有实际履行能力。鑫海公司规模较小,自有资金严重不足,在预付曹信庄村400万元保证金后已无资金使用。虽然房地产开发边建设边融资的情况比较普遍,但应结合二被告人的融资能力综合考量其履约能力。鑫海公司与世达公司签订的施工协议远超其履行能力,又缺乏可靠的融资渠道,客观上也没有筹到任何资金,可认定其没有履行合同能力。(3)二被告人在此情况下,将收取施工单位的保证金部分用于返还其他公司交纳的保证金和日常开支，可认定其具有非法占有目的，被告人的行为构成合同诈骗罪。

第二种意见认为，被告人高淑华、孙里海的行为不构成合同诈骗罪。理由是：(1)曹信庄村新民居项目真实存在，二被告人主观上也确实想建设该项目。鑫海公司与曹信庄村委会签订了意向协议，先期支付了400万元保证金，还租用村民的土地搭建临时建筑，且有为履行合同创造条件的行为，案发前曹信庄村委会也未与鑫海公司解除协议，被告人的相关辩解不能完全否定。(2)二被告人虽然对世达公司有躲债行为，行为有一定的欺诈性，但鑫海公司对于曹信庄村新民居项目有前期投入并建设了一些临时建筑，虽然至案发时项目主体未开工，但该公司在曹信庄村仍有大量财产权益，且曹信庄村此前还收取了鑫海公司的400万元保证金。(3)被告人孙里海在与世达公司签订合同时确实有虚假、夸大宣传的行为，但"边干边批、先上车后买票"以及挪用保证金等不规范现象在房地产开发行业较为常见，现有证据并不能排除世达公司对此心知肚明。(4)二被告人主观上是希望施工合同能够履行，成功开发该新民居项目获利，未告知世达公司项目尚无手续和因未如期支付启动资金村里有权终止开发协议的行为属于合同欺诈，不构成合同诈骗罪。(5)二被告人得到世达公司支付的保证金后虽然有挪用行为，但主要围绕着项目花费，并未挥霍，非法占有目的不是很明确。

我们同意第二种意见，被告人高淑华、孙里海收取他人支付的保证金后挪作他用的行为不能认定为具有非法占有的目的，其行为不构成合同诈骗罪。理由是：

1. 鑫海公司的房产项目真实存在。鑫海公司在2011年8月与曹信庄村委会签订了新民居项目意向书并交纳了400万元保证金，虽然未能按约定交纳后续4 600万元启动资金，但此后鑫海公司在临建用地上进行土地平整、修建道路及工人住房等前期准备时，曹信庄村委会并未制止，也未终止与鑫海公司的合同与他人另议该项目。因此，双方的合作协议实际上一直在履行，即使鑫海公司未告知世达公司曹信庄村有权终止协议，也不能据此认定其有隐瞒真相的行为。鑫海公司在与世达公司签订合同时虽然只提供了项目效果图，但由于"边干边批、先上车后买票"的情况在房地产行业普遍存在,且在案证据显示,被告人孙里海在与世达公司签约时曾告知对方项目是新民居建设,并保证尽快把项目所需手续办理齐全,作为建筑工程领域的公司,世达公司在签约时对于鑫海公司项目手续未办或不全的情况并非一无所知。

2. 认定被告人高淑华和孙里海非法占有世达公司400万元保证金目的的证据不足。从现有证据来看,鑫海公司在曹信庄村新民居项目上确有前期投入,收取的保证金多数用于项目正常开支。鑫海公司与曹信庄村委会签订意向协议后,在临建用地上进行过土地平整、工人住房及修建道路等前期建设,并形成了相关的财产权益,所收取世达公司的400万元保证金均被用于归还欠款、工程费用及公司的日常开支,高淑华、孙里海没有将这400万元保证金占为已有或挥霍,主观上想将项目运作成功并围绕项目进行了一系列经营行为。

融资行为是判断被告人履约意愿的重要方面,但本案中关于被告人高淑华、孙里海融资行为的证据有限且真假未辨,无从认定。从整体来看,二被告人确实努力地在做曹信庄村新民居项目,尽管在与世达公司签约时有一些欺骗隐瞒行为,但从经验常识判断,房地产开发行业本身具有资金密集型的产业特点,资金投入大,经营风险高,鑫海公司虽然自身实力不足,但如果融资等经营行为得当,不能排除其最终盈利的可能性。因此,应当综合合同签订的背景、被告人为生产经营所作出的努力、钱款的去向和用途等方面来判断被告人是否具有非法占有的目的,而不能简单地从客观上被告人有欺骗行为直接得出被告人主观上具有非法占有目的的结论。

3. 本案资产负债问题并不突出,世达公司的损失能够通过民事途径进行救济,在一定程度上可得到挽回。截至案发时,鑫海公司在曹信庄村委会账户上还有400万元保证金,在临建项目上也形成了相关的财产权益,不同于常见的合同诈骗犯罪,本案中鑫海公司的资产负债问题并不突出。二被告人从王腊元、世达公司等处收取的保证金主要用于曹信庄村新民居项目的临建设施、公司正常开支或者归还此前吸收的保证金,未见挥霍情况。案发时鑫海公司的账户上虽然没有现金,无法偿还世达公司的保证金,但鑫海公司此前在曹信庄村新民居项目上已完成的临建设施上仍有一定的财产权益,加上该公司此前支付给曹信庄村委会的400万元保证金,公司的整体资产负债问题不是很突出。如处理得当,世达公司的400万元损失可在一定程度上得到挽回。对于虽有一定的欺骗行为,但不影响被害人通过民事途径进行救济的,不宜轻易认定为诈骗犯罪,这也符合刑法的谦抑性原则。

综上,河北省高级人民法院以原判认定被告人高淑华、孙里海非法占有目的的证据不足,本案属于民事纠纷为由依法改判其无罪的判决是正确的。

(撰稿:最高人民法院刑二庭　郭　慧　初立秀

审编:最高人民法院刑二庭　韩维中)

[第1300号]

沈超故意杀人、抢劫案

——前罪符合犯罪记录封存条件，在假释考验期限内犯新罪应如何处理

一、基本案情

被告人沈超，男，1993年10月13日出生。2009年7月23日因犯故意伤害罪被判处有期徒刑二年，缓刑三年；2011年12月9日因犯抢劫罪（犯罪时未成年）被判处有期徒刑二年五个月，并处罚金人民币四千五百元，因系在缓刑考验期内犯罪，依法撤销前罪刑罚的缓刑部分，数罪并罚，决定执行有期徒刑四年，并处罚金人民币四千五百元，2014年1月17日被假释，假释考验期至2015年4月26日。2015年4月23日因本案被逮捕。

吉林省长春市人民检察院以被告人沈超犯故意杀人罪、抢劫罪，向长春市中级人民法院提起公诉。

长春市中级人民法院经审理查明：2014年7月12日至13日，被告人沈超于假释考验期限内，在吉林省长春市汽车经济技术开发区（以下简称汽开区）以独行的女性为抢劫目标，持刀抢劫三起，在实施抢劫后或实施抢劫过程中杀害或伤害被害人，劫得款物共计价值人民币（以下币种同）9 985元，并致一人死亡，一人重伤。2014年7月22日，沈超被抓获。具体事实如下：

2014年7月12日14时许，被告人沈超尾随被害人周某某到汽开区39街区716栋3单元楼道内，持刀挟持周某某，劫得现金30元和三张银行卡，并逼迫周某某说出银行卡密码，因周某某向楼外跑并大声呼救，沈超追上后用刀刺周某某的胸部、肋部、臂部数刀，致周某某左肺静脉破裂导致失血死亡。沈超逃离现场后，于当日15时许使用周某某的银行卡在银行ATM机

取款,因密码错误,取款未果。

2014 年 7 月 13 日 13 时许,在汽开区 47 街区综合市场附近,被告人沈超尾随被害人张某某至 46 街区 850 栋 5 单元楼道内,持刀挟持后刺张某某腰部一刀,劫得价值 6 334 元的黄金项链一条。经法医鉴定,张某某腹部外伤致右肾破裂及结膜系膜破裂并手术修补构成重伤二级;右手食指及中指皮肤裂伤构成轻微伤;腹部外伤致右肾破裂及结肠浆膜破裂修补术后,构成九级伤残。

2014 年 7 月 13 日 16 时许,在汽开区 50 街区综合市场附近,被告人沈超尾随被害人赵某某至 50 街区 21 栋 4 单元楼道内,持刀挟持赵某某后劫得现金 50 元和价值 3 571 元的黄金项链一条。

长春市中级人民法院认为,被告人沈超在劫得被害人周某某的财物后,因周某某逃跑并呼救,持刀刺周某某要害部位致其死亡,其行为构成故意杀人罪;沈超以非法占有为目的强行劫取被害人周某某、张某某、赵某某的财物,其行为构成抢劫罪;沈超在假释考验期内犯新罪,应当撤销假释,与新犯的罪数罪并罚。依照《中华人民共和国刑法》第二百三十二条,第二百六十三条第四项、第五项,第八十六条第一款,第七十一条,第六十九条,第五十七条第一款,第五十二条,第五十三条,第六十四条,第三十六条第一款及《中华人民共和国民法通则》第一百一十九条,《最高人民法院关于适用〈中华人民共和国刑事诉讼法〉的解释》第一百五十五条第一款、第二款之规定,判决如下:

1. 撤销吉林省辽源市中级人民法院(2014)辽刑执字第 114 号对被告人沈超予以假释的刑事裁定。

2. 被告人沈超犯故意杀人罪,判处死刑,剥夺政治权利终身;犯抢劫罪,判处有期徒刑十五年,并处罚金人民币三万元,与前罪尚未执行的刑期并罚,决定执行死刑,剥夺政治权利终身,并处罚金人民币三万元。

3. 被告人沈超违法所得的财物责令退赔。

4. 被告人沈超赔偿附带民事诉讼原告人张某某经济损失人民币 34 000. 23元。

一审宣判后,被告人沈超不服,向吉林省高级人民法院提出上诉。吉林省高级人民法院经审理，裁定驳回上诉，维持原判，并依法报送最高人民法院复核。

最高人民法院经复核，于2016年5月31日裁定核准被告人沈超死刑。

二、主要问题

前罪符合犯罪记录封存条件，在前罪假释考验期限内又犯新罪的，应否撤销假释，依法数罪并罚？

三、裁判理由

对于本案被告人沈超的前罪犯罪记录是否封存，存在两种意见：

第一种意见认为，被告人沈超的前罪犯罪记录应予封存。理由是：沈超犯前罪时系未成年人，被判处五年有期徒刑以下刑罚，符合犯罪记录封存条件，根据刑事诉讼法及相关司法解释、规范性文件的规定，犯罪记录被封存的，司法机关因办案需要依法进行查询后仍应对被封存犯罪记录的情况予以保密。在案件均应当公开宣判的情况下，如果撤销沈超前罪的假释并与其后罪被判处的刑罚并罚，必然会公开此前被封存的犯罪记录，这样就与司法机关查询犯罪记录后的保密义务相冲突，故按照法律规定沈超的犯罪记录应予封存，不应在判决中体现。

第二种意见认为，犯罪记录封存不等同于犯罪记录消灭，本案中被告人沈超的前罪犯罪记录不应封存，应对其撤销假释，依法数罪并罚。

我们同意第二种意见。主要理由是：

（一）犯罪记录封存并非犯罪记录消灭，并不排斥在封存后的刑事诉讼中对已封存的犯罪记录进行法律评价

2012年刑事诉讼法第二百七十五条[①]规定了未成年人的犯罪记录封存制度。《最高人民法院、最高人民检察院、公安部、国家安全部、司法部关于建立犯罪人员犯罪记录制度的意见》以及立法机关相关立法说明都明确表示，我国建立未成年人犯罪记录封存制度是为了贯彻落实党和国家对违法

① 即2018年修正后的刑事诉讼法第二百八十六条。

犯罪未成年人的“教育、感化、挽救”方针和“教育为主、惩罚为辅”原则，消除“犯罪标签”对受过刑事处罚的未成年人在入伍、就业方面的影响，最终目的是帮助失足青少年回归社会。该制度的本质是“封存”而非“消灭”，因此，不能将“犯罪记录封存”等同于“犯罪记录消灭”，并进而禁止在此后的刑事诉讼中对犯罪记录进行法律评价。司法机关为办案需要可以使用已封存之犯罪记录也是实践中通行的做法。

刑法和刑事诉讼法制度在实践中相互影响。犯罪记录封存制度虽然规定在《刑事诉讼法》中，但相关刑法制度会影响对该制度的理解和适用。针对未成年人的犯罪记录封存制度，《刑法修正案（八）》也增加了相应内容，对累犯制度作出了相应调整。比如，在具体操作上，根据《公安机关办理刑事案件程序规定》第三百二十条第一款、《人民检察院刑事诉讼规则（试行）》第五百零三条和《人民检察院办理未成年人刑事案件的规定》第六十二条之规定，办案机关应当在收到人民法院生效判决后，对犯罪记录予以封存。而根据《刑法》相关规定，刑罚执行过程中可以对符合条件的罪犯进行减刑、假释，而犯罪记录是审理减刑、假释案件的基础事实，如果片面强调犯罪记录已封存，不得在裁判中使用就有可能导致符合条件的罪犯无法适用假释、减刑程序的情况。一项有利于罪犯的刑法制度（减刑、假释制度）却因为有利于罪犯的另一项刑事诉讼法制度（犯罪记录封存制度）的存在无法适用，从法理和情理上来讲都是不妥当的，司法机关应当根据实际情况有所取舍。我们认为，尽管犯罪记录已经封存，但在审理减刑、假释案件的诉讼中仍应对犯罪记录进行援引和评价。同理，罪犯假释期间违反《刑法》第八十六条第三款规定的，应撤销假释，收监执行未执行完毕的刑罚，在审理撤销假释案件过程中也可以对封存的犯罪记录进行援引和评价，这样才不至于因为未成年人的犯罪记录封存而架空《刑法》关于减刑、假释的规定。

犯罪记录封存制度是平衡社会公共利益与未成年犯罪人权益的一项举措，在理解和适用犯罪记录封存制度时，要注意平衡未成年犯罪人权益保护与惩罚犯罪及满足合理的社会防卫需要之间的关系，在权衡犯罪记录封存制度和相关刑法制度立法目的的基础上决定法律适用问题，不可片面强调“教育、感化、挽救”，也不可进行绝对的机械理解。除非法条有明确规定，如未成年人犯罪不构成累犯的规定,否则以犯罪记录封存为由而杜绝未成年人案件减刑、假释的适用,既违背了设立该制度的初衷,也不利于打击犯罪和保护未成年人权益。

(二)撤销假释数罪并罚的做法符合假释的制度功能

假释是对符合条件的犯罪分子附条件予以提前释放的一项刑法制度,附条件是指被假释的犯罪分子如果遵守相关规定,假释考验期满,就认为原判刑罚已经执行完毕。附条件释放很好地体现和实现了假释制度的特点和制度功能。倘若犯罪分子没有遵守相关规定,则应依法撤销假释,执行未执行完毕的刑罚或数罪并罚。未成年人在假释期内犯罪也不例外,这样才符合假释系附条件释放的立法本意,该观点也得到《最高人民法院、最高人民检察院、公安部、司法部关于进一步加强社区矫正工作衔接配合管理的意见》第十九条的印证、支持,该条规定:"撤销缓刑、撤销假释裁定书或者对暂予监外执行罪犯收监执行决定书应当在居住地社区矫正机构教育场所公示。属于未成年或者犯罪的时候不满十八周岁被判处五年有期徒刑以下刑罚的社区服刑人员除外。"根据该规定,犯罪记录封存后,罪犯在缓刑、假释考验期内违反相关规定,法院在审理撤销缓刑、假释案件的诉讼中可以援引和评价并可在撤销缓刑、撤销假释裁定书体现被封存的犯罪记录,只是考虑到保密义务问题,不在居住地社区矫正机构教育场所公示撤销缓刑、撤销假释裁定书。

本案中,被告人沈超在假释考验期内犯新罪,对其撤销假释依法数罪并罚,属于依法惩罚犯罪的问题,一方面实现了假释制度的立法目的,另一方面也与犯罪记录封存制度促使罪犯更好地回归社会的立法初衷并不冲突。如果仍以需遵守保密义务为由而不撤销假释依法数罪并罚的话,则有将"教育、感化、挽救"方针异化为"纵容"之嫌,也使假释制度形同虚设,实不足取。

(三)从司法实践操作层面分析,如果不撤销假释依法数罪并罚,则无法顺利进行刑事诉讼活动

本案中,被告人沈超在假释期间犯新罪,面临两种刑罚的执行问题:一种是前罪未执行完毕的刑罚执行问题,另一种是后罪所判处的刑罚的执行问题。如果不撤销假释并依法数罪并罚,那么,如何执行这两种刑罚呢?第

一种方案是先执行前罪未执行完毕的刑罚,执行完毕后再执行后罪所判处的刑罚;第二种方案是先执行后罪所判处的刑罚,执行完毕后再执行前罪未执行完毕的刑罚。但这两种方案均无法律依据,且被告人沈超后罪所判处的刑罚是死刑,第二种方案更不可行。而如果撤销假释依法数罪并罚,则通过数罪并罚制度一并解决了前罪未执行完毕的刑罚和后罪所判处刑罚的执行问题,亦无法律障碍。

综上,被告人沈超前罪被封存的犯罪记录是犯新罪后对其进行刑罚裁量的法定基础性事实,即使在刑事诉讼中对其援引和评价违反法律规定的保密义务,也应予以援引和评价。

（撰稿:长春市中级人民法院　訾效云　曲鹏程
审编:最高人民法院刑二庭　韩维中）

[第1301号]

蒋伟伟抢劫案

——如何认定为劫取财物而预谋故意杀人的行为

一、基本案情

被告人蒋伟伟,女,汉族,1981年12月4日出生,农民。2016年4月8日被逮捕。

浙江省台州市人民检察院指控被告人蒋伟伟犯故意杀人罪、盗窃罪,向台州市中级人民法院提起公诉。

被告人蒋伟伟对起诉指控的故意杀人、盗窃的犯罪事实和罪名均无异议,并称其杀人动机系认为被害人蒋仙娥在背后挑拨致其夫妻不和,在案发之前其曾与蒋仙娥发生争吵,争吵之后其回到自己家里拿来窗帘绑带绳,再回来将蒋仙娥勒死。其辩护人对蒋伟伟构成故意杀人罪、盗窃罪均无异议,但认为本案属于民间矛盾引发,被告人与被害人系特定关系人,杀人动机系被告人认为被害人挑拨其夫妻关系;本案系临时起意杀人,用绳子勒死被害人,情节不是特别恶劣;被告人如实供述犯罪事实,当庭自愿认罪,系初犯,请求对被告人从轻处罚。

台州市中级人民法院经审理查明:被告人蒋伟伟与被害人蒋仙娥系妯娌关系。蒋伟伟自2014下半年起与夏某某认识并保持不正当男女关系。案发前几天,夏某某向蒋伟伟要钱还赌债,蒋伟伟答应汇款,其间夏某某曾催促过蒋伟伟,但是蒋伟伟并无足够钱款,遂产生杀死蒋仙娥并劫财的念头。2016年3月25日14时左右,蒋伟伟在临海市上盘镇××村××号蒋仙娥家中一楼前间,用事先准备的一根黄色窗帘绑带绳,乘蒋仙娥不备之际,从蒋仙娥身后勒住其颈部,后将其拖至一楼后间餐厅继续勒颈,并先后打了两个死结,致蒋仙娥遭绳索勒颈当场死亡。随后,蒋伟伟取走蒋仙娥身上总价值人民币(以下币种同)13 707 元的财物,包括金项链一根、金手链一根、金耳环一对、三星手机一部和一串钥匙等物。同日 15 时 40 分许,蒋伟伟在临海市上盘镇银山街 579 号的一家金银首饰店,将金手链销赃得款 6 100 元。15 时 50 分许,蒋伟伟以 700 元的价格包车去往宁波。19 时许,蒋伟伟在宁波钟公庙街道菜场路 7 号的一家首饰店,将一对金耳环和一条金项链销赃得款 6 050 元。随后与夏某某相会,并给了夏某某 10 000 元。

2016 年 3 月 27 日 8 时许,被告人蒋伟伟在宁波市象山县 × × 宾馆 × × 房间被公安机关抓获,公安人员从蒋伟伟随身携带的背包内扣押白色三星手机一只、钥匙一串、窗帘绑带绳三根、现金 2 250 元。

台州市中级人民法院经审理认为:被告人蒋伟伟采取暴力手段当场劫取他人财物,致一人死亡,其行为已构成抢劫罪,依法应予惩处。公诉机关指控的罪名不当,应予变更。被告人蒋伟伟归案后虽如实供述了杀人取财的犯罪事实,认罪态度尚可,但其犯罪动机卑劣,手段残忍,后果严重,社会影响恶劣,依法应予以严惩。依照《中华人民共和国刑法》第二百六十三条第五项、第四十八条第一款、第五十七条第一款、第三十六条第一款之规定,以被告人蒋伟伟犯抢劫罪,判处死刑,剥夺政治权利终身,并处没收个人全部财产。

一审宣判后,被告人蒋伟伟不服,提出上诉。

被告人蒋伟伟上诉提出,原判部分事实认定不清,其杀人动机是认为被害人在背后挑拨导致其夫妻不和,加上案发前其与被害人发生争吵,导致萌发杀人动机,属于激情杀人和报复性杀人,事后拿走被害人身上的物品是顺手牵羊的盗窃行为,案发后其万分后悔,归案后认罪态度好且系初犯、偶犯,其父母双亲患病在身,女儿年龄幼小,原判以抢劫罪判处其死刑,定性错误、量刑过重,请求以故意杀人罪、盗窃罪改判其无期徒刑。其二审辩护人提出,被告人的杀人行为是因家族成员之间的矛盾怨恨引起,被害人对被告人婚姻家庭及子女教育等问题上的过多干预导致被告人激情杀人,原审法院从被告人勒死被害人后偷取钱财的表象认定被告人的行为构成抢劫罪,证据不足,定性结论不客观。请求以故意杀人罪和盗窃罪对被告人从轻改判。

出庭检察员认为,本案有证据证明被告人系有预谋的杀人劫财,原判以抢劫一罪定性,并无不当,被告人所称系报复杀人的理由不能成立。原判定罪准确,量刑适当,建议驳回上诉,维持原判。

浙江省高级人民法院经审理认为,被告人蒋伟伟以非法占有为目的,采用暴力手段劫取他人财物,致一人死亡,其行为已构成抢劫罪。蒋伟伟抢劫犯罪手段残忍,犯罪后果严重,社会危害极大,依法应予惩处。蒋伟伟及其辩护人对定性的异议及要求从轻改判的理由均不能成立,不予采纳。原判依照相关法律规定,结合案件具体情况酌情作出的判决,并无不当。原判定罪及适用法律正确,量刑适当,审判程序合法。裁定驳回上诉,维持原判,并报请最高人民法院核准。

最高人民法院经复核认为,被告人蒋伟伟以非法占有为目的,采取杀死被害人的暴力手段劫取财物,其行为已构成抢劫罪。蒋伟伟蓄意作案,携带作案工具窗帘绑带绳来到被害人蒋仙娥家中,后趁蒋仙娥不备,将其勒死并劫取其金首饰等财物,犯罪性质恶劣,手段残忍,罪行极其严重,应依法惩处。第一审判决、第二审裁定认定的事实清楚,证据确实、充分,定罪准确,量刑适当,审判程序合法。依照2012年《中华人民共和国刑事诉讼法》第二百三十五条、第二百三十九条和《最高人民法院关于适用〈中华人民共和国刑事诉讼法〉的解释》第三百五十条第一项的规定,裁定核准浙江省高级人民法院以抢劫罪判处被告人蒋伟伟死刑,剥夺政治权利终身,并处没收个人全部财产的刑事附带民事裁定。

二、主要问题

如何认定为劫取财物而预谋故意杀人的行为?

三、裁判理由

在本案审理过程中,对被告人蒋伟伟的行为应如何定性,主要存在两种观点:第一种观点即公诉机关的观点,认为被告人蒋伟伟的行为构成故意杀人罪、盗窃罪。蒋伟伟主观上积极追求被害人死亡的结果,客观上实施了用绳勒死被害人的行为;又以非法占有为目的,采用秘密手段窃取他人财物,数额较大,分别构成故意杀人罪、盗窃罪。第二种观点认为本案系为劫取财物而预谋故意杀人，应定抢劫罪。我们同意第二种观点。具体理由如下：

2001 年《最高人民法院关于抢劫过程中故意杀人案件如何定罪问题的批复》（以下简称《批复》）规定："行为人为劫取财物而预谋故意杀人，或者在劫取财物过程中，为制服被害人反抗而故意杀人的，以抢劫罪定罪处罚。行为人实施抢劫后，为灭口而故意杀人的，以抢劫罪和故意杀人罪定罪，实行数罪并罚。"《批复》明确了三种故意杀人与抢劫交织情形下的定罪，在第一种和第二种情形中，行为人是以故意杀人的手段来实施抢劫。详言之，行为人故意杀人的手段服务于抢劫财物的目的，抢劫财物和故意杀人之间存在明显的目的与手段的关系。对于行为人以杀人为目的，在实施杀人行为后，利用被害人已经死亡或者不能反抗的状态拿走被害人的财物，实践中通常认定以故意杀人罪和盗窃罪并罚。因而，判断行为人的犯罪性质，主要在于区分行为人的主观动机。当然，在实践中不乏被告人存在复杂动机的情形，如被告人和被害人素有矛盾，被告人在手头紧张时产生了抢劫被害人之念；或者被告人在预谋杀人的同时产生抢劫之念的，对于这种动机交织的情形，则应当把握行为人犯罪的主要动机和直接起因，分析被告人和被害人之间的矛盾是被告人杀人的起因还是将被害人作为抢劫对象的因素，根据案件的具体情况进行定罪、量刑。

有无劫财目的是被告人的主观意识，而主观意识的认定，一是要审查被告人的供述和辩解，二是要审查被告人的客观行为。然而，在司法实践中，被告人基于趋利避害、避重就轻的人性特点，其供述和辩解有时并不能真实反映被告人作案时的心理状态，这就要求我们不能偏信被告人的辩解。在刑事诉讼中，对被告人的供述和辩解的证据效力的认定，直接关系到定罪，在判决中具有举足轻重的作用。如果不当地采信了被告人无罪或罪轻辩解，就可能会放纵犯罪或者导致重罪轻判。因此，需要根据全案证据分析被告人供述和辩解是否具有合理性和客观性，与在案其他证据是否能够印证，再分析被告人所供述的主观目的和客观行为是否有一致性。实践中需要根据在案证据的细节信息，如犯罪动机、起因、手段、工具等证据信息或线索，来印证、辨别被告人供述和辩解的真伪。

结合本案来看，我们应从以下两个方面具体来认定：

1. 被告人的辩解是否具有合理性、客观性

结合本案来看,被告人蒋伟伟辩解其认为被害人蒋仙娥在背后挑拨致其夫妻不和,在案发之前其曾与蒋仙娥发生争吵,争吵之后其回到自己家里拿来窗帘绑带绳,再回来将蒋仙娥勒死。但从全案的证据分析,该辩解不合情理、不符合客观事实。具体分析如下:

首先,在案多数证人证实,蒋伟伟对继子过于严苛,蒋仙娥出于善意提醒将此事告知过其丈夫,并无四处宣扬,并无故意挑拨蒋伟伟夫妻关系导致两人不睦。蒋伟伟在2014年下半年开始与夏某某发生婚外情,已无心维系夫妻关系。其次,根据在案的家属和邻居的证言,证实蒋仙娥与蒋伟伟平时关系较好,没有矛盾,也没有发生过争吵。案发当日蒋伟伟还和王某甲、王某乙在蒋仙娥家聊天,蒋伟伟还帮蒋仙娥做渔网,没有什么异常。最后,根据正对案发现场的视频监控,案发前被告人蒋伟伟从自己家进入蒋仙娥家后,除了中间王某甲、王某乙来过又离开外,再无其他人出入。蒋伟伟辩解其杀蒋仙娥之前已与蒋仙娥发生过争吵,然后再从前门返回家中拿来窗帘绑绳来到蒋仙娥家中,但该辩解与视频监控所证明的事实相矛盾,也与蒋伟伟在侦查阶段供称其是中饭后即带着绳子到被害人家的事实不符。因此,被告人的上述辩解既与事实不相符合,又与情理相悖。

2. 被告人供述的主观目的和客观行为是否具有一致性

被告人是否成立为劫取财物而预谋故意杀人,应从被告人经济上是否窘迫、需要钱财是否急迫、处理赃款是否及时、犯罪是否有预谋等方面综合分析。结合本案具体分析如下:

一是被告人蒋伟伟经济上的窘迫性。在案证据反映,蒋伟伟本人没有工作,平常生活费用主要来源于其父母和丈夫,且有赌博行为,2015年向邻居、亲戚多人借款,部分由其丈夫归还;2016年1月25日至3月14日,蒋伟伟使用其弟弟信用卡取现、消费共计25 943元,后由其父代为归还欠款。总体来看,蒋伟伟自身经济状况较为拮据,此与蒋伟伟称其在作案时身上只有1 000元的供述相印证。二是被告人需要钱财的急迫性。在案的微信聊天记录及证人夏某某证言、蒋伟伟供述证实,在案发之前蒋伟伟答应给夏某某汇钱还赌债,但其自己并没有足够钱款,其间夏某某催促过蒋伟伟,蒋伟伟

表示道歉。三是被告人取财、销赃、处理赃款的及时性。蒋伟伟供述、视频监控、微信聊天记录等证据证实蒋伟伟杀死蒋仙娥后,立即搜取了蒋仙娥的黄金首饰、三星手机以及一串钥匙,同时发微信给夏某某说去汇钱,随即将赃物进行销赃,共得款12 150元,与夏某某会合后立即给了他10 000元。四是犯罪的预谋性。在案证据证实,2016年3月17日开始蒋仙娥独自在家,2016年3月24日、25日蒋伟伟安排好子女接送事宜。案发当日,蒋伟伟事先准备好窗帘绑带绳来到蒋仙娥家将蒋仙娥勒死,并先后打了两个死结,事后逃往宁波。因此,被告人主观目的主要是劫财,客观上为了劫取财物而预谋故意杀人,足以证明被告人蒋伟伟为劫取财物而预谋故意杀人的事实。

综上所述,本案被告人蒋伟伟属于为劫取财物而预谋故意杀人的情形,法院以抢劫罪定罪处罚是正确的。

(撰稿:浙江省台州市中级人民法院　王永兴

审编:最高人民法院刑二庭　韩维中)

[第1302号]

郗菲菲、李超、蒋超超、林恺盗窃案

——"供犯罪所用的本人财物"的司法认定

一、基本案情

被告人郗菲菲,男,1988年12月28日出生。2015年9月22日因犯盗窃罪被判处有期徒刑十个月,并处罚金人民币八千元,2016年4月22日刑满释放。2017年1月6日因本案被逮捕。

被告人李超,男,1989年6月7日出生。2017年1月6日被逮捕。

被告人蒋超超,又名蒋钊,男,1986年2月23日出生。2017年1月6日被逮捕。

被告人林恺,男,1989年12月5日出生。2017年1月6日被逮捕。

陕西省西安市长安区人民检察院指控被告人郗菲菲、李超、蒋超超、林恺犯盗窃罪,向西安市长安区人民法院提起公诉。

被告人郗菲菲、李超、蒋超超对公诉机关指控的犯罪事实和罪名无异议,被告人林恺除辩解其未参与检察机关指控的第一宗盗窃外,对其余犯罪事实和罪名无异议。

西安市长安区人民法院经审理查明:2016年11月10日17时许,经预谋,被告人林恺驾驶陕A8××××轿车载被告人郗菲菲、李超前往西安市长安区下北良村忆青春网吧伺机盗窃手机。郗菲菲、李超进入网吧,林恺驾车在外接应。李超在网吧内望风,郗菲菲使用铁丝制成的钩状工具盗走被害人郭某放置于电脑桌上的苹果7PLUS手机1部,三人驾车逃离现场。后三人又于11月14日21时许、22日17时许,采取上述相同方式先后在西安市雁塔区青松路尚MISS网咖、西安市经济技术开发区红树林网吧,分别盗窃被害人张某、被害人雷某放置于电脑桌上的苹果6S、OPPO R9手机各1部。

以上手机价值共计 9 041 元。

2016 年 11 月 18 日 17 时许、20 时许、25 日 19 时许、29 日 17 时许，经预谋，被告人蒋超超驾驶其所有的陕 AZ××××轿车载被告人郗菲菲、李超先后前往西安市灞桥区西航花园社区冒险岛网咖、西安市未央区新房村本都网吧、西安市高陵区大时代网吧、华阴市现代商城自由空间网吧伺机盗窃手机。郗菲菲、李超进入网吧，蒋超超驾车在外接应。李超在网吧内望风，郗菲菲趁被害人不备或使用铁丝制成的钩状工具分别盗窃被害人余某、宋某、任某、孟某放置在电脑桌上的苹果 6S、OPPO R9、VIVO X7PLUS、OPPO R9PLUS 手机各 1 部，价值共计 12 097 元。

以上手机销赃后所得赃款由上述被告人分赃后挥霍。综上，被告人郗菲菲、李超参与盗窃 7 次，价值 21 138 元；被告人蒋超超参与盗窃 4 次，价值 12 097 元；被告人林恺参与盗窃 3 次，价值 9 041 元。

西安市长安区人民法院经审理认为，被告人郗菲菲、李超、蒋超超、林恺以非法占有为目的，结伙多次秘密窃取他人财物，数额较大，其行为均已构成盗窃罪。郗菲菲系累犯，应当从重处罚。林恺参与第一宗盗窃，有郗菲菲、李超的供词，其在公安机关也予以供认，故对其相关辩解意见不予采纳。各被告人有坦白情节，依法可从轻处罚。据此，依照《中华人民共和国刑法》第二百六十四条、第二十五条第一款、第六十四条、第六十五条、第六十七条第三款之规定，判决如下：

1. 被告人郗菲菲犯盗窃罪，判处有期徒刑二年，并处罚金人民币一万八千元；被告人李超犯盗窃罪，判处有期徒刑一年八个月，并处罚金人民币一万五千元；被告人蒋超超犯盗窃罪，判处有期徒刑一年一个月，并处罚金人民币九千元；被告人林恺犯盗窃罪，判处有期徒刑一年，并处罚金人民币八千元。

2. 责令被告人郗菲菲、李超、林恺、蒋超超退赔被害人郭某等人经济损失。

3. 对被告人郗菲菲、李超、林恺、蒋超超的非法所得继续追缴。

4. 涉案车辆陕 A8××××轿车、陕 AZ××××轿车依法予以没收，由西安市公安局长安分局上缴国库；作案工具铁丝钩两根、手套一个，予以没收。

一审宣判后,被告人蒋超超、林恺不服,提起上诉,认为一审将其贷款购买的车辆予以没收不当,并提交了车辆贷款购买合同等证据材料。

西安市中级人民法院经审理后认为,上诉人蒋超超、林恺及原审被告人郗菲菲、李超以非法占有为目的,多次结伙盗窃他人财物,数额巨大,其行为均构成盗窃罪,依法应予惩处。但蒋超超、林恺名下车辆不应作为供犯罪所用的本人物品予以没收,蒋超超、林恺的上诉理由成立,予以采纳。原审判决认定事实清楚,证据确实、充分,定罪准确,量刑适当,审判程序合法,唯判决没收陕A8××××、陕AZ××××轿车不当,依法应予纠正。依照2012年《中华人民共和国刑事诉讼法》第二百二十五条第一款第一项、第二项以及《中华人民共和国刑法》第二百六十四条、第二十五条、第二十六条、第二十七条、第六十四条、第六十五条、第六十七条第三款之规定,判决如下:

1.维持西安市长安区人民法院(2017)陕0116刑初296号刑事判决书第一项、第二项、第三项。

2.撤销陕西省西安市长安区人民法院(2017)陕0116刑初296号刑事判决书第四项,即涉案车辆陕A8××××、陕AZ××××轿车依法予以没收,由西安市公安局长安分局予以执行,上缴国库;作案工具铁丝钩两根、手套一个,予以没收。

3.作案工具铁丝钩两根、手套一个,予以没收。

二、主要问题

《刑法》第六十四条规定的"供犯罪所用的本人财物"如何认定?

三、裁判理由

《刑法》第六十四条规定,违禁品和供犯罪所用的本人财物,应当予以没收。但对于何谓"供犯罪所用的本人财物",没有明确规定,理论界和司法实践中存在认识分歧,尤其是对于非直接或非专门用于犯罪的财物、设定了他人民事权利的财物等如何认定、处理尚不统一。具体到本案,对于被告人蒋超超、林恺在盗窃犯罪实施过程中驾驶的陕A8××××、陕AZ××××轿车是否应认定为《刑法》第六十四条规定的"供犯罪所用的本人财物",继而判决予以没收，在本案一、二审审理中形成以下两种不同意见：

第一种意见认为，被告人蒋超超、林恺在盗窃犯罪中分别驾驶陕A8××××、陕AZ××××轿车多次载被告人郗菲菲、李超到网吧实施盗窃，并在盗窃完成后作为逃离工具，应认定为“供犯罪所用本人财物”。

第二种意见认为，被告人蒋超超、林恺在盗窃犯罪中驾驶的陕A8××××、陕AZ××××轿车虽然起到了载人到达和逃离犯罪现场的工具作用，但该车之上设定有其他合法抵押权，且该车并非蒋超超、林恺为盗窃犯罪而购买，根据二被告人的罪行，如果对其车辆予以没收，和第一、第二被告人相比会产生明显惩罚失衡。

我们赞同第二种意见，理由如下：

对《刑法》第六十四条规定的应当予以没收的“供犯罪所用的本人财物”，应结合财物与犯罪的关联程度、是否损害他人合法民事权利等因素，综合衡量财物价值与犯罪情节的相当性作出认定。

（一）“供犯罪所用的财物”应是与犯罪有经常性或密切性联系，对犯罪实施具有重要作用的财物

对于“供犯罪所用”的理解认识，按照文义解释方法，即为犯罪而使用的财物。从广义范围而言，所有在犯罪预备、犯罪实行过程中使用的与犯罪有联系的财物都包含在上述范围。照此逻辑，犯罪中被告人实际使用的与犯罪没有必然联系的生活必需品或日常用品，如穿着的衣服、鞋袜也都属于“供犯罪所用”，如果予以没收，显然有违常情常理，会引发法律评价与社会经验的冲突问题。按照法律解释方法理论，在文义解释出现问题时，就需要采用文理解释方法，从立法本意和法律精神去把握条文的内涵和外延。《刑法》之所以规定将“供犯罪所用的财物”予以没收，主要目的是特殊预防、剥夺被告人再犯能力，当然实际上也会产生一定惩罚效果。基于对没收“供犯罪所用的财物”这一行为目的、性质的分析，因而在认定“供犯罪所用的财物”时主要应从财物与犯罪的关联性方面去把握，需要考量财物对于犯罪的作用大小、联系紧密程度等因素。对于专门用于犯罪的财物应认定为“供犯罪所用”没有争议。对于非专门用于犯罪的财物，可从以下两个方面去判断：

第一，财物与犯罪应该存在直接或者密切联系。所谓直接联系就是该

财物对犯罪行为或结果的发生起到决定或者直接作用,或者说该财物是实施或者完成犯罪行为的必要条件或重要条件,比如在运输毒品犯罪中的轿车,就与犯罪有着直接联系;所谓密切联系,即财物和犯罪存在经常性的联系,财物经常用于犯罪,反复使用。

第二,被告人有将财物用于犯罪的主观认识。《刑法》第六十四条虽未限定没收"供犯罪所用的本人财物"必须发生在故意犯罪中,但从文义解释来看,"供犯罪所用"是被告人在主观上对财物用于犯罪有明确的认识,继而积极主动地在犯罪中使用该财物。由于过失犯罪中,被告人对犯罪实施缺乏主动性,对犯罪目的实现也没有积极追求,对于财物在犯罪中的使用缺乏主动性和明确认识,故所涉财物不属于应当没收的情形。

本案中,被告人蒋超超、林恺的轿车的主要用途为家庭生活和工作,没有连续性或者长期性用于实施盗窃犯罪,故不属于专门用于犯罪的财物。同时,该轿车只是交通工具,并非盗窃犯罪实施的必要条件或者重要条件,故不应认定为"供犯罪所用"。

(二)没收的财物应为本人所有且予以没收对第三人的合法权利不会构成损害

按照文义解释,"本人财物"就是指被告人进行犯罪活动所使用的属于其本人所有的财物。但随着经济社会的快速发展,财产流转日益频繁,权利主体多元化,权利内容呈现多层次性和交叉性。一个财物可能同时存在叠加的多项权利。因此,在作出没收供犯罪所用的本人财物判决时,仅审查被告人本人是否对该财物具有所有权尚不全面。对"本人财物"的认定,不仅要对被告人是否具有所有权进行审查,还应注意予以没收是否会损害第三人合法权利。

本案中,被告人蒋超超、林恺的轿车涉及夫妻财产共有关系和银行的抵押权,如果刑事判决不顾上述情况简单予以没收,割裂了刑民关系,必然侵害合法民事权利,有损法律的统一性和严肃性。

(三)应坚持相当性原则衡量拟没收财物的价值是否与犯罪的危害性相当

对"供犯罪所用的财物"予以没收,虽然不属于我国《刑法》所规定的法定刑罚种类，但并不能否定其所具有的惩罚性效果。因此，在认定是否属于应当没收的“供犯罪所用的财物”时，应坚持相当性原则，根据罪刑相一致的基本原则进行衡量，如果拟没收的财物价值明显超过犯罪危害性质和危害程度所对应的应受惩罚程度，说明没收会与社会基本认知和普遍价值判断产生冲突，反向证明没收的不合理。

具体到本案，被告人蒋超超、林恺盗窃犯罪数额分别为9 000余元和1万余元，判处的刑罚分别为有期徒刑一年一个月、一年，并处罚金分别为9 000元、8 000元，如对价值数倍于犯罪数额和罚金标准的轿车予以没收，实际上变相加重了对蒋超超、林恺的惩罚，与比其二人罪行更为严重的其他被告人相比，会出现刑罚失衡问题。

因此，综合以上三个方面的因素，二审法院对一审判决中的没收轿车部分进行了改判，决定对被告人蒋超超、林恺的轿车不予没收，是正确、合理的。

（撰稿：陕西省高级人民法院　王琪轩
审编：最高人民法院刑二庭　韩维中）

[第1303号]

潘平盗窃案

——取保候审期间脱逃又主动投案并如实供述罪行的，不能认定为自首

一、基本案情

被告人潘平，男，1993年6月10日出生，农民。2012年5月22日因涉嫌犯盗窃罪被取保候审，2014年3月4日被逮捕。

浙江省临安市人民检察院（现浙江省杭州市临安区人民检察院，下同）以被告人潘平犯盗窃罪，向浙江省临安市人民法院（现浙江省杭州市临安区人民法院，下同）提起公诉。

浙江省临安市人民法院经审理查明：

2012年5月9日至5月13日，被告人潘平伙同吴胜（已判刑）等人在浙江省杭州市余杭区、临安市青山湖街道，采用工具撬锁、搭线发车等手段盗窃作案3起，窃得摩托车4辆，共计价值人民币10 700元。

2012年5月13日，被告人潘平被公安机关抓获归案。因其需要就医治疗被取保候审。后潘平在取保候审期间脱逃，经公安机关多次传讯未到案，后于2014年3月4日向临安市公安局投案。

浙江省临安市人民法院认为，被告人潘平以非法占有为目的，采取秘密手段多次窃取公私财物，数额较大，其行为已构成盗窃罪。潘平在犯罪以后被采取取保候审强制措施期间逃跑，再向公安机关投案，不符合《刑法》关于自动投案的构成条件，不成立自首。潘平归案后能如实供述自己的罪行，依法予以从轻处罚。依照《中华人民共和国刑法》第二百六十四条、第二十五条第一款、第六十七条第三款、第五十二条、第五十三条、第六十四条之规

定,以盗窃罪判处被告人潘平有期徒刑六个月,并处罚金人民币一千元。

宣判后,被告人潘平未提出上诉,公诉机关亦未抗诉,判决已发生法律效力。

二、主要问题

取保候审期间脱逃后又主动投案并如实供述罪行的,能否认定为自首?

三、裁判理由

取保候审期间脱逃后又主动投案并如实供述罪行的,能否认定为自首,关键是如何认定“自动投案”情节,对此存在两种不同意见:

第一种意见认为,对该情形应认定为自动投案。主要理由有:一是犯罪嫌疑人归案是其本人自愿,符合自动投案的本质属性;二是犯罪嫌疑人归案兼具履行取保期间报到归案义务和自动投案的双重属性;三是不认定为自首,会断绝这类犯罪嫌疑人认罪悔过的自新之路,人为增大司法成本,与自首制度立法宗旨相悖。

第二种意见认为,对该情形应不应认定为自动投案。主要理由有:一是上述情形不符合《刑法》关于自动投案的构成要件,犯罪嫌疑人最初的归案情节已经将其自动投案予以否定,其自首的前提条件已经被阻断;二是与自首制度的价值相冲突,如果该情形被认定为自首并予以从轻或减轻处罚,将存在鼓励已经归案的犯罪嫌疑人为获得自首利益而脱逃的隐患。

我们同意第二种意见。理由是:

(一)犯罪嫌疑人被取保候审期间逃跑后又投案的,不符合《刑法》关于自动投案的成立条件

1.犯罪嫌疑人在取保候审期间逃跑,逃避侦查,不具备成立自首情节要求的自动性

自动性不仅要求行为人出于本人的意志将自己的人身置于司法机关的控制之下接受审查、制裁,还意味着犯罪嫌疑人的投案应当只针对其犯罪行为本身,而不涉及对其他行为或情节的评价。首先,虽然1998年《最高人民法院关于处理自首和立功具体应用法律若干问题的解释》(以下简称《解

释》)第一条规定,并非出于犯罪嫌疑人主动,而是经亲友规劝、陪同投案的;公安机关通知犯罪嫌疑人的亲友,或者亲友主动报案后,将犯罪嫌疑人送去投案的,也应当视为自动投案。但“陪首”和“送首”也是在犯罪嫌疑人同意或者默许接受司法机关制裁的情况下,才能成立。本案中,被告人在取保候审期间脱逃,表明其不愿意接受司法机关的制裁,不能体现其悔罪态度,不符合自首构成要件中“自动性”的要求。其次,《刑法》中的“自动投案”是具体而非抽象的判断,必须结合具体行为加以解释。本案中,被告人潘平的自动投案不完全是针对其盗窃犯罪行为,而是包括对其逃跑行为所产生后果的事后补救。如果犯罪嫌疑人不是在取保候审期间脱逃,而是在被公安机关羁押期间逃跑并构成脱逃罪的,那么其之后的投案可以评价为对脱逃罪构成自首。但对于之前的犯罪,则不再构成自首。

2.逃跑后再次投案的,不符合成立自首所要求的自动投案

首先,《刑法》上的自动投案有时间限制。《刑法》第六十七条规定:“犯罪以后自动投案,如实供述自己的罪行的,是自首。”《解释》第一条第一项规定的“自动投案”,是指犯罪事实或者犯罪嫌疑人未被司法机关发觉,或者虽被发觉,但犯罪嫌疑人尚未受到讯问、未被采取强制措施时,主动、直接向公安机关、人民检察院或者人民法院投案。根据该规定,自动投案的时间应在犯罪以后、被采取强制措施之前。本案中,被告人潘平已经接受讯问并被采取强制措施,属于已经归案,此后再次潜逃,即使其又主动归案,只能被视为对不履行取保候审义务的弥补,并不符合自动投案的时间要求。

其次,自动投案与如实供述不同。是否如实供述,法律允许犯罪嫌疑人有所反复,但是否自动投案应是一次性判断,具有不可逆性。如果将犯罪以后已经归案又脱逃的状态等同于一直未归案,将会使自动投案的成立时间过于宽泛,认定标准随时可能发生变化,从而造成司法适用的混乱。

3.认定被告人潘平不属于“自动投案”与《解释》的规定并不矛盾

有观点认为,根据《解释》第一条第二项中关于“犯罪后逃跑,在被通缉、追捕过程中,主动投案的,应当视为自动投案”的规定,犯罪嫌疑人归案后逃跑又投案的,也应当视为“自动投案”。我们认为,这种理解不当地扩大了自首的认定范围。上述规定针对的是犯罪后始终未被抓捕归案的在逃犯罪人

员主动投案的情形。所谓归案,是指犯罪嫌疑人被置于司法机关的控制之下,人身自由受到限制的情形。本案中,被告人潘平不属于“犯罪后逃跑”的情形,而是在被采取强制措施后逃跑,因而不适用《解释》中的此项规定。

（二）将取保候审期间逃跑后又投案的情形认定为“自动投案”,不符合自首制度的价值导向

虽然刑法实现保护法益机能的主要方式是依靠国家强制力主动打击犯罪,但犯罪嫌疑人主动归案、投案自首,能够节省有限的司法资源,减少社会不安定因素,因而无论从节约司法成本的角度还是从罪责刑相适应的角度,自首都具有重要的价值。

从节省司法成本的角度考察,被采取强制措施期间脱逃后又投案并没有节约司法资源,反而会耗费更多的司法资源。如果仅考虑逃跑之后再主动投案的行为对诉讼活动的影响,似乎在抓捕犯罪嫌疑人方面节约了司法资源,但不能机械地将逃跑行为和投案行为分割开,而应从整体上予以评判。本案中,公安机关自 2012 年 5 月 13 日抓获被告人潘平后,相继采取了刑事拘留、取保候审等强制措施。而潘平在取保候审期间脱逃,直至 2014 年 3 月 4 日才归案,导致诉讼活动停滞近两年。因此,从该案诉讼活动的整体上考察,不能认定被告人脱逃后又投案的行为节约了司法资源。

从罪责刑相适应的角度考察,犯罪以后主动投案,体现了犯罪嫌疑人主动接受审查裁判的意愿,反映其主观恶性和人身危险性相对降低,因而是从宽的处罚情节。被采取强制措施后没有逃跑又自觉接受刑事审判的,尚且不能认定为自首,而被告人潘平被采取强制措施后逃跑,即使其又主动投案,也至多是抵消其逃跑所反映的主观恶性大的情节,若再被认定为自首获得额外“奖励”,对没有逃跑的其他被告人而言显然不公,有违罪责刑相适应原则。

（三）将取保候审期间逃跑后又投案的情形认定为“自动投案”,与刑事诉讼法的相关规定不协调

取保候审是刑事诉讼法规定的五种刑事强制措施之一,其目的在于减少对犯罪嫌疑人或被告人人身自由限制的同时,控制犯罪嫌疑人或被告人,防止其逃避侦查、起诉和审判,保障司法活动顺利进行。犯罪嫌疑人在被取

保候审期间应当遵守相关规定,保证随传随到。刑事诉讼法第七十一条规定了被取保候审人的义务及违反义务的法律后果。从刑法的实质评价分析,在取保候审期间逃跑,不仅表明犯罪嫌疑人对法律缺乏敬畏之心,也表明了其不愿接受法律制裁,主观恶性和人身危险性相对较大,属于量刑时从重的情节。如果认定脱逃后又投案的行为成立自首,可能会冲击刑事强制措施的权威性,不利于维护法律的统一,同时也会变相鼓励已被采取强制措施的犯罪嫌疑人,为获得“自首”这一法定从轻处罚情节而伺机先逃跑再投案,这显然有悖于刑事强制措施的立法目的。

当然,对于取保候审期间脱逃后又主动投案的情节,也有其积极价值,不认定该情形属于自动投案和自首,并不影响将其作为归案后如实供述、认罪态度较好等酌定从宽情节在量刑时予以考虑。司法机关综合评判犯罪嫌疑人脱逃和投案情节对量刑的不同影响后,完全可以做到罪责刑相适应,从而起到鼓励被采取强制措施期间脱逃的犯罪嫌疑人主动投案的作用。因此,本案中人民法院依法未认定被告人潘平的投案行为成立自首,但根据其归案后能够如实供述等情节,对其从轻处罚是正确的。

(撰稿:浙江省杭州市中级人民法院　吴献平
浙江省杭州市临安区人民法院　赵东东
审编:最高人民法院刑一庭　管应时)

[第 1304 号]

刘康等人敲诈勒索案

——“黑中介”恶势力犯罪行为的认定

一、基本案情

被告人刘康，男，1990 年 1 月 27 日出生。因涉嫌犯强迫交易罪于 2017 年 10 月 17 日被逮捕。

被告人刘硕，男，1993 年 10 月 29 日出生。因涉嫌犯强迫交易罪于 2017 年 10 月 17 日被逮捕。

被告人刘峰，男，1994 年 7 月 19 日出生。因涉嫌犯强迫交易罪于 2017 年 10 月 17 日被逮捕。

被告人刘少波，男，1992 年 5 月 26 日出生。因涉嫌犯强迫交易罪于 2017 年 10 月 17 日被逮捕。

被告人刘广乐，曾用名刘乐，男，1988 年 4 月 9 日出生。因涉嫌犯强迫交易罪于 2017 年 10 月 17 日被逮捕。

被告人刘明瑞，男，1994 年 9 月 3 日出生。因涉嫌犯强迫交易罪于 2017 年 10 月 17 日被逮捕。

被告人李玲，女，1992 年 2 月 13 日出生。因涉嫌犯强迫交易罪于 2017 年 10 月 17 日被逮捕。

北京市朝阳区人民检察院以被告人刘康、刘硕、刘峰、刘少波、刘广乐、刘明瑞、李玲犯敲诈勒索罪，向北京市朝阳区人民法院提起公诉。

北京市朝阳区人民法院经审理查明：

2016 年 11 月间，被告人刘康、刘硕共同出资购得北京通达置地房地产经纪有限公司（以下简称通达置地公司）的营业执照后，合谋通过强迫客户交纳本来无须交纳的费用以及制造客户“违约”来获取非法利益。刘康、刘硕先后纠集了被告人刘峰、刘少波、刘广乐、刘明瑞、李玲以通达置地公司的名义，并使用伪造的“北京市通达置地房地产经纪有限公司财务专用章”从事房屋租赁中介活动。

被告人刘康、刘硕将位于北京市朝阳区管庄乡常意路4号院等地的多套房源交由被告人刘峰、刘明瑞对外出租。在被害人按照合同约定将租金、押金、管理费等款项打入被告人李玲的银行账户并入住租赁房屋后不久，被告人刘少波、刘广乐等人便以语言威胁、辱骂、骚扰等方式强迫被害人交纳物业费、供暖费、中介费等额外费用，若不交纳就构成“违约”，必须搬离所居住的房屋。被害人被迫搬离后理应退还的剩余款项亦会被强行扣除。有的被害人即使交纳了额外费用，仍会被刘康、刘硕等人以各种理由认定为“违约”。截至2017年9月案发时，种某等25名被害人被强行收取或者因“违约”被强行扣除的钱款共达人民币30万余元，其中刘峰、刘广乐的参与金额为28万余元，刘少波的参与金额为26万余元，刘明瑞的参与金额为4万余元。2017年9月11日，刘康、刘硕、刘峰、刘广乐、刘明瑞、李玲被抓获归案；9月13日，刘少波被抓获归案。

北京市朝阳区人民法院认为，被告人刘康、刘硕、刘峰、刘少波、刘广乐、刘明瑞、李玲以非法占有为目的，在与被害人签订房屋租赁合同后，采用威胁、滋扰等方法强行收取不合理费用，或者强行终止合同并迫使被害人搬出房屋，后拒不退还应退钱款，从而获利。其中刘康、刘硕、刘峰、刘少波、刘广乐、李玲敲诈勒索数额巨大，刘明瑞敲诈勒索数额较大，七被告人的行为均已构成敲诈勒索罪。根据各被告人敲诈勒索的金额，各自在共同犯罪中的地位以及所起的作用大小，依照《中华人民共和国刑法》第二百七十四条，第六十一条，第二十五条第一款，第二十六条第一款、第四款，第二十七条，第六十七条第三款，第四十五条，第四十七条，第五十六条第一款，第五十五条第一款，第五十二条，第五十三条，第六十四条及《最高人民法院、最高人民检察院关于办理敲诈勒索刑事案件适用法律若干问题的解释》第一条、第八条的规定，判决被告人刘康犯敲诈勒索罪，判处有期徒刑七年，剥夺政治权利一年，罚金人民币七万元；被告人刘硕犯敲诈勒索罪，判处有期徒刑七年，剥夺政治权利一年，罚金人民币七万元；被告人刘峰犯敲诈勒索罪，判处有期徒刑四年，罚金人民币四万元；被告人刘少波犯敲诈勒索罪，判处有期徒刑四年，罚金人民币四万元；被告人刘广乐犯敲诈勒索罪，判处有期徒刑四年，罚金人民币四万元；被告人刘明瑞犯敲诈勒索罪，判处有期徒刑二年，罚金人民币二万元；被告人李玲犯敲诈勒索罪，判处有期徒刑一年六个月，罚金人民币二万元。

一审宣判后，七被告人以定性错误及量刑过重为由，提出上诉。

北京市第三中级人民法院经依法审理，认为一审判决定性准确，量刑适当，于2019年2月19日作出(2019)京03刑终73号刑事裁定，驳回七被告人上诉，维持原判。

二、主要问题

1. 恶势力犯罪行为如何认定？

2. “黑中介”与承租人签订房屋租赁合同后，采用威胁、滋扰等软暴力手段强行收取不合理费用，或者编造各种理由，强行终止合同并迫使承租人搬出房屋，拒不退还应退钱款的行为，应当如何定性？

三、裁判理由

(一)“黑中介”为非作恶、欺压百姓的行为属于恶势力犯罪行为

最高人民法院、最高人民检察院、公安部、司法部发布的《关于办理黑恶势力犯罪案件若干问题的指导意见》《关于办理恶势力刑事案件若干问题的意见》《关于办理实施“软暴力”的刑事案件若干问题的意见》等文件对“恶势力”进行了界定，即经常纠集在一起，以暴力、威胁或“软暴力”，在一定区域或行业内多次实施违法犯罪活动，为非作恶，欺压百姓，扰乱经济、社会生活秩序，造成较为恶劣的社会影响，但尚未形成黑社会性质组织的违法犯罪组织。恶势力一般为三人以上，纠集者相对固定，违法犯罪活动主要为强迫交易罪、故意伤害罪、非法拘禁罪等，同时还可能伴随实施开设赌场、组织卖淫、聚众扰乱公共场所秩序、聚众“打砸抢”等违法犯罪活动。

根据上述规定，恶势力有如下特征：(1)组织特征。恶势力的组织结构相对紧密，人数为三人以上，纠集者相对固定，在违法犯罪活动中起到组织、

策划、指挥的作用。包括纠集者在内,至少应有两名相同的成员经常纠集在一起,多次参与实施违法犯罪活动。(2)行为特征。多次以暴力、威胁或者滋扰、纠缠、哄闹、聚众造势等软暴力手段,在一定区域或者行业内两年内多次实施违法犯罪活动,至少应有一次犯罪活动。(3)危害特征。通过暴力、威胁或者软暴力,大肆进行强迫交易、故意伤害、非法拘禁、敲诈勒索、故意毁坏财物、聚众斗殴、寻衅滋事等犯罪活动,为非作恶,欺压百姓,扰乱经济、社会生活秩序,造成较为恶劣的社会影响。(4)尚未形成黑社会性质组织。

当前,租房市场上存在大量"黑中介"的现象,从事"黑中介"的行为人通过网络等渠道发布租房信息,以低价、个人直租等优惠条件吸引租客,与租客签订房屋租赁合同收取押金、房租等费用,在租客入住不久后,强迫租客交纳额外费用,如果租客拒绝交纳,就故意利用合同陷阱,制造违约事由,采取恐吓、威胁、骚扰等手段强迫租客交纳违约金或强迫租客搬离。租客不堪其扰搬离后,行为人以租客违约为由不退还押金和多余租金,从而达到占有租客钱款的目的。对于"黑中介"是否能认定为恶势力,应根据案件实际情况,从以下几个方面进行把握:

首先,从组织特征上看,通常"黑中介"由三人以上组成"房屋租赁中介",纠集者相对固定,其他成员分工明确,联系相对紧密,能够随时纠集。但领导者对团伙的管控制约力相对松散,经济实力相对薄弱,尚未形成黑社会性质组织。其次,从行为方式上看,"黑中介"为牟取不法经济利益,与承租人签订房屋租赁合同后,通常多次采用威胁、滋扰等"软暴力"手段强行收取不合理费用,或者编造各种理由,强行终止合同并迫使承租人搬出房屋,拒不退还应退钱款,在房屋租赁领域为非作恶、欺压百姓。最后,从危害结果上看,"黑中介"行为严重扰乱了正常的房屋租赁市场的经营秩序,给承租人的经济、生活造成了恶劣的影响。本案中,被告人刘康、刘硕作为纠集者先后纠集了多名被告人,各被告人之间分工明确、组织紧密,在刘康、刘硕的纠集下能够迅速行动,以非法占有为目的,在房屋租赁行业多次通过滋扰、威胁等"软暴力"手段强迫被害人交纳物业费、供暖费等额外费用,若不交纳就必须搬离,且被害人被迫搬离租住处后理应退还的剩余款项亦会被强行扣除。被告人为非作恶、欺压被害人,严重影响正常房屋租赁市场,影响人民群众生活幸福感，但尚未达到黑社会性质组织犯罪行为的程度，符合恶势力犯罪的认定标准。

（二）本案中，“黑中介”强行收取或拒不退还相关费用的行为构成敲诈勒索罪

关于本案的定性，有以下三种意见：

第一种意见认为，被告人刘康等七人与被害人签订房屋租赁合同，后用言语威胁、更换密码锁等胁迫手段，强迫被害人交纳合同约定之外的费用或以被害人“违约”为由，终止租赁合同，严重扰乱了租赁市场的经济秩序，符合《刑法》第二百二十六条规定的强迫他人退出特定的经营活动，构成强迫交易罪。

第二种意见认为，被告人刘康等七人以语言威胁、辱骂、换密码锁等骚扰方式扰乱被害人的生活，强迫被害人交纳物业费、供暖费、中介费等额外费用，手段上强拿硬要、耍强逞横，构成寻衅滋事罪。

第三种意见认为，被告人刘康等七人用签订房屋租赁合同的形式掩盖其非法占有的目的，采用言语威胁等“软暴力”方式使被害人产生恐惧、恐慌，进而形成心理强制，使得被害人交纳额外的费用或放弃应当退还的费用，构成敲诈勒索罪。

我们同意第三种观点，具体理由如下：

1. 被告人的行为不构成强迫交易罪

本案公诉机关最初按照强迫交易罪起诉，后变更指控罪名为敲诈勒索罪。我们认为，本案被告人行为不构成强迫交易罪。

根据《现代汉语词典》的解释，交易原指以物易物，后泛指买卖商品或者服务，通常指平等民事主体遵循等价交换的市场经济原则，进行商业性或者经营性的活动。《刑法》中交易的含义应在《刑法》分则条文规定中把握。强迫交易罪规定在《刑法》分则第三章“破坏社会主义市场经济秩序罪”中。根据《刑法》第二百二十六条的规定，强迫交易罪有五种行为模式，实质是违背了市场经济下等价有偿、平等自愿的交易原则。行为人欲通过强迫交易获得交易利益，但构成该罪的前提是存在实质性的交易。换言之，行为人通过强迫交易行为获得的经济利益，应当与正常市场交易相差不大。《最高人民

法院关于审理抢劫、抢夺刑事案件适用法律若干问题的意见》规定，从事正常商品买卖、交易或者劳动服务的人，以暴力、胁迫手段迫使他人交出与合理价钱、费用相差不大的钱物，情节严重的，以强迫交易罪定罪处罚；以非法占有为目的，以买卖、交易、服务为幌子采用暴力、胁迫手段迫使他人交出与合理价钱、费用相差悬殊的钱物的，以抢劫罪定罪处罚。

在强迫交易罪下，行为人主观上欲通过强迫交易行为牟取经公平竞争无法得到的交易机会或者无法成交的价格；客观上，采用暴力、威胁等手段，且暴力、威胁等手段要与交易存在关联。暴力、威胁是排除被害人自主选择，实现交易的手段行为，交易是使用暴力、威胁的目的。暴力、威胁的强度要低于抢劫罪等罪的强度，不要求被害人不能、不敢、不知反抗，仅要求足以侵犯他人的自主选择权即可，在手段行为上与敲诈勒索罪类似。

就本案而言，被告人等从事"黑中介"行为，已经形成了固定的行业模式。被告人以非法获取经济利益为目的，虽然形式上与被害人签订了合同，营造了进行市场交易的外观假象，但其主观上没有提供租赁服务、满足客户租房需求的意图，合同不过是被告人等实施违法犯罪活动的幌子，双方不存在实质性交易。被告人等在租客入住后不久采取换锁、辱骂等胁迫手段，强迫被害人交纳额外费用或不退租金，从而非法获利，其行为直接侵犯的法益是被害人的财产权益，且被告人获取的经济利益与正常市场交易可以获取的利益相差悬殊，也不符合强迫交易罪的特征。从罪责刑相适应的角度分析，本案被告人社会危害性大，违法所得数额高，以强迫交易罪定罪处罚明显偏轻。

2. 被告人的行为不构成寻衅滋事罪

《刑法》第二百九十三条规定，下列行为构成寻衅滋事罪：(1)随意殴打他人，情节恶劣的；(2)追逐、拦截、辱骂、恐吓他人情节恶劣的；(3)强拿硬要或者任意损毁、占用公私财物，情节严重的；(4)在公共场所起哄闹事，造成公共场所秩序严重混乱的。寻衅滋事是近年来恶势力犯罪中常见的一种方式，具有头目指挥幕后化、打手市场化等特点，恶势力团伙通过逞强耍横、强拿硬要，借助人多势众，制造现场紧张、恐慌气氛等行为，对被害人及其周围的群众造成了强烈的心里恐吓和震慑的效果，具有较大社会危害性。

其中,强拿硬要型的寻衅滋事,往往表现为行为人在逞强斗狠、寻求精神刺激的心理支配下,采取一定程度的胁迫等手段,违背他人意志,强行索取公私财物(财产性利益)。行为人侵害公民公私财物(财产性利益)的所有权和公民的人身权通常是为了实现其要横逞强的主观心态,属于公众理解的"流氓"行为的一种。

本案中,被告人刘康等人从事"黑中介"行业,其直接目的是占有和索取他人的财产,虽然在手段行为上有逞强要横、称霸一方、无赖下作等流氓做派,但主观目的不是通过侵占他人财物展现团伙实力,其与被害人签订房屋租赁合同的行为是为了掩盖其想占有和索要他人财产的目的,不是事出无因、无事生非,而是"有备而来",因而不符合寻衅滋事罪的构成。

3. 被告人行为构成敲诈勒索罪

一般意义上的敲诈勒索罪的行为模式为:对他人实施威胁(恐吓)→对方产生恐惧心理→对方基于恐惧心理处分财产→行为人或者第三人取得财产→被害人财产遭受损失。通常行为人的胁迫行为发生在对方处理财产之前。"黑中介"行为中,敲诈勒索的行为模式出现了新的变化,行为人通过所谓的市场交易掩饰非法占有的目的,被害人按照交易规则支付对价后,行为人采取暴力、胁迫手段,或让被害人给付额外的财产,或让被害人放弃对其不当得利的返还请求权。其行为模式为:制造"交易"行为→对方基于交易约定规则给付财产→行为人采取威胁手段→对方产生恐惧心理→对方基于恐惧心理处分财产→行为人或第三人取得财产→对方遭受财产损失。但上述行为的本质仍是通过胁迫手段使被害人基于恐惧处分财产,与一般的敲诈勒索并无实质不同。如前文分析,被告人刘康等人主观上以非法占有租客财产的目的,客观上在租客入住后,采用电话威胁、上门骚扰、更换房间密码锁的方式强迫被害人交纳额外的物业费、取暖费,不交就限期搬离,被害人由于不堪其扰,基于担心不交纳费用被限期搬离,以及即使搬离也会以各种违约的理由不退剩余租金的心理恐惧,非自愿地向被告人给付财产,符合敲诈勒索罪的犯罪构成。

需要指出的是,受害人基于恐惧处分财产,其中"处分财产"的含义应作扩大性的解释。敲诈勒索罪的被害人处分财产的方式既可以通过现实交付的方式,也可以通过放弃对债权请求权的方式;被害人遭受财产损失既可以表现为狭义的财物损失,也可以表现为财产性利益的损失。由于"黑中介"采取了交易的伪装形式,使被害人先给付财产,其中部分敲诈勒索行为是通过强迫对方交纳额外费用的方式实现,还有部分敲诈勒索行为则是通过不退还多余租金的方式实现。本案中,被害人遭受威胁搬离出租屋后,被告人不退还的剩余租金,是典型的侵犯性不当得利,被害人对于这部分的财产依法享有不当得利返还请求权,但基于被告人的胁迫、恐吓行为,被害人处分财产的方式是放弃自己的不当得利返还请求权,仍然是处分了自己财产并造成财产损失。

综上,本案被告人行为符合敲诈勒索罪的犯罪构成,属于侵犯财产的犯罪,法院认定被告人等构成敲诈勒索罪,并将被害人被强行收取或者因"违约"被强行扣除的钱款认定为犯罪数额,在此基础上综合全案事实、情节确定量刑,定罪准确,量刑适当。

(撰稿:北京市朝阳区人民法院　付想兵　刘　杰
审编:最高人民法院刑二庭　韩维中)

［第 1305 号］

林作明寻衅滋事案

——吸毒致幻后持刀拦乘汽车、恐吓驾驶人员的行为定性

一、基本案情

被告人林作明，男，汉族，1981 年 1 月 26 日出生。2001 年 6 月 8 日因犯寻衅滋事罪被判处有期徒刑三年六个月。2017 年 8 月 4 日因本案被逮捕。

浙江省玉环市人民检察院指控被告人林作明犯寻衅滋事罪、劫持汽车罪，向玉环市人民法院提起公诉。

被告人林作明对起诉指控寻衅滋事的犯罪事实无异议，但辩解在劫持汽车一节事实中，其虽有威胁的言语，但只是想尽快赶到公安局自首，其并不构成劫持汽车罪。

被告人林作明的辩护人对起诉指控的犯罪事实基本无异议，但认为被告人林作明持刀的行为并未达到胁迫被害人黄某某改变车辆运行轨迹的程度，故其行为在客观方面不符合劫持汽车罪的构成要件；林作明因吸食毒品导致精神障碍，影响其刑事责任能力，且具有自首情节，应对其减轻处罚。

玉环市人民法院经审理查明：2017 年 7 月 11 日 15 时许，被告人林作明吸食毒品甲基苯丙胺后在浙江省玉环市楚门镇××路无故手持菜刀将被害人洪某的背部砍伤，并将上前劝阻的被害人张某某的头部砍伤。事后，林作明手持两把菜刀步行至楚门镇龙王村村部附近时，见被害人李某坐在路边玩手机，又无故持菜刀将李某的脸部砍伤。

作案后，被告人林作明在楚门镇龙王村红绿灯处拦乘被害人黄某某的私家轿车，并持刀威胁黄某某往玉环市玉城街道方向行驶，行驶过程中林作明不断要求黄某某超速行驶和超车。黄某某的轿车行驶至玉环市白岩村红绿灯时，林作明下车往玉环市玉城街道方向步行，后又持刀搭乘董某某的轿

车开往玉环市公安局主动投案。其到案后未如实供述自己的罪行。

经鉴定,被害人李某的损伤为面部创3.5cm长,已达到轻微伤程度。被害人张某某、洪某不配合做法医鉴定,无法认定二人的损伤程度。被告人林作明案发时患精神活性物质所致精神障碍为缓解期,暂不评定其刑事责任能力。

案发后,被告人林作明的家属赔偿被害人李某人民币10 000元,并取得谅解。

玉环市人民法院经审理认为:被告人林作明公然藐视国家法纪和社会公德,持凶器随意殴打他人,情节恶劣,其行为已构成寻衅滋事罪。林作明以暴力、胁迫等方式劫持汽车,其行为已构成劫持汽车罪。依法应当实行数罪并罚。林作明有前科劣迹,可酌情从重处罚。林作明对寻衅滋事罪当庭认罪,且寻衅滋事一节有赔偿谅解情节,可酌情从轻处罚。依照《中华人民共和国刑法》第二百九十三条第一款第一项、第一百二十二条、第六十九条第一款、第六十四条的规定,判决被告人林作明犯寻衅滋事罪,判处有期徒刑一年;犯劫持汽车罪,判处有期徒刑五年,决定执行有期徒刑五年六个月。

一审宣判后,被告人林作明不服,提起上诉。

被告人林作明上诉称,原判认定的劫持汽车环节中,其虽有威胁的言语,但没有劫持汽车的主观故意,拦截汽车只是想尽快赶到公安局自首,一审认定其犯劫持汽车罪不当,且应当认定其自首,请求二审法院予以改判。其辩护人提出,林作明因吸食毒品后产生幻觉,进而导致后续行为,其没有控制汽车的主观故意,且实施的行为亦不足以致驾驶人员不敢反抗,主客观均不符合劫持汽车罪的构成要件。

二审出庭履行职务的检察员认为,原判认定的事实清楚,证据确实充分,审判程序合法,定性准确,量刑适当,建议驳回上诉,维持原判。

台州市中级人民法院认为,原判认定的事实清楚,证据确实、充分。被告人林作明公然藐视国家法纪和社会公德,吸食毒品并为发泄情绪,持刀随意殴打他人,并随意拦乘汽车、恐吓驾驶人员,破坏社会秩序,情节恶劣,其行为已构成寻衅滋事罪。原判将其拦乘汽车、恐吓驾驶人员的滋事行为以劫持汽车定性不当,予以纠正。对该节事实应以寻衅滋事定罪处罚。林作明有前科劣迹，酌情从重处罚。其能当庭认罪，且有赔偿获得谅解情节，可酌情从轻处罚。原判定性量刑不当，予以纠正。原审审判程序合法。依照2012年《中华人民共和国刑事诉讼法》第二百二十五条第一款第二项、《中华人民共和国刑法》第二百九十三条第一款第一项、第二项，第六十二条，第六十四条的规定，改判被告人林作明犯寻衅滋事罪，判处有期徒刑二年。

二、主要问题

吸毒致幻者持刀拦乘汽车、恐吓驾驶人员的行为应当如何定性？

三、裁判理由

（一）吸毒致幻者实施犯罪应承担刑事责任

司法部2016年发布的《精神障碍者刑事责任能力评定指南》第5.2.5条规定："对毒品所致精神障碍者，如为非自愿摄入者按照5.1条款评定其刑事责任能力；对自愿摄入者，如果精神症状影响其辨认或控制能力时，不宜评定其刑事责任能力，可进行医学诊断并说明其作案时精神状态。"从上述规定可见，对毒品所致精神障碍者刑事责任能力的评定比较复杂，难以划定一个简单的认定标准。

本案中，经鉴定，被告人林作明案发时患精神活性物质所致精神障碍为缓解期，暂不评定其刑事责任能力。暂不评定意味着鉴定意见对被告人林作明的刑事责任能力不作认定。那么，在此情形下，对自愿摄入毒品者进行刑事责任能力评定时，应当在相关精神鉴定意见的基础上，判断精神障碍是否影响其实施犯罪行为时的辨认和控制能力。而对于自陷入精神障碍的行为人，则应当根据其自陷时对危害结果的意识和意志状态认定其对结果所持的主观罪过，即根据原因自由行为理论来认定。原因自由行为是指具有责任能力的行为人，故意或者过失使自己一时陷入丧失或者尚未完全丧失责任能力的状态，并在该状态下实施了符合犯罪构成要件的行为。行为人使自己丧失或者尚未完全丧失责任能力状态的行为，称为原因行为，而在该状态之下实施符合犯罪构成要件的行为，则是结果行为。我国《刑法》虽只规定了醉酒犯罪这一类型,但对于除醉酒之外的吸毒等类型的原因自由行为仍可以通过解释将其纳入。学界对原因自由行为的可罚性根据有不同主张,但是毋庸置疑的是,任何人都不能因为自己自陷入丧失或者尚未完全丧失责任能力状态而实施的犯罪行为免责。

本案中,被告人林作明明知吸毒可导致其身体出现精神活动变化,仍然自愿吸毒,神志陷入异常状态,并在此状态下实施了犯罪行为,符合原因自由行为理论,理应对自身行为承担相应的刑事责任。

(二)吸毒致幻后持刀拦乘汽车、恐吓驾驶人员的行为可视情况认定为寻衅滋事罪

1. 被告人的行为不符合劫持汽车罪的犯罪构成

我国《刑法》第一百二十二条规定,劫持汽车罪是指以暴力、胁迫或者其他方法劫持汽车的行为。本罪侵犯的客体是公共安全,主要是指汽车的交通运输安全和不特定多数人的生命、健康及财产安全。本罪客观方面表现为以暴力、胁迫或者其他方法劫持汽车的行为。其中"暴力"是对车辆驾驶人员等人实施殴打等行为,并达到足以抑制其反抗的程度;"胁迫"是对车辆驾驶人员等人实施精神恐吓或强制,并达到足以抑制其反抗的程度;"其他方法"是指与暴力、胁迫性质相当,使车辆驾驶人员等人不能反抗、不敢反抗或者不知反抗的方法。"劫持"主要表现为行为人直接驾驶汽车或者强迫驾驶人员按照自己的意志驾驶,从而控制汽车的行驶路线、速度等。

本案中,从客观行为来看,被告人采取了暴力、胁迫手段,但其未采用持刀伤害被害人或争夺汽车之激烈行为,亦未实际控制着汽车;从犯罪后果来看,车辆在行驶过程中没有造成交通事故或者秩序混乱,被害人也没有失去对车辆的控制,行为人并未危及道路行驶中其他不特定人员的安全;从主观意图来看,林作明拦乘被害人黄某某的私家轿车,乘坐不到十分钟即自动下车,其主要目的是为赶往公安局搭乘一段路,主观上并非为了劫夺和控制汽车。因此,被告人的行为不符合劫持汽车罪的犯罪构成。

2. 被告人的行为尚未达到劫持汽车罪相当的社会危害性

有观点认为,劫持汽车罪属于行为犯,不管出于什么动机、什么目的,是否造成严重后果,行为人只要故意实施了劫持汽车的行为,就构成本罪。我

们不完全赞同上述观点，犯罪成立既要符合《刑法》分则对犯罪构成要件的规定，同时也要符合《刑法》总则对犯罪的定义。本罪虽然是抽象的危险犯，但司法实践中，还应当把握该行为是否具有相当严重的社会危害性，即是否危害公共安全。就本罪而言，可以从两个方面考量是否危害公共安全：一是从道路上的不特定人员来看，如果车辆在行驶过程中具有造成交通秩序混乱导致不特定人员伤亡的危险，或者车辆在行驶过程中造成不特定人员伤亡的结果，都可以认定为危害公共安全。二是从车辆上的不特定人员来看，如果有对车辆上的不特定人员造成伤亡的危险或者结果，也可以认定为危害公共安全。就本案而言，被告人威逼被害人开快点，但经查询，黄某某在载乘被告人这段时间中，车辆并未发生超速等违章驾驶情况，不足以危及道路上不特定人员的公共安全，且其拦乘的是只有驾驶员黄某某一人的私家轿车，也不会危及车上不特定多人的生命安全。因此，被告人的行为尚未达到劫持汽车罪相当的社会危害性。

我国《刑法》第五条规定，刑罚的轻重，应当与犯罪分子所犯罪行和承担的刑事责任相适应。劫持汽车罪作为一项危害公共安全的犯罪，量刑起点为五年以上有期徒刑；造成严重后果的，处十年以上有期徒刑或无期徒刑。本案被告人未使用严重的暴力、胁迫或者其他方法控制汽车，也未危害到公共安全。倘若对被告人采用一般手段且短暂拦乘汽车、威逼驾驶的行为以劫持汽车罪这一重罪进行处罚，不符合罪责刑相适应原则，亦与刑法谦抑、审慎原则相悖。

3. 被告人的行为符合寻衅滋事罪的犯罪构成

本案中，被告人持刀拦乘汽车、恐吓驾驶人员，是吸食毒品后的情绪发泄体现出的滋事特性，是前述其随意殴打他人寻衅滋事行为的延续。根据《最高人民法院、最高人民检察院关于办理寻衅滋事刑事案件适用法律若干问题的解释》第三条规定："追逐、拦截、辱骂、恐吓他人，破坏社会秩序，具有下列情形之一的，应当认定为刑法第二百九十三条第一款第二项规定的'情节恶劣'：……持凶器追逐、拦截、辱骂、恐吓他人的……"本案被告人林作明的行为属于持凶器恐吓他人的行为，可以依照寻衅滋事犯罪"情节恶劣"的情形予以定罪、量刑。

(三)二审以寻衅滋事罪一罪论处,不违反上诉不加刑原则

本案将被告人吸毒致幻后持刀拦乘汽车、恐吓驾驶人员的行为认定为寻衅滋事罪后,二审在未改变原判事实认定的情况下,以寻衅滋事罪判处被告人有期徒刑二年。有观点认为,原判以寻衅滋事罪判处被告人有期徒刑一年,二审以寻衅滋事罪判处其有期徒刑二年,违背了上诉不加刑原则。

上诉不加刑,是指第二审人民法院审理只有被告人一方提出的上诉案件,不得以任何理由加重被告人的刑罚。它是二审程序中一项特殊原则,其目的在于切实保障被告人一方的上诉权。我国刑事诉讼法第二百三十七条,《最高人民法院关于适用〈中华人民共和国刑事诉讼法〉的解释》第三百二十五条、第三百二十六条、第三百二十七条,都体现了有关上诉不加刑的原则。结合本案,与之相关的规定是《最高人民法院关于适用〈中华人民共和国刑事诉讼法〉的解释》第三百二十五条第三项,该项规定:"原判对被告人实行数罪并罚的,不得加重决定执行的刑罚,也不得加重数罪中某罪的刑罚。"上述规定明确了在数罪并罚的上诉案件中,不论加重决定执行的刑罚,还是加重数罪中某罪或某几个罪的刑罚,都是加重刑罚的表现,都有违上诉不加刑的原则。但这是否意味着二审无论在什么情况下,对数罪并罚中某一确定的罪名都不能加重刑罚呢?上诉不加刑是针对大致相同的犯罪事实、量刑事实和情节、法律规定来说的。如果犯罪事实、量刑事实和情节或法律规定发生重大变化或实质性改变,不再具有可比性,那么就不一定违反上诉不加刑原则。因此,我们认为,如果原判定数罪,二审经审查,在不改变原判认定事实的前提下认为应定为一罪的,可以在不超过原判决定执行刑罚的情形下对一罪加重刑罚。在本案中,林作明的犯罪行为系吸毒致幻后实施的连贯性行为,应作为一个犯罪事实进行定罪量刑。改判后的寻衅滋事罪是合并了原判的两罪,是两起基础事实的合并。原判对寻衅滋事罪和劫持汽车罪分别量刑,改判后对寻衅滋事罪的量刑亦应建立在这两起事实量刑的基础上,即只要不超过原判两起事实量刑的总和,应视为没有违反上诉不加刑原则。换言之,二审虽然增加了原判寻衅滋事罪的刑期,但罪名上将两罪定为一罪,量刑上将劫持汽车罪有期徒刑五年的刑期予以剔除,直接

以寻衅滋事一罪定罪量刑,不但没有加重被告人的处罚,反而体现了有利于被告人的原则。

（撰稿:浙江省台州市中级人民法院　王永兴　卢　茜
审编:最高人民法院刑二庭　韩维中）

[第1306号]

韩召海等人组织、领导、参加黑社会性质组织案

——黑社会性质组织及"套路贷"的司法认定

一、基本案情

被告人韩召海,男,1991年2月15日出生,金雨空放小额贷款公司负责人。2018年3月7日被逮捕。

被告人曹明,男,1994年6月28日出生,金雨空放小额贷款公司合伙人。2018年1月24日被逮捕。

被告人孙明,男,1991年2月26日出生,金雨空放小额贷款公司合伙人。2018年3月7日被逮捕。

被告人叶宇铭,男,1989年9月12日出生,金雨空放小额贷款公司合伙人。2018年3月7日被逮捕。

被告人胡桥,男,1996年2月13日出生,金雨空放小额贷款公司合伙人。2018年3月16日被逮捕。

被告人管庆永,别名"管二",男,1982年7月7日出生。2018年8月10日被逮捕。

被告人李晨懿,男,1991年2月15日出生。2018年3月7日被逮捕。

被告人耿赛赛,男,1994年8月2日出生。2018年6月15日被逮捕。

陕西省西安市新城区人民检察院指控韩召海等8名被告人涉嫌犯组织、领导、参加黑社会性质组织罪,非法拘禁罪,寻衅滋事罪,敲诈勒索罪,故意毁坏财物罪,非法侵入住宅罪,诈骗罪,故意伤害罪,向西安市新城区人民法院提起公诉。

涉案的被告人及其辩护人均辩称该组织不是黑社会性质组织。

被告人韩召海及其辩护人辩称,韩召海在该组织中的作用与其他人相

当,并未从高息放贷中多获利,不属于组织、领导者。

被告人曹明、孙明、叶宇铭、胡桥、管庆永及其辩护人辩称,被告人没有参加黑社会性质组织的主观故意,对该组织是否系黑社会性质组织并不明知,不构成参加黑社会性质组织罪;其中袁胜杰被诈骗案,被告人及其辩护人辩称,借款时已告知袁胜杰房屋过户的风险,且袁胜杰自愿公证,被告人在无法联系袁胜杰的情况下将房屋过户,不构成诈骗罪。

西安市新城区人民法院经公开审理查明:2013 年 3 月,被告人韩召海经被告人管庆永介绍进入信而富公司从事小额贷款业务,后升至部门经理;被告人胡桥、叶宇铭、李晨懿系韩召海同事。2016 年 2 月,被告人孙明经韩召海介绍到西安市嘉银金融公司从事小额贷款业务。2016 年 8 月,韩召海从信而富公司离职后入职德诚汇信公司,担任中贸广场营业部负责人,叶宇铭及被告人曹明相继加入该公司。韩召海、曹明、孙明利用之前在放贷公司的工作经验及人脉,共同出资对外放贷。2016 年 10 月韩召海从德诚汇信公司辞职,叶宇铭、曹明相继跟随辞职。同月 22 日,经韩召海与曹明、孙明、叶宇铭商议,合伙租用西安市中贸广场 15 号楼写字间作为办公场所,未经批准设立小额贷款公司,共同出资对外非法放贷。至此,韩召海等人依托放贷公司形成了较稳定的犯罪组织。2017 年夏天,韩召海给其公司起名为金雨空放小额贷款公司(以下简称金雨空放公司),寓意金钱如雨无抵押贷款。2017 年 8 月,胡桥加入该公司成为新的合伙人。韩召海等人在非法放贷过程中,多次对逾期未还的借款人暴力讨债,逐步发展为黑社会性质组织。韩召海负责公司总体运营,决定放贷业务,管理公司账务,指挥他人催收,拥有较强的决策权及管理权,系该组织的组织、领导者;曹明、孙明、叶宇铭、胡桥系公司合伙人,在韩召海的带领下非法放贷、暴力讨债,多次积极参加该组织的违法犯罪活动,系该组织的积极参加者;管庆永作为韩召海从事放贷业务的引路人,明知该组织从事非法放贷、暴力讨债,仍予参与,系该组织的一般参加者。该组织为了索要欠款,多次通过非法拘禁、辱骂殴打、威胁恐吓、夹击身体敏感部位、喷辣椒水、踩脚趾、烟头烫、"架飞机"及电击等恶劣手段,有组织地实施了一系列违法犯罪活动:多次使用暴力手段非法拘禁多名借款人;为谋取非法利益,采用暴力威胁手段,以索要高额利息、滞纳金等费用为由,逼迫借款人写借条,以此敲诈勒索;在敲诈未果后,纠集多人对借款人财物进行打砸,故意毁坏他人财物;在暴力讨债过程中多次强拿硬要借款人财物,深夜强行进入借款人住宅。该组织还通过喇叭喊话、门上喷漆、发送暴力讨债视频等方式向借款人施加压力,吸引群众围观,扰乱社会秩序。在放贷过程中,设定高额滞纳金及罚息,肆意认定违约、擅自垒高债务、伪造银行流水等手段,将"套路贷"手段及暴力讨债相结合,从而最大限度地牟取非法利益。2016年8月17日至2018年1月4日,该组织非法放贷105人次,放贷金额3 064 400元,非法获利1 131 050元,尚有本金489 400元未收回。上述获利除部分用于公司日常运营、维系组织发展、房屋及车库租赁、购买车辆等外,其余部分由组织成员按出资比例分配。其中,2017年2月23日,袁胜杰向金雨空放公司借款125 000元,扣除利息、保证金、中介费、上门费等,韩召海向袁胜杰转账92 000元,期限16天。双方口头约定用袁胜杰的房屋抵押,但袁胜杰被要求签订委托书后进行公证,内容为韩召海有权出售房屋,并告知袁胜杰公证是贷款程序,不会处理房屋。借款到期后,韩召海虚增债务,垒高还款金额,迫使袁胜杰无法归还。韩召海第一次要求还款不低于20万元,第二次不低于30万元。韩召海与叶宇铭利用在抵押借款时袁胜杰已签好的卖房手续,使用虚假的袁胜杰离婚证书,将袁胜杰房产过户到叶宇铭名下后出租,租金由韩召海、曹明、孙明、叶宇铭平分。直到破案后袁胜杰才知自己的房屋已被韩召海过户给他人。经评估涉案房屋价值293 200元。韩召海采用"套路贷"的方式实际骗取袁胜杰201 200元。

西安市新城区人民法院审理认为,被告人韩召海纠集老乡及同事擅自设立金雨空放小额贷款公司,从事非法放贷业务,收取高额利息及名目繁多的各种费用,在借款人逾期后,采取辱骂殴打、威胁恐吓、夹击身体敏感部分、喷辣椒水、踩脚趾、烟头烫、"架飞机"及电击等恶劣手段暴力讨债,采用"套路贷"手段骗取他人财物,从而使组织影响不断扩大,组织势力日渐加强,逐步形成一个以韩召海为首的黑社会性质组织。该组织为攫取非法利益,增强犯罪能力,先后实施了非法拘禁、敲诈勒索、寻衅滋事、故意毁坏财物、非法侵入住宅、诈骗等一系列违法犯罪活动,为非作恶,欺压残害群众,严重扰乱正常金融秩序,侵犯他人人身财产权利,破坏当地经济、社会生活秩序。韩召海的行为已构成组织、领导黑社会性质组织罪,非法拘禁罪,敲诈勒索罪,寻衅滋事罪,故意毁坏财物罪,非法侵入住宅罪;采用“套路贷”手段骗取袁胜杰房产,已构成诈骗罪。曹明、孙明、叶宇铭、胡桥、管庆永的行为,已分别构成参加黑社会性质组织罪等相应罪名;采用“套路贷”手段骗取袁胜杰房产,已构成诈骗罪。耿赛赛已构成非法拘禁罪、故意伤害罪。李晨懿已构成非法拘禁罪。根据各被告人的犯罪事实、性质、情节以及社会危害程度,遂以相关罪名判决如下:对被告人韩召海决定执行有期徒刑十六年,并处没收财产人民币五十万元,罚金人民币九万元,剥夺政治权利三年;对被告人曹明决定执行有期徒刑十一年八个月,并处罚金人民币三十九万元;对被告人孙明决定执行有期徒刑十一年四个月,并处罚金人民币三十九万元;对被告人叶宇铭决定执行有期徒刑九年十个月,并处罚金人民币三十八万元;对被告人胡桥决定执行有期徒刑五年六个月,并处罚金人民币二十四万元;对被告人管庆永决定执行有期徒刑二年十个月,并处罚金人民币八万元;对被告人耿赛赛决定执行有期徒刑一年八个月;对被告人李晨懿判处有期徒刑一年四个月。

宣判后,被告人韩召海等人不服,提出上诉。

陕西省西安市中级人民法院经审理后认为本案定罪准确,量刑适当,审判程序合法。裁定驳回上诉,维持原判。

二、主要问题

1. 如何认定把握黑社会性质组织?

2. 如何司法处理“套路贷”案件?

三、裁判理由

扫黑除恶专项斗争开展以来,西安市新城区人民法院在办理涉及“套路贷”案件时,依法对案件定性,结合案件本质特征对案件整体把握,审结了陕西省首例“套路贷”涉黑案件,8 名被告人分别构成组织、领导、参加黑社会性质组织罪,非法拘禁罪,敲诈勒索罪,寻衅滋事罪,故意毁坏财物罪,非法侵入住宅罪等罪名,并分别被判处十六年到一年四个月不等的有期徒刑。众所周知,“套路贷”涉黑犯罪一度猖獗,侵犯人民群众财产安全和其他合法权益、严重扰乱金融市场秩序,影响人民群众的安全感和社会和谐稳定。本案争议的焦点为行为人是否构成组织、领导、参加黑社会性质组织罪及对“套路贷”的司法认定如何把握。

(一)黑社会性质组织的判定标准

黑社会性质组织,是指以暴力、威胁或者其他手段,在一定区域或行业内形成非法控制或重大影响,以获取经济利益,有组织地进行违法犯罪活动,称霸一方,为非作恶,欺压、残害群众,严重破坏经济、社会秩序的犯罪组织。该组织应具备以下四个特征:

首先,黑社会性质组织具有组织特征。其一般可以表现为人数较多,有明确的组织、领导者,骨干成员基本固定,组织结构较为稳定,层级分工较为明确,组织纪律较为严明,犯罪据点固定等。本案中,有6名被告人涉及黑社会性质组织违法犯罪活动:韩召海在公司运营、账务管理、业务谈判、债务催收中起着主导作用,是金雨空放公司的创建者、非法放贷的决策者、暴力讨债的召集人;曹明、孙明、叶宇铭、胡桥是金雨空放公司合伙人,共同对外出资,获取利益,多次参加违法犯罪活动,均系骨干成员;韩召海等人租用中贸广场写字间作为金雨空放公司的办公场所,是被告人日常工作的聚集地、非法放贷的实施地及暴力讨债的策源地;该组织自成立以来,形成固定的放贷模式,共同实施暴力讨债行为。由此,该组织已具备《刑法》规定的黑社会性质组织所要求的“形成较稳定的犯罪组织,人数较多,有明确的组织者、领导者,骨干成员基本固定”的组织特征。

其次,黑社会性质组织具有经济特征。其通常表现在有组织地获取经济利益,具有一定的经济实力;组织成员之间经济往来频繁,具有一定的经济互助性;组织将部分收入用于违法犯罪活动。本案中,自2016年8月至2018年年初,该组织在放贷过程中巧立名目,通过收取高额利息、上门费、服务费、中介费、保证金、滞纳金及罚息等费用,非法获取经济利益,豢养组织成员,维护组织稳定,壮大组织势力。具有以下表现:(1)获利方式具有组织性。金雨空放公司所放款项由被告人共同出资,收益由被告人共同分配,对外放贷时虽以韩召海的名义进行,但整个放贷过程、资质审查及债务催收均由被告人共同完成,各被告人依托金雨空放公司获取经济利益。(2)该组织在一年多的时间内,共非法放贷105人次,放贷金额3 064 400元,非法获利1 131 050元,具备一定经济实力。(3)获利除按出资比例分配给各被告人之外,还用于支付房租、办公场所运营、户外拓展、购买车辆等共同开支,经济支出具有组织性。由此可见,该组织已具备《刑法》规定的黑社会性质组织所要求的"有组织地通过违法犯罪活动或者其他手段获取经济利益,具有一定的经济实力,以支持该组织活动"的经济特征。

再次,黑社会性质组织具有行为特征。其表现在以暴力、威胁或者其他手段,有组织地多次进行违法犯罪活动,为非作恶,欺压、残害群众。本案中,该组织为了索要欠款,由韩召海及组织成员以暴力、胁迫或其他手段,共同实施了非法拘禁、寻衅滋事、敲诈勒索、故意毁坏财物、非法侵入住宅及诈骗等一系列违法犯罪活动,包括:该组织通过辱骂殴打、夹击身体敏感部位、喷辣椒水、踩脚趾、烟头烫、"架飞机"、打砸财物及电击等暴力手段,先后非法拘禁多名借款人,践踏人格尊严,限制人身自由,并肆意打砸借款人家中财物;以暴力为支撑,通过威胁恐吓、"协商谈判"等"软暴力"手段,逼迫借款人写下借条,以此敲诈勒索,又多次强拿硬要借款人财物,非法侵入借款人住宅,严重侵犯他人人身财产权利;该组织在讨债过程中还采用喇叭喊话、门上喷漆、发送暴力讨债视频等手段向借款人施加压力,影响借款人的正常生活,违法犯罪行为具有暴力胁迫性;违法犯罪行为具有组织性,违法犯罪行为均系组织成员基于非法获利共同故意实施,有组织地开展非法放贷、暴力讨债活动;违法犯罪行为具有连续性,一年多时间内非法放贷105人次,实施10起违法犯罪行为,犯罪行为密集,犯罪气焰嚣张;违法犯罪行为具有多样性,有使用暴力胁迫手段实施的非法拘禁、敲诈勒索、故意毁坏财物的行为,也有使用"软暴力"手段实施的寻衅滋事、非法侵入住宅的行为,还有使用"套路贷"手段实施的诈骗行为。由此,该组织已具备《刑法》规定的黑社会性质组织所要求的"以暴力、威胁或者其他手段,有组织地多次进行违法犯罪活动,为非作恶,欺压、残害群众"的行为特征。

最后,黑社会性质组织具有危害特征。其表现在通过实施违法犯罪活动,称霸一方,在一定区域或者行业内,形成非法控制或者重大影响,严重破坏经济、社会生活秩序。本案中,该组织通过违法犯罪活动,逐步形成一个以韩召海为首的非法组织,侵犯他人人身财产安全,造成恶劣的社会影响,使群众安全感下降,严重破坏了当地经济、社会生活秩序,具体包括:成立放贷公司,非法放贷,擅自收取高额利息及各种费用,获取非法利益,扰乱正常金融秩序;以暴力胁迫手段强行讨债,致使多名群众合法权利遭受侵害后,不敢举报控告;该组织通过各种手段滋扰借款人及其家属正常生活,社会影响恶劣。该组织采取"套路贷"新型诈骗手段,骗取他人财物,侵犯他人财产权利。由此,该组织已具备《刑法》规定的黑社会性质组织所要求的"通过实施违法犯罪活动,或者利用国家工作人员的包庇或者纵容,称霸一方,在一定区域或者行业内,形成非法控制或者重大影响,严重破坏经济、社会生活秩序"的危害特征。

综上,韩召海等6名被告人的行为已具备了黑社会性质组织的四个特征,形成了黑社会性质组织。

(二)"套路贷"案件的司法认定

随着社会经济的不断发展,黑恶组织的犯罪手段不断翻新,假借民间借贷之名实施侵犯财产类违法犯罪活动日益猖獗,司法实践中对此类违法犯罪逐渐形成了"套路贷"这一称谓。"套路贷"已成为黑恶势力较常实施的违法犯罪活动,严重侵害人民群众人身、财产权利,严重破坏经济、社会秩序,严重影响人民群众的安全感和社会和谐稳定,社会危害性极大。为统一执法办案思路,2019年4月9日最高人民法院、最高人民检察院、公安部、司法部发布了《关于办理"套路贷"刑事案件若干问题的意见》(以下简称《意见》)。

首先,关于套路贷的法律属性。根据《意见》的规定,"套路贷"是以非法占有为目的,假借民间借贷之名,诱使或迫使被害人签订"借贷"或变相"借贷""抵押""担保"等相关协议,通过虚增借贷金额、恶意制造违约、肆意认定违约、毁匿还款证据等方式形成虚假债权债务,并借助诉讼、仲裁、公证或者采用暴力、威胁以及其他手段非法占有被害人财物的相关违法犯罪活动的概括性称谓。由此可以说明,"套路贷"既不是一个法律概念也不是一个政策概念,而是办案实践中对假借民间借贷之名非法占有他人财物的类型化违法犯罪的概括性称谓。行为人在主观上以非法占有为目的，在客观上行侵财之实，但因犯罪手段、行为表现各有不同，对其如何定性，需根据“套路贷”行为人非法取得他人财产的具体手段、方式，依照《刑法》有关犯罪的构成要件，具体问题具体分析，确定具体罪名。对于未采用明显的暴力或者威胁手段，主要靠虚构事实、隐瞒真相实现非法占有目的，“骗”取被害人财物的“套路贷”，一般以诈骗罪论处。

本案中，被告人韩召海等人对袁胜杰在借款中并未采用明显的暴力或者威胁手段，主要靠虚构事实、隐瞒真相实现非法占有的目的，属于“骗”取被害人财物的“套路贷”，最终法院以诈骗罪定性。

其次，关于“套路贷”犯罪的表现形式。从司法实践来看，“套路贷”通常的表现形式有：一是制造民间借贷假象。行为人往往以“小额贷款公司”“投资公司”“咨询公司”“担保公司”“网络借贷平台”等名义对外宣传，以低息、无抵押、无担保、快速放款等为诱饵吸引被害人借款，以“保证金”“行规”等虚假理由诱使被害人基于错误认识签订金额虚高的“借贷”协议或相关协议。二是制造资金走账流水等虚假给付事实。行为人按虚高的“借贷”协议金额将资金转入被害人账户，制造已将全部借款交付被害人的银行流水痕迹的假象，而后将其中全部或者部分资金收回，被害人实际上并未取得或者完全取得“借贷”协议、银行流水上显示的款项。三是故意制造违约或者肆意认定违约。行为人以设置违约陷阱、制造还款障碍等方式，故意造成被害人违约，或通过肆意认定违约，强行要求被害人偿还虚假债务。四是恶意垒高借款金额。当被害人无力偿还时，行为人会安排其所属公司或者指定的关联公司、关联人员为被害人偿还“借款”，与被害人签订金额更大的虚高“借贷”协议或相关协议，通过这种“转单平账”“以贷还贷”的方式不断垒高“债务”。五是软硬兼施“索债”。在被害人未偿还虚高“借款”时，行为人会借助诉讼、仲裁、公证或者采用暴力、威胁以及其他手段向被害人或者被害人的特定关系人索取“债务”。

本案中，2017 年 2 月 23 日，被害人袁胜杰与被告人韩召海签订了 125 000元的借条，扣除利息、中介费、保证金等费用后，由韩召海、曹明、孙明、叶宇铭共同出资先向袁胜杰转账 142 000 元，后又将其中 50 000 元转走，袁胜杰实际到手92 000元;韩召海与袁胜杰签订了房产抵押合同及代为买卖、过户房产的委托书,并让袁胜杰在隐瞒借款事实的情况下,利用假离婚证对该委托书进行公证,且韩召海谎称公证只是贷款流程,不会处理房产。借款到期后,袁胜杰无力还款,第一次协商时,韩召海要求最低还款额为20万元,第二次协商时,要求最低还款额近30万元,韩召海不断虚增债务、垒高金额,迫使袁胜杰无法还款。2017年4月25日,经韩召海、曹明、孙明、叶宇铭共同商议,利用事先公证的委托书,将袁胜杰抵押的房产过户到叶宇铭名下,后将该房屋出租,过户费用由4人平摊,房租收益由4人均分。经评估,该房屋价值293 200元。韩召海等人采用"套路贷"的手段骗取袁胜杰201 200元。因此,本案既有制造民间借贷假象、制造资金走账流水等虚假给付事实,又有恶意垒高借款金额,软硬兼施"索债"的行为,完全符合"套路贷"的行为方式。

最后,关于"套路贷"相关犯罪的数额认定及定性。根据《意见》的规定,认定"套路贷"犯罪数额时,原则应当从整体上予以否定性评价。众所周知,"套路贷"的本质特征是以非法占有为目的而实施的违法犯罪,不可能产生合法收入。因此,除犯罪嫌疑人、被告人实际给付被害人的本金数额之外,"虚高债务"和以"利息""保证金""中介费""服务费""违约金"等名目被非法占有的财物,均应计入犯罪数额。本案中,被告人实际给付袁胜杰的本金数额为92 000元,袁胜杰的房屋价值293 200元,因而,被告人的犯罪数额最终认定为201 200元。

综上,法院依法认定被告人韩召海等以"套路贷"形式骗取袁胜杰财产的行为构成诈骗罪,并根据案件的事实、情节和各被告人在犯罪中的地位、作用,依法判处各被告人不等的刑罚,是正确的。

(撰稿:陕西省西安市新城区人民法院　姚建军
审编:最高人民法院刑二庭　韩维中)

［第 1307 号］

常茂、吴江运输毒品案

——对毒品共同犯罪案件如何准确把握死刑政策

一、基本案情

被告人常茂，男，1988 年 1 月 8 日出生，农民。2014 年 5 月 27 日因涉嫌犯运输毒品罪被逮捕。

被告人吴江，男，1990 年 9 月 9 日出生，农民。2008 年 7 月 24 日因犯盗窃罪被判处拘役六个月，并处罚金人民币二千元。2014 年 5 月 27 日因涉嫌犯运输毒品罪被逮捕。

（其他被告人情况略）

云南省大理白族自治州人民检察院以被告人常茂、吴江犯运输毒品罪，向大理白族自治州中级人民法院提起公诉。

被告人常茂辩称无罪。其辩护人提出，公诉机关指控常茂犯运输毒品罪的事实不清、证据不足，请求宣告无罪。

被告人吴江当庭否认参与运输毒品犯罪。其第一辩护人对指控的罪名无异议，但提出吴江系受人指使，仅送他人到接取毒品的地点，系从犯，且毒品未流入社会，危害性较小，请求从轻处罚。其第二辩护人提出，指控吴江犯运输毒品罪的事实不清、证据不足，请求宣告无罪。

大理白族自治州中级人民法院经审理查明：被告人常茂组织多人从中缅边境接取毒品并在境内运输，通过电话等方式对整个运输过程进行指挥。2014 年 4 月 19 日夜间，常茂安排被告人吴江带领同案被告人吴庆、王勇（均已判刑）到云南省临沧市南伞镇接取毒品。之后，根据常茂的安排，同案被告人王克坤（已判刑）指挥同案被告人赵泽领、赵成（均已判刑）驾驶牌照为云 AZ892W 的大众牌迈腾轿车前往接应，并将毒品放置在该迈腾轿车内。

后王克坤驾驶无牌照大众牌桑塔纳轿车、吴庆驾驶牌照为云A360W9的长城牌哈弗H3越野车依次在前探路，赵泽领、赵成、王勇驾驶迈腾轿车在后运输毒品，前往云南省昭通市。同月20日上午，行至云南省保山市昌宁县城外时，王勇、赵泽领将迈腾轿车上的毒品转移至王克坤驾驶的桑塔纳轿车的后备厢内，王克坤将该桑塔纳轿车停放在昌宁县人民医院，后各自住店休息。当日晚，公安人员将上述人员抓获，同时查获该桑塔纳轿车，从车内起获海洛因42.52千克、甲基苯丙胺片剂（俗称“麻古”）5.965千克。

大理白族自治州中级人民法院认为，被告人常茂、吴江伙同他人，为牟取非法利益运输毒品海洛因42.52千克、甲基苯丙胺5.965千克，其行为均已构成运输毒品罪。在共同犯罪中，常茂组织、指挥毒品犯罪，起主要作用，系主犯；吴江将吴庆、王勇带至中缅边境接取毒品，亦起主要作用，属主犯，应依法惩处。常茂归案后拒不供述犯罪事实，但吴江、王勇、赵泽领、赵成均指证常茂组织和指挥毒品犯罪，并结合收缴在案的写有毒品犯罪详细计划的笔记本及笔记本中记录的被告人电话号码、被告人绰号、笔迹鉴定、通话清单、手机中银行卡信息以及银行账户存取款大额资金凭证等证据，可以认定常茂组织和指挥毒品犯罪的事实。常茂及其辩护人提出其构成运输毒品罪事实不清、证据不足，请求宣告无罪的辩解及辩护意见；吴江提出未参与运输毒品的辩解及其辩护人提出吴江构成运输毒品罪事实不清、证据不足，请求宣告无罪的辩护意见，均无事实及法律依据，不予采纳。依照《中华人民共和国刑法》第三百四十七条第二款第一项、第二十五条第一款、第二十六条第三款、第五十七条第一款、第五十九条之规定，对被告人常茂、吴江分别以运输毒品罪判处死刑，剥夺政治权利终身，并处没收个人全部财产。

一审宣判后，被告人常茂上诉提出，认定其构成运输毒品罪并判处其死刑的事实不清、证据不足。被告人吴江上诉提出，其在本案中受常茂指挥，系从犯，原判量刑过重。

云南省高级人民法院经审理认为，被告人常茂、吴江为牟取非法利益，运输毒品海洛因42.52千克、甲基苯丙胺片剂5.965千克的行为，均已构成运输毒品罪。运输毒品数量巨大，社会危害性极大，罪行极其严重，依法应当判处常茂、吴江死刑。常茂及其辩护人提出认定常茂构成运输毒品罪事实不清、证据不足的上诉理由及辩护意见,吴江及其辩护人提出吴江受常茂指挥,系从犯,原判量刑过重的上诉理由及辩护意见,与查明的事实不符,均不予采纳。依照2012年《中华人民共和国刑事诉讼法》第二百二十五条第一款第一项之规定①,裁定驳回上诉,维持原判,并依法报请最高人民法院核准。

最高人民法院经复核认为,被告人常茂、吴江违反国家毒品管理规定,伙同他人运输海洛因、甲基苯丙胺片剂,其行为均已构成运输毒品罪。常茂、吴江运输海洛因42.52千克、甲基苯丙胺片剂5.965千克,数量特别巨大,社会危害严重,应依法惩处。常茂在共同犯罪中起组织、指挥作用,系地位最为突出的主犯,且到案后拒不供认犯罪;吴江在共同犯罪中负责联系境外毒贩、接取毒品后交由他人运输,亦系作用突出的主犯,均应依法惩处。第一审判决、第二审裁定认定的事实清楚,证据确实、充分,定罪准确,量刑适当,审判程序合法。依照2012年《中华人民共和国刑事诉讼法》第二百三十五条、第二百三十九条和《最高人民法院关于适用〈中华人民共和国刑事诉讼法〉的解释》第三百五十条第一项的规定,裁定核准云南省高级人民法院维持第一审分别对被告人常茂、吴江以运输毒品罪判处死刑,剥夺政治权利终身,并处没收个人全部财产的刑事裁定。

二、主要问题

1. 对毒品共同犯罪案件如何准确把握死刑政策?
2. 对被告人拒不供认的毒品犯罪案件,如何综合审查证据?

三、裁判理由

(一)判处二名以上主犯死刑符合罪刑相适应原则的,对罪责稍次的主犯亦可适用死刑

与其他类型的犯罪相比较,共同犯罪是毒品犯罪的一个显著特征。特别是在某些地区,毒品犯罪日益呈现集团化、专业化的趋势,从以往的单人

① 本文中引用的刑事诉讼法条款均是指2018年修正前的《刑事诉讼法》,下同。

贩运、售卖形式，逐渐发展为上家总销、下家贩运、马仔分售的复合形态；在毒品犯罪不同阶段，组织严密、分工明确，每一环节均由不同的人专门负责，形成相对固定的犯罪模式。对毒品共同犯罪中各犯罪人刑事责任的评价及以此为基础的量刑是一项复杂而细致的工作，对毒品共同犯罪准确把握死刑政策，有赖于对参与毒品犯罪各行为人行为性质的正确认定以及其在共同犯罪中罪责大小的准确判断。

我国《刑法》第四十八条规定“死刑只适用于罪行极其严重的犯罪分子”，这同样是司法实践中对毒品犯罪适用死刑的总体原则。根据历次毒品犯罪案件工作座谈会纪要精神，毒品共同犯罪案件的死刑适用应当与该案所涉毒品数量、社会危害性及被告人的犯罪情节、主观恶性、人身危险性相适应。综观2000年《全国法院审理毒品犯罪案件工作座谈会纪要》（以下简称《南宁会议纪要》）、2008年《全国部分法院审理毒品犯罪案件工作座谈会纪要》（以下简称《大连会议纪要》）、2015年《全国法院毒品犯罪审判工作座谈会纪要》（以下简称《武汉会议纪要》），体现出量刑标准更加明晰、对死刑适用范围的限定更加严格的趋势。关于主犯的死刑适用问题，《南宁会议纪要》规定，“共同犯罪中能分清主从犯的，不能因为涉案的毒品数量特别巨大，就一律将被告人认定为主犯并判处重刑甚至死刑”。该规定相对笼统，标准亦较为概括，没有就如何对多名主犯适用死刑作出明确规定。《大连会议纪要》的标准则稍显具体化，规定“对于共同犯罪中有多个主犯或者共同犯罪人的，处罚上应做到区别对待。应当全面考察各主犯或共同犯罪人在共同犯罪中实际发挥作用的差别，主观恶性和人身危险性方面的差异，对罪责或者人身危险性更大的主犯或者共同犯罪人依法判处更重的刑罚”。《武汉会议纪要》对死刑适用范围的规定仍以主犯为基础，但对可以适用死刑的主犯范围作出了限定，即“涉案毒品数量刚超过实际掌握的死刑数量标准，依法应当适用死刑的，要尽量区分主犯间的罪责大小，一般只对其中罪责最大的一名主犯判处死刑……二名主犯的罪责均很突出，且均具有法定从重处罚情节的，也要尽可能比较其主观恶性、人身危险性方面的差异，判处二人死刑要特别慎重”。由此可见，同一案件中存在多名主犯时，对于适用死刑的范围的限定日趋严格。但同时，《武汉会议纪要》也规定：“涉案毒品数量达到巨大以上，二名以上主犯的罪责均很突出，或者罪责稍次的主犯具有法定、重大酌定从重处罚情节，判处二人以上死刑符合罪刑相适应原则，并有利于全案量刑平衡的，可以依法判处。”由此，我们认为，同一案件存在多名主犯的，在适用死刑时应遵循两个基本原则：一是慎重适用死刑，在符合法律规定和政策精神的情况下，尽量只对其中罪责最大的一名主犯适用死刑；二是不存在机械的死刑适用的“人数指标”，判处二人以上死刑符合罪刑相适应原则，并有利于全案量刑平衡的，可以依法判处。

1. 对于涉案毒品数量刚超过实际掌握的死刑数量标准，依法应当适用死刑的，一般只对其中罪责最大的一名主犯适用死刑

司法实践中，对于毒品犯罪的量刑通常遵循“数量加情节”的原则，毒品犯罪数量对毒品犯罪的定罪，特别是量刑具有重要的基础性影响，在某种意义上直接关系到对被告人能否适用死刑。当然，毒品数量并不是毒品犯罪量刑的唯一考虑因素，还要综合考虑被告人的犯罪情节、危害后果、主观恶性等多种因素。《武汉会议纪要》即体现了这一精神，依据该纪要的规定，对于涉案毒品数量刚超过实际掌握的死刑数量标准，依法应当适用死刑的，各主犯间的作用能够区分主次的，对于罪责稍次的主犯一般可不适用死刑。

2. 涉案毒品数量达到巨大以上，罪责稍次的主犯具有法定、重大酌定从重处罚情节，判处二人以上死刑符合罪刑相适应原则，并有利于全案量刑平衡的，可以依法判处

在涉案毒品数量达到巨大以上的情况下，判处罪责稍次的主犯死刑仍需具备两个条件：一是判处二人以上死刑符合罪刑相适应原则，并有利于全案量刑平衡；二是具有法定或重大酌定从重处罚情节。关于法定或重大酌定从重处罚情节的范围，通常包括：(1) 累犯、毒品再犯、毒枭、职业毒犯等主观恶性深、人身危险性大的犯罪分子；(2) 属于走私、制造毒品和大宗贩卖毒品等源头性犯罪的；(3) 武装掩护走私、贩卖、运输、制造毒品的，或以暴力抗拒检查、拘捕，情节严重的；(4) 利用、教唆未成年人实施毒品犯罪，或者向未成年人出售毒品的；(5) 其他反映被告人主观恶性深、人身危险性大的情节。

在本案中，被告人常茂在共同犯罪中起组织、指挥作用，系罪责最突出的主犯；被告人吴江虽亦系主犯，但其在常茂指挥下负责具体环节的实施，

地位和作用小于常茂,系罪责稍次的主犯。最终核准吴江死刑的理由主要是:(1)涉案毒品数量特别巨大。常茂、吴江伙同他人运输毒品海洛因42.52千克、甲基苯丙胺5.965千克,无论是在案发地还是全国,涉毒数量之大,均不多见,这是本案决定死刑适用的重要基础性情节。(2)本案系导致毒品入境的大宗毒品源头性犯罪。近年来境外毒源地对我国毒品渗透不断加剧,云南是缅北毒品向我国渗透的主要通道,毒品入境形势严峻,且大宗毒品犯罪案件多,必须进一步加大打击力度,以震慑毒品犯罪分子,从源头上遏制毒品犯罪。本案中,常茂组织多人从中缅边境接取大宗毒品后在境内运输,吴江直接负责安排人员接取毒品,系致使毒品入境的源头性犯罪,应从严惩处。(3)对吴江适用死刑有利于全案量刑平衡。常茂在共同运输毒品中固然居于总指挥的地位,但本案有多人参与,被告人吴江仅是略次于常茂,相对于其他同案被告人,吴江的地位、作用更为突出;同案被告人王定坤等人的地位和作用均次于吴江,法院依法对王定坤判处死刑,缓期二年执行,对吴江适用死刑有利于全案量刑平衡。综合来看,本案涉案毒品数量特别巨大,系致使毒品入境的大宗毒品源头性犯罪,社会危害极为严重,又具有一定的经营性和组织性,系打击的重点,核准常茂、吴江二人死刑更能体现罪刑相适应。

(二)被告人拒不供认犯罪,但其他证据确实、充分的,可以依法认定相关案件事实

毒品犯罪隐蔽性极强,收集证据的难度高,很多案件的细节需要靠被告人供述来加以证实,因此被告人的供述成为毒品犯罪案件中使用率最高的证据之一。而毒品犯罪的被告人往往具有一定的反侦查能力,尤其是在可能判处死刑的案件中,被告人翻供甚至自始至终不供认犯罪的情况十分常见。对于被告人拒不供认犯罪的案件,应当结合全案证据进行综合分析,审查被告人的无罪辩解是否成立,若其他证据确实、充分、能够证明被告人有罪的,可以依法对被告人定罪处刑。

本案是一起共同犯罪案件,被告人常茂通过电话联络的方式,组织、指挥被告人吴江、吴庆、王勇接取毒品,后交由王克坤、赵泽领、赵成等运输。常茂未直接参与运输犯罪、未直接接触毒品,到案后始终拒不供认犯罪,认

定常茂是否参与犯罪及其在共同犯罪中的地位和作用成为本案的关键。综合现有证据,可认定常茂组织、指挥他人运输毒品的犯罪事实,具体分析如下:

1. 公安人员从常茂住处及车内查获手机、笔记本、存款业务凭条等证据,这是确认常茂与本案有关联的基础。(1)从常茂住处查获9部手机,在案发时间段分别与在案其余各被告人有数十次密集通话,其中有些通话长达一两个小时。(2)从常茂住处及包内查获3个笔记本,其中绿色笔记本上所记载的多个手机号码在到案的各被告人处提取,黑色笔记本和几何作业本上记载了部分被告人的代号、运输毒品途中需经过的主要地点、距离、运输中的分工、代号和暗语。(3)从常茂车内及手包内提取到吴江、赵泽领账户的存款业务凭条等书证,吴江供述账户被常茂用以支付毒资、赵泽领供述按照常茂的安排通过银行卡向吴江的账户转账。

2. 有多名被告人指认常茂参与犯罪,多次供述之间相互印证,高度可信。吴江始终稳定供认系受常茂指使,其余被告人均系常茂组织和指挥;王勇曾供称系由常茂组织和指挥;赵泽领供称系受常茂纠集和指挥;赵成在侦查阶段曾供述经王克坤介绍后帮常茂运输毒品。

3. 常茂之弟常语宏、女友之弟吴彪均证明常茂于案发时间段安排其驾车查看有无警察以探路,佐证常茂参与犯罪。

4. 常茂的无罪辩解与现有证据不符。(1)常茂辩称提取在案的笔记本与其本人无关,其辩解与笔迹鉴定意见所证笔记本上的字迹系由常茂所留相矛盾;(2)常茂辩称在其住处查获的手机系捡得,其辩解与上述手机在案发时间段与其余6名被告人持有的号码均保持密集通话相矛盾;(3)常茂辩称不知道存款凭证等系由何人留在其车内,其辩解与其手机内存有上述存款凭证所记载账号的短信及同案被告人吴江、赵泽领的供述相矛盾。

综上,被告人常茂的无罪辩解与在案证据明显不符,不予采信;根据在常茂住处及车内查获的手机、笔记本、存款凭条以及吴江等同案被告人的有罪供述,足以认定常茂组织、指挥他人运输毒品的犯罪事实。

(撰稿:最高人民法院刑一庭　崔祥莲
审编:最高人民法院刑一庭　管应时)

[第 1308 号]

王道军强迫卖淫案

——多次强迫已满十四周岁的未成年人卖淫是否构成强迫卖淫罪的“情节严重”

一、基本案情

被告人王道军,男,汉族,1963 年 7 月 22 日出生,个体业主。2016 年 12 月 13 日因涉嫌犯强迫卖淫罪被逮捕。

辽宁省台安县人民检察院以被告人王道军犯强迫卖淫罪向台安县人民法院提起公诉。

被告人王道军对公诉机关指控的犯罪事实予以否认,辩称没有强迫王某某卖淫,王在其开的旅店从事卖淫活动四次,都是她自愿的,故不构成强迫卖淫罪。

台安县人民法院经审理查明:2016 年 10 月末至 11 月初,被告人王道军在台安县台安镇西商业街其经营的家兴旅社内,采用威胁、恐吓等手段强迫王某某(2002 年 3 月 26 日出生)从事卖淫活动共计四次,获取嫖资共计 160 元。

台安县人民法院认为,被告人王道军以暴力、恐吓等手段,强迫已满十四周岁未满十八周岁的未成年人卖淫,其行为已构成强迫卖淫罪,应依法从重惩处。公诉机关指控的犯罪事实和罪名成立,应予以支持。关于被害人王某某委托代理人认为王道军采取暴力、胁迫等手段多次强迫刚满十四周岁的幼女从事卖淫活动,应判处十年以上有期徒刑或者无期徒刑的意见,经查,被害人王某某被强迫卖淫时已满十四周岁,不是幼女,根据《最高人民法院、最高人民检察院关于办理组织、强迫、引诱、容留、介绍卖淫刑事案件适用法律若干问题的解释》第六条的规定，王道军的行为不属于情节严重，对该意见不予支持。关于被告人及辩护人认为王道军不构成强迫卖淫罪的辩护意见，经查，王某某在王道军经营的家兴旅社住宿期间，因欠王道军200余元钱，王道军在王某某不情愿的情况下，以要求王某某还钱为由，采取语言威胁、将其关在房内、扣押其手机等手段强迫未成年人王某某卖淫，并从中获利，王道军的行为已构成强迫卖淫罪，故该辩护意见不予采纳。鉴于王道军系初犯，可酌情从轻处罚。按照《最高人民法院、最高人民检察院、公安部、司法部关于依法惩治性侵害未成年人犯罪的意见》，为打击性侵害未成年人犯罪，保护未成年人身心健康，根据王道军的犯罪事实、情节、性质和对社会的危害程度，依照《中华人民共和国刑法》第三百五十八条第一款、第二款，第六十一条，第四十五条，第四十七条，第五十二条，第五十三条第一款之规定，判决如下：

被告人王道军犯强迫卖淫罪，判处有期徒刑七年，并处罚金三万元。

一审宣判后，被告人王道军以一审部分事实认定不清、量刑过重为由提起上诉，要求从轻处罚。

辽宁省鞍山市中级人民法院经审理认为，上诉人王道军以暴力、恐吓等手段，强迫已满十四周岁未满十八周岁的未成年人卖淫，其行为已构成强迫卖淫罪，应依法从重惩处。关于上诉人提出一审部分事实认定不清、量刑过重，要求从轻处罚的上诉理由，经审，被害人王某某系刚满十四周岁的未成年人，上诉人以其欠款为由，采取语言威胁、将其关在房内、扣押其手机等手段违背其真实意愿，迫使其卖淫，并从中获利，原审法院结合被害人陈述、证人证言和王道军供述认定王道军犯强迫卖淫罪并从重处罚并无不当，且王道军在案件审理过程中始终供述一致，故对上诉人提出的上诉理由均不予采纳。综上，原判认定事实清楚，证据确实、充分，定罪准确，量刑适当，审判程序合法。依照2012年《中华人民共和国刑事诉讼法》第二百二十五条第一项之规定，裁定驳回上诉，维持原判。

二、主要问题

多次以胁迫手段强迫已满十四周岁的未成年人卖淫，是否构成强迫卖淫罪的“情节严重”?

三、裁判理由

根据《刑法》第三百五十八条的规定,强迫卖淫罪是指以暴力、胁迫或者其他手段,迫使他人卖淫的行为。强迫卖淫罪没有卖淫人数的限制,只要卖淫人员是被强迫卖淫即可构成本罪。本案中,虽然被告人王道军辩解没有强迫他人实施卖淫行为,但就证据来看,认定其构成强迫卖淫罪没有异议。本案争议的焦点在于:王道军多次强迫他人卖淫(四次),是否构成强迫卖淫罪的“情节严重”? 有两种不同观点。

第一种观点认为,1997年《刑法》第二百五十八条规定,“多次”强迫他人卖淫构成强迫卖淫罪的“情节严重”,2015年11月1日起施行的《刑法修正案(九)》没有明确规定强迫卖淫罪“情节严重”的具体情形,实践中应沿用《刑法》第二百五十八条的规定认定和处罚。本案诉讼过程中,公诉机关于2017年3月7日起诉指控王道军构成强迫卖淫罪,同年7月3日变更起诉,认为王道军的行为构成强迫卖淫罪的“情节严重”。被害人的代理人亦持此观点,要求法院判处王道军十年以上有期徒刑。

第二种观点认为,根据2017年7月25日起施行的《最高人民法院、最高人民检察院关于办理组织、强迫、引诱、容留、介绍卖淫刑事案件适用法律若干问题的解释》(以下简称《涉卖淫刑案解释》)第六条的规定,王道军“多次”强迫他人卖淫的行为不构成强迫卖淫罪的“情节严重”。

我们同意第二种观点,理由如下:

(一)本案应适用《涉卖淫刑案解释》来认定是否构成强迫卖淫罪的“情节严重”

1997年《刑法》第三百五十八条第一款规定:“组织他人卖淫或者强迫他人卖淫的,处五年以上十年以下有期徒刑,并处罚金;有下列情形之一的,处十年以上有期徒刑或者无期徒刑,并处罚金或者没收财产:(一)组织他人卖淫,情节严重的;(二)强迫不满十四周岁的幼女卖淫的;(三)强迫多人或者多次强迫他人卖淫的;(四)强奸后迫使卖淫的;(五)造成被强迫卖淫的人重伤、死亡或者其他严重后果的。”该条第二款还规定:“有前款所列情形之一，情节特别严重的，处无期徒刑或者死刑，并处没收财产。”《中华人民共和国刑法修正案（九）》（以下简称《刑法修正案（九）》）对该条进行修改后的规定为：“组织、强迫他人卖淫的，处五年以上十年以下有期徒刑，并处罚金；情节严重的，处十年以上有期徒刑或者无期徒刑，并处罚金或者没收财产。组织强迫未成年人卖淫的，依照前款的规定从重处罚。犯前两款罪，并有杀害、伤害、强奸、绑架等犯罪行为的，依照数罪并罚的规定处罚。”《刑法修正案（九）》与原《刑法》的不同在于，第一，取消了组织、强迫卖淫罪“情节特别严重”的规定，同时取消了该罪的死刑；第二，实施组织、强迫卖淫行为，又具有强奸、杀人、伤害、绑架等犯罪行为的，不再认定为该罪的“情节严重”；第三，仅规定了组织、强迫卖淫罪“情节严重”的量刑幅度，而没有明确“情节严重”的具体情形。立法将强迫卖淫罪的情节认定交给了司法裁量，如果再参照1997年《刑法》对强迫卖淫罪“情节严重”的规定来认定，显然不妥。

本案发生在2016年10月至11月，2017年3月7日提起公诉，案件一审期间《涉卖淫刑案解释》通过并正式公布实施，其中第六条规定：“强迫他人卖淫，具有下列情形之一的，应当认定为刑法第三百五十八条第一款规定的‘情节严重’：（一）卖淫人员累计达五人以上的；（二）卖淫人员中未成年人、孕妇、智障人员、患有严重性病的人累计达三人以上的；（三）强迫不满十四周岁的幼女卖淫的；（四）造成被强迫卖淫的人自残、自杀或者其他严重后果的；（五）其他情节严重的情形。”根据《最高人民法院、最高人民检察院关于适用刑事司法解释时间效力问题的规定》，司法解释自发布或者规定之日起施行，效力适用于法律的施行期间。对于司法解释实施前发生的行为，行为时没有相关司法解释，司法解释施行后尚未处理或者正在处理的案件，依照司法解释的规定办理。由于《刑法修正案（九）》施行后发生的强迫卖淫类案件，不适用1997年《刑法》“情节严重”的规定。在《涉卖淫刑案解释》施行前的“空档”期，关于强迫卖淫罪的“情节严重”应当理解为没有相关司法解释。据此分析，《涉卖淫刑案解释》的效力应当及于《刑法修正案（九）》施行后尚未处理的所有强迫卖淫类案件，本案也应适用《涉卖淫刑案解释》的规定。由于司法解释中强迫卖淫罪“情节严重”的情形不包含“多次”强迫卖淫，而被告人王道军所强迫卖淫的对象已满十四周岁，不是幼女，也不符合司法解释中“强迫不满十四周岁的幼女卖淫的”情节严重情形，故王道军的行为不构成强迫卖淫罪的“情节严重”。

（二）强迫卖淫的次数虽不作为“情节严重”的情形，但对于量刑仍然具有影响

《刑法》中的“多次”是指相同性质的危害行为次数较多，而不是指同一行为人分别实施不同罪名的犯罪加起来次数较多。在我国《刑法》或司法解释中，犯罪行为的次数对定罪或量刑具有重要的意义。我国《刑法》和司法解释规定了若干“多次”实施危害行为的犯罪情形。犯罪次数对定罪、量刑的影响主要表现在三个方面：第一种表现是将多次实施违法行为作为犯罪构成的入罪门槛，如《刑法》第二百六十四条规定的“多次盗窃”、第二百六十七条规定的“多次抢夺”、第二百七十四条规定的“多次敲诈勒索”等。这类规定中，行为人的每次行为可能在数额上（或行为危害性上）都达不到该罪的最低标准，甚至多次相加的犯罪数额也达不到该罪的最低标准，但由于行为次数上达到了“多次”，因而符合犯罪构成的客观要件。第二种表现是将犯罪次数作为情节加重犯的法定条件。“多次”实施同一种犯罪行为，作为犯罪法定刑升格的条件，即将同种犯罪以法律拟制的方式作为一罪加重处罚，如《刑法》第二百六十三条规定的抢劫罪，其中“多次抢劫”就属于抢劫罪的“情节严重”，应处十年以上有期徒刑、无期徒刑或者死刑，并处罚金或没收财产，即“多次”抢劫，构成抢劫罪加重处罚情节。第三种表现是“多次”既不作为犯罪构成的入罪门槛，也不作为法定加重处罚情节，而仅作为从重处罚的依据。《涉卖淫刑案解释》就将组织、强迫、引诱、容留、介绍他人卖淫次数作为酌定量刑情节予以规定。

《涉卖淫刑案解释》对于强迫卖淫罪的“情节严重”主要从强迫卖淫的人数、造成的伤亡后果以及被强迫卖淫人员的特殊情况，如孕妇、智障人员、患有严重性病的人等方面考虑，而“多次”强迫卖淫不作为强迫卖淫罪的加重处罚情节。这主要是考虑两个原因：一是以往司法实践中所用的“人次”的标准，如十人次以上构成“情节严重”，将强迫卖淫的人数和次数并列作为情节严重的情形是不科学的。从实践中查处的情况来看，强迫卖淫案件中一个卖淫女几十次甚至几百次卖淫的都有，而人数是很难达到这么大量的，所

以人数与次数在社会危害性上不具有同质性，强迫卖淫的次数与人数相比，显然人数反映的危害比次数大得多。二是强迫卖淫的次数问题取证比较困难，经常是通过卖淫女的回忆和估计来计算的，往往会比较缺乏证据的印证。因此，《涉卖淫刑案解释》没有将强迫卖淫的次数作为认定“情节严重”的情形。但这并不意味着强迫卖淫的次数对量刑就没有影响。《涉卖淫刑案解释》第十条规定：“组织、强迫、引诱、容留、介绍他人卖淫的次数，作为酌定情节在量刑时予以考虑。”据此，强迫卖淫的次数在已经查实的情况下，在法定刑幅度范围内应当作为量刑的情节予以考虑。本案中，被告人王道军强迫刚满十四周岁的未成年人卖淫，根据《刑法》第三百五十八条第二款“组织、强迫未成年人卖淫的，依照前款的规定从重处罚”的规定，应依法从重处罚。同时，王道军强迫未成年人卖淫四次，属于“多次”强迫他人卖淫，根据《涉卖淫刑案解释》第十条的规定，应当酌定从重处罚。一、二审法院判决被告人王道军犯强迫卖淫罪，判处有期徒刑七年，并处罚金三万元是基本适当的。

（撰稿：最高人民法院刑四庭　符莲香

审编：最高人民法院刑四庭　陆建红）

[第1309号]

胡杨等协助组织卖淫案

——如何区分协助组织卖淫罪与组织卖淫罪

一、基本案情

被告人胡杨,男,1978年6月13日出生,"1886汽车俱乐部"经理,2016年9月30日因涉嫌犯协助组织卖淫罪被逮捕。

被告人龙兴桥,男,1988年2月9日出生,"1886汽车俱乐部"员工。2009年5月因犯抢劫罪被判处有期徒刑三年,并处罚金人民币二千元。2016年9月30日因涉嫌犯协助组织卖淫罪被逮捕。

被告人方珂,男,1993年5月5日出生,"1886汽车俱乐部"员工。2016年9月30日因涉嫌犯协助组织卖淫罪被逮捕。

被告人李星,男,1996年4月20日出生,"1886汽车俱乐部"员工。2016年9月30日因涉嫌犯协助组织卖淫罪被逮捕。

被告人张江,男,1986年8月9日出生,"1886汽车俱乐部"员工。2010年9月因犯盗窃罪被判处有期徒刑一年一个月,并处罚金人民币一千元。2016年9月30日因涉嫌犯协助组织卖淫罪被逮捕。

被告人严寒寒,男,1992年12月24日出生,"1886汽车俱乐部"员工。2017年5月15日因涉嫌犯协助组织卖淫罪被逮捕。

被告人夏玲玲,女,1971年5月1日出生,"1886汽车俱乐部"员工。2016年10月1日因涉嫌犯协助组织卖淫罪被逮捕。

被告人吴鑫芝,女,1997年9月27日出生,"1886汽车俱乐部"员工。2016年10月1日因涉嫌犯协助组织卖淫罪被逮捕。

某某人民检察院以被告人胡杨、龙兴桥、方珂、李星、张江、严寒寒、夏玲玲、吴鑫芝犯协助组织卖淫罪向某某区人民法院提起公诉。

被告人胡杨、龙兴桥、方珂、李星、张江、严寒寒、夏玲玲、吴鑫芝及辩护人对起诉书指控的主要事实和罪名均不持异议。被告人李星、严寒寒、夏玲玲、吴鑫芝的辩护人均提出,被告人具有坦白情节,自愿认罪、悔罪,系初犯、偶犯,所起作用较小,情节轻微,社会危害性不大,请求对其从轻处罚。

某某人民法院经审理查明:

2016 年 8 月 3 日,余永洪(另案处理)作为老板,承包使用 1886 汽车服务有限公司地下停车场,招募、雇佣人员利用该场所从事组织卖淫活动。后余永洪招聘被告人胡杨为执行经理负责日常管理,被告人龙兴桥负责看门、望风并核实确认嫖客身份等工作,被告人夏玲玲负责收银、记账等财务工作,被告人方珂、李星、张江、严寒寒、吴鑫芝等营销人员负责通过互联网、QQ、微信等方式发布招嫖信息,联系嫖客并带到“1886 汽车俱乐部”后安排房间和卖淫女进行卖淫嫖娼活动。卖淫女按照自己价格的百分之五十提成,营销人员按照剩余部分的百分之三十提成,其余部分归公司。

2016 年 8 月 30 日 23 时许,公安人员对“1886 汽车俱乐部”进行清查,查获正在进行卖淫嫖娼违法活动人员 5 对 10 人,当场抓获协助组织卖淫活动的被告人胡杨、龙兴桥、方珂、李星、张江、严寒寒、夏玲玲、吴鑫芝等人及该俱乐部其他卖淫女 13 人。

某某人民法院认为,被告人胡杨、龙兴桥、方珂、李星、张江、严寒寒、夏玲玲、吴鑫芝协助组织他人卖淫,其行为均已构成协助组织卖淫罪。被告人胡杨、龙兴桥、方珂、李星、张江、严寒寒、夏玲玲、吴鑫芝归案后均能如实供述自己的罪行,系坦白,且在法院审理期间均能够自愿认罪,依法可以从轻处罚。在共同犯罪中,各被告人分工不同,相互配合,地位、作用相当,不宜区分主从犯,但被告人龙兴桥、方珂、李星、张江、严寒寒、夏玲玲、吴鑫芝罪责均相对较轻,可酌情从宽处罚。被告人龙兴桥曾因故意犯罪被判处有期徒刑,在刑罚执行完毕后五年之内再犯应当判处有期徒刑以上刑罚之罪,系累犯,依法应当从重处罚。被告人张江有前科劣迹,可酌情从重处罚。依照《中华人民共和国刑法》第三百五十八条第四款、第二十五条第一款、第六十七条第三款、第六十五条第一款及《最高人民法院、最高人民检察院关于办理组织、强迫、引诱、容留、介绍卖淫刑事案件适用法律若干问题的解释》第

四条第一款之规定,判决如下:

1. 被告人胡杨犯协助组织卖淫罪,判处有期徒刑一年六个月,并处罚金人民币一万五千元。

2. 被告人龙兴桥犯协助组织卖淫罪,判处有期徒刑一年二个月,并处罚金人民币一万元。

3. 被告人方珂犯协助组织卖淫罪,判处有期徒刑一年,并处罚金人民币一万元。

4. 被告人李星犯协助组织卖淫罪,判处有期徒刑一年,并处罚金人民币一万元。

5. 被告人张江犯协助组织卖淫罪,判处有期徒刑一年一个月,并处罚金人民币一万元。

6. 被告人严寒寒犯协助组织卖淫罪,判处有期徒刑一年,并处罚金人民币一万元。

7. 被告人夏玲玲犯协助组织卖淫罪,判处有期徒刑一年,并处罚金人民币一万元。

8. 被告人吴鑫芝犯协助组织卖淫罪,判处有期徒刑一年,并处罚金人民币一万元。

宣判后,在法定期限内没有上诉、抗诉。判决已经发生法律效力。

二、主要问题

既非出资人,也非主要获利人,仅受雇佣而担任执行经理,对卖淫违法犯罪活动进行日常管理,构成组织卖淫罪还是协助组织卖淫罪?

三、裁判理由

在本案审理过程中,对被告人胡杨的行为定性存在两种意见。

第一种意见认为,胡杨的行为构成协助组织卖淫罪。理由是:第一,老板余永洪招募、雇佣人员利用“1886汽车俱乐部”从事组织卖淫嫖娼活动,胡杨并未参与发起、建立卖淫团伙,胡杨受雇担任执行经理之前,该停车场内的卖淫活动已经存在,胡杨没有将分散的卖淫行为予以集中并加以控制、操纵的行为,即胡杨并未实施“组织行为”。第二,胡杨受余永洪的雇佣,按照余永洪的指示负责管理停车场内的卖淫嫖娼活动,其在共同组织卖淫活动中地位、作用相比余永洪明显要低,属于协助的从犯性质,应当认定为协助组织卖淫罪。

第二种意见认为,胡杨的行为构成组织卖淫罪。虽然胡杨并未参与发起、建立卖淫团伙,但其系卖淫活动的管理者,直接参与组织卖淫事项,其行为应当认定为组织卖淫罪的共犯。

我们赞同第二种意见,具体理由如下:

(一)组织卖淫罪和协助组织卖淫罪是两个独立的罪名,有具体的罪状和单独的法定刑

组织卖淫罪与协助组织卖淫罪是两个密切相关的犯罪,从本质上说,两者同属于一种共同犯罪,因为两者事先在主观上都有共同的意思联络,都明知自己行为发生的危害后果,客观上又都实施了在共同故意指导下的关联行为。但我国《刑法》第三百五十八条明确规定了组织卖淫罪和协助组织卖淫罪的罪状和法定刑,《最高人民法院、最高人民检察院关于办理组织、强迫、引诱、容留、介绍卖淫刑事案件适用法律若干问题的解释》又作出了进一步细化规定。

协助组织卖淫罪是从组织卖淫罪中分离出来的,两罪的犯罪构成特征有相似之处,在犯罪主体、客体和主观方面基本一致,比较容易混淆。但《刑法》条文对这两种犯罪的情况作了具体的规定和描述,两罪拥有独特的犯罪构成特征,在主观故意的具体内容、行为方式等方面存在明显区别,界限比较分明。区分组织卖淫罪和协助组织卖淫罪的关键点是行为人是否实施了“组织行为”,认定时需注意以下三个方面:

1. 组织他人卖淫的行为贯穿于组织卖淫活动的整个过程,既包括将卖淫人员组织在一起的行为,也包括将卖淫人员组织起来后实施卖淫的行为。

2. 组织他人卖淫的行为既是一种组织行为,也是一种实行行为,它不同于刑法关于共同犯罪中的组织犯的意义。共同犯罪中的组织犯是指组织、策划、指挥他人去实施犯罪,其组织行为本身不是具体实施犯罪的实行行为,而组织卖淫罪中的组织、策划、指挥行为本身就是实行行为。

3.组织他人卖淫的行为着眼点在于“管理”和“控制”，即是否以招募、雇佣、纠集等手段对卖淫人员达到人身、财产、行为等方面的管理和控制，即卖淫人员服从于组织行为，受组织卖淫人员的管理和控制，而协助者没有权力参与对卖淫人员的指挥、管理和控制。

（二）组织卖淫罪和协助组织卖淫罪均可能存在主从犯的区分，不能简单地将组织卖淫罪的从犯认定为协助组织卖淫罪的正犯

1.组织卖淫罪的共同犯罪人之间也可以区分主从犯

司法实践中有观点认为，组织卖淫罪的犯罪分子都是主犯。理由是：第一，根据《刑法》第二十六条第一款规定的“主犯是指组织、领导犯罪集团进行犯罪活动或者在共同犯罪中起主要作用的”，那么行为人只要构成组织卖淫罪，要么是组织、领导卖淫集团的首要分子，要么是在组织卖淫共同犯罪中起主要作用的，就都是主犯；第二，既然将协助组织卖淫罪从组织卖淫罪中分离出来，组织卖淫罪就不存在从犯了。

我们认为组织卖淫罪中也是能够区分主从犯的。第一，组织行为人的地位、作用并非完全相同。虽然组织卖淫犯罪本身蕴含的犯罪构成要件要求行为人实施的是组织行为，但实施这种组织行为未必是一般意义上的组织犯，其组织对象既包括其他共同犯罪人，也包括卖淫人员。组织卖淫罪中可以有多名组织者，多名组织者内部之间还存在主从之分。所以组织他人卖淫的组织者不一定是组织犯，也就不一定是首要分子，在多名组织者之间也是存在分工的，对于其中处于从属地位、发挥次要作用、听命于人的应当以从犯论处。第二，司法实践中，普遍认为协助组织卖淫行为是组织卖淫行为的帮助犯，帮助犯是起辅助作用的从犯，但从犯不一定是帮助犯。协助组织卖淫行为从组织卖淫罪中分离出来，组织卖淫共同犯罪中还存在另外一种起次要作用的从犯。第三，从刑法理论上说，既然是共同犯罪，就有主从犯的区分问题。

2.协助组织卖淫罪的共同犯罪人之间也可以区分主从犯

有观点认为协助组织卖淫罪没有主犯，其理由就在于协助组织卖淫罪其实是法律将原本属于组织卖淫罪的从犯予以单独规定罪名的结果，故所有协助组织卖淫行为人，就其行为本质来说，都属于组织卖淫罪的从犯。

我们认为,这种观点既不符合刑法关于主从犯划分的理论,也与司法实践不相符。第一,从刑法理论上说,凡是共同犯罪案件,一般来说都存在罪犯之间有主有从的问题,当然也有可能共同犯罪人都是主犯,但不可能都是从犯。协助组织卖淫罪与组织卖淫罪分离,单独成罪后,显然不能在组织卖淫罪的范围内讨论协助组织卖淫罪有无主犯,而是要以协助组织卖淫罪为评价对象,判断协助行为本身的主从之分。《刑法》将协助组织卖淫罪从组织卖淫罪中分离出来,其主要原因就是协助组织卖淫行为的类型化。组织卖淫罪实施过程中需要保镖、打手、管账人予以协助已经成为常态,而"协助者"们往往由于分工不同而获利不同,因此,他们在共同犯罪中所起的作用不同,罪责也相应有所区别。第二,司法实践中,一些协助组织卖淫行为往往不依附于组织卖淫者,相反却有自己相对独立的组织,如专门的运输组织、专门的培训机构、专门的保镖组织。这些相对独立的组织,往往不止与一个卖淫犯罪团伙发生关系,而是同时与多个卖淫犯罪团伙发生关系。因此,那种认为协助组织卖淫行为一定是组织卖淫行为从犯的观点与犯罪方式的变化已经不相称了。在这些相对独立的协助组织卖淫机构内,完全有可能存在主从犯的区分问题。

综上,我们认为,组织卖淫罪和协助组织卖淫罪都可能存在一人犯罪和数人共同犯罪的情况,只要是数人共同犯罪,除都是主犯的外,都应当有主从犯之分,应当根据他们在共同组织卖淫或者协助组织卖淫犯罪活动中起的作用,按照《刑法》关于共同犯罪的相关规定确定,不能将组织卖淫罪的从犯认定为协助组织卖淫罪。

具体到本案中,应当认定被告人胡杨属于组织卖淫罪的从犯。理由如下:

1. 胡杨的行为性质应当认定为组织卖淫。虽然"1886 汽车俱乐部"的卖淫人员和卖淫活动最开始是由老板余永洪组织在一起的,被告人胡杨并没有参与发起和建立卖淫团伙,但胡杨受余永洪的雇佣担任"1886 汽车俱乐部"的经理之后,直接对该场所的卖淫活动进行经营和管理,其行为本质上属于管理和控制卖淫人员的行为,应认定为"组织"行为,而不是实施充当保镖、打手、管账人等角色,也不是帮助招募、运送人员等处于协助地位的行为。

2. 胡杨在组织卖淫共同犯罪中处于从犯地位。胡杨与老板余永洪共同组织卖淫活动，应当认定为组织卖淫罪的共犯，其主从地位之分，要具体比较二人在共同犯罪中的具体分工和所起作用，如果二人地位作用完全一致或者基本相同，可以不作主从犯的区别，都认定为主犯。但幕后出资、策划的老板余永洪并不负责日常的经营管理，在现场负责组织管理的经理胡杨则充当了整个组织卖淫活动的具体实施者，但胡杨终究只是受雇于他人、听命于他人，主观恶性、社会危害性相对幕后老板余永洪要小，因此，可以认定其组织卖淫罪从犯的地位。

本案中，认定龙兴桥、方珂、李星、张江、严寒寒、夏玲玲、吴鑫芝7名被告人犯协助组织卖淫罪是准确的。这7名罪犯也并非不可区分主从犯。在协助组织卖淫共同犯罪中，可以根据他们的分工和所起作用大小评判主从地位，一般从利润中提成的行为人比按月领取工资的行为人所起的作用要更大些，相应罪责也更重。原审法院认为各被告人在共同犯罪中分工不同、相互配合，地位、作用相当，不宜区分主从犯，是不妥的。如果不区分主从犯，那么就都属于主犯，而不存在都是从犯的问题。如果都属于主犯，那也是区分主从犯的结果之一。

（撰稿：最高人民法院刑四庭　田文莎

审编：最高人民法院刑四庭　陆建红）

[第 1310 号]

张海峰组织卖淫、李志强协助组织卖淫、饶有才容留卖淫案

——强奸幼女后,将幼女送至组织卖淫行为人处进行卖淫活动的如何定性

一、基本案情

被告人张海峰,男,1971 年 11 月 12 日出生,原系河南省安阳市北关区灯塔路蓝祥洗浴中心按摩部承包人。2016 年 12 月 9 日被逮捕。

被告人李志强,男,1996 年 5 月 27 日出生。2016 年 12 月 9 日被逮捕。

被告人饶有才,男,1958 年 12 月 15 日出生,原系河南省安阳市殷都区铁西路巴黎春天洗浴中心按摩部承包人。2016 年 12 月 9 日被逮捕。

河南省安阳市文峰区人民检察院以被告人张海峰犯组织卖淫罪,被告人李志强犯协助组织卖淫罪、强奸罪,被告人饶有才犯容留卖淫罪,向安阳市文峰区人民法院提起公诉。

张海峰辩称其没有管理、指派卖淫女工作,其行为不构成组织卖淫罪。其辩护人提出,张海峰给卖淫女提供卖淫场所,放任卖淫女提供性服务,并不限制卖淫女的自由,不存在非法控制关系,其行为应构成容留、介绍卖淫罪。

李志强的辩护人提出,李志强协助组织卖淫的犯罪情节一般,且归案后能如实供述犯罪事实,有坦白情节,系初犯,请求对其从轻处罚。

饶有才辩称其仅介绍卖淫女卖淫一次。其辩护人提出,饶有才不是洗浴中心的承包者和实际经营者,仅介绍卖淫女卖淫一次,其行为不构成容留卖淫罪,而构成介绍卖淫罪。

安阳市文峰区人民法院经审理查明:

2016年6月，被告人张海峰承包安阳市北关区灯塔路中段蓝祥洗浴中心的按摩部，并纠集汪某某(1999年6月23日出生)、张某某、吕某某等人在该洗浴中心进行卖淫活动，张海峰负责与洗浴中心结算卖淫所得，后按照约定与卖淫者结算，从中获取非法利益，并提供避孕套、湿巾等用品。被告人李志强到该洗浴中心找汪某某时，得知张海峰在此组织他人卖淫并想召集其他卖淫女。2016年10月中旬，李志强在安阳市安漳大道与向阳路交叉口附近的租住房将董某某(时年不满十四周岁)奸淫后，将其送到蓝祥洗浴中心张海峰的按摩部从事卖淫活动。2016年10月29日至同年11月2日，张海峰在蓝祥洗浴中心组织卖淫达51人次，张海峰还安排汪某某、董某某、张某某到安阳市殷都区铁西路物华苑洗浴中心等地多次从事卖淫活动，并从中获取非法利益。李志强通过"叫钟"(根据嫖客需要让卖淫者提供服务、提示服务时间)、向收银台传送卖淫单据、接送卖淫女等方式协助张海峰组织卖淫。其间，李志强在其租住房和蓝祥洗浴中心313房间多次奸淫董某某。

2016年10月，被告人饶有才承包了安阳市殷都区铁西路南段巴黎春天洗浴中心的按摩部。当月下旬，饶有才经与汪某某、李志强联系，在该洗浴中心内多次容留汪某某、董某某卖淫。

安阳市文峰区人民法院认为，被告人张海峰为获取非法利益，通过招募、纠集手段，管理多人在洗浴中心进行卖淫活动，其行为构成组织卖淫罪。被告人李志强通过招募、运送、"叫钟"等方式协助张海峰组织卖淫，其行为构成协助组织卖淫罪；奸淫不满十四周岁的幼女，其行为已构成强奸罪，应依法予以并罚。被告人饶有才为获取非法利益，以承包洗浴中心按摩部的方式容留妇女卖淫，其行为构成容留卖淫罪。被告人张海峰、李志强、饶有才分别具有组织、协助组织或容留未成年人卖淫的情节，应予从重处罚。故被告人张海峰及其辩护人的相关辩解及辩护意见不予采纳。被告人李志强多次奸淫幼女，应依法予以从重处罚。被告人李志强归案后如实坦白犯罪事实，对其予以从轻处罚。依照《中华人民共和国刑法》第三百五十八条第一款、第二款、第四款，第三百五十九条第一款，第二百三十六条第一款、第二款，第六十一条，第六十七条第三款，第六十九条之规定，判决如下：

1. 被告人张海峰犯组织卖淫罪，判处有期徒刑七年六个月，并处罚金人

民币五万元;

2. 被告人李志强犯强奸罪,判处有期徒刑五年,犯协助组织卖淫罪,判处有期徒刑三年,并处罚金人民币二万元,决定执行有期徒刑七年,并处罚金人民币二万元;

3. 被告人饶有才犯容留卖淫罪,判处有期徒刑二年,并处罚金人民币一万元。

宣判后,饶有才提出上诉,称其并非洗浴中心的承包者和实际经营者,其仅介绍汪某某去洗浴中心卖淫一次,没有介绍董某某卖淫,其行为不构成容留卖淫罪;原审量刑过重。

安阳市中级人民法院经审理认为,证人汪某某、董某某的证言和原审被告人李志强的供述均证实饶有才多次为汪某某和董某某卖淫提供场所和其他便利条件,证人江某某、董某某等的证言证实饶有才负责巴黎春天洗浴中心按摩部,且有董某某、汪某某等人对饶有才的辨认笔录予以印证。上述证据能够形成完整的证据链条,足以证实饶有才多次容留汪某某、董某某卖淫的事实。原审根据饶有才多次容留两名未成年人卖淫的犯罪事实,根据其犯罪的性质、情节、后果,在法定量刑幅度范围内对上诉人处以刑罚,量刑并无不当。上诉人的上诉理由不能成立。依照2012年《中华人民共和国刑事诉讼法》第二百二十五条第一款第一项之规定,裁定驳回上诉,维持原判。

二、主要问题

1. 奸淫幼女后,将幼女送至组织卖淫行为人处进行卖淫活动的行为如何定性?

2. 将自己承包的场所提供给他人卖淫的行为如何定性?

三、裁判理由

(一)奸淫幼女后,将幼女送至组织卖淫行为人处进行卖淫活动的,应当以强奸罪和协助组织卖淫罪数罪并罚

1. 被告人李志强将幼女董某某送给组织卖淫行为人张海峰从事卖淫等行为,构成协助组织卖淫罪。根据《刑法》第三百五十八条第四款的规定,协

助组织卖淫是指为组织卖淫的人招募、运送人员或者有其他协助组织他人卖淫行为。2017年7月25日开始施行的《最高人民法院、最高人民检察院关于办理组织、强迫、引诱、容留、介绍卖淫刑事案件适用法律若干问题的解释》(以下简称《涉卖淫刑案解释》)第四条第一款进一步明确了其他协助组织行为的基本范围,规定“明知他人实施组织卖淫犯罪活动而为其招募、运送人员或者充当保镖、打手、管账人等的,以协助组织卖淫罪定罪处罚,不以组织卖淫罪的从犯论处”。本案中,被告人李志强在蓝祥洗浴中心见到被告人张海峰,得知张海峰在该处组织卖淫并招募卖淫女,后李志强认识了不满十四周岁的幼女董某某并与其发生了性关系,次日即将董某某带去蓝祥洗浴中心张海峰处卖淫。李志强在该洗浴中心实施了把卖淫女的单据交给收银台,将卖淫女接送到与嫖客约定的宾馆,在卖淫服务中负责“叫钟”(根据嫖客需要让卖淫者提供服务、敲门提示服务时间)等行为。综合来看,李志强所实施的行为,既有《刑法》第三百五十八条第四款规定的运送卖淫人员行为,又有《涉卖淫刑案解释》第四条第一款规定的“充当保镖、打手、管账人等”行为。这里的“充当保镖、打手、管账人等”应当包括但不限于“保镖、打手、管账人”。李志强在张海峰组织卖淫犯罪活动中所实施的上述“叫钟”、送单据等行为与“管账”是同质的行为。因此,李志强所实施的将董某某送给张海峰从事卖淫、接送卖淫女、“叫钟”、送单据等一系列行为,均属于协助组织卖淫性质的行为,应当以协助组织卖淫罪定罪处罚。

2.被告人李志强奸淫幼女董某某的行为构成强奸罪,应当依法从重处罚。李志强明知被害人董某某系不满十四周岁的幼女,但为了将董某某送给组织卖淫行为人张海峰处使用,而对董某某实施奸淫的行为,应如何定性?这在《中华人民共和国刑法修正案(九)》(以下简称《刑法修正案(九)》)实施前后均无明确规定。1997年《刑法》第三百五十八条将“强奸后迫使卖淫的”规定为强迫卖淫罪的法定加重情节。但对协助组织卖淫者“强奸后迫使卖淫的”如何定罪处罚未明确规定。根据《刑法修正案(九)》的规定,组织、强迫他人卖淫,并有强奸犯罪行为的,依照数罪并罚的规定处罚。从上述规定来看,《刑法》历来只对组织、强迫卖淫行为人实施强奸行为如何定罪处罚作出规定,而对协助组织卖淫行为人奸淫卖淫人员的行为如何定罪处理没有予以单独规定。针对这种情况,《涉卖淫刑案解释》第七条第一款明确规定,“犯组织、强迫卖淫罪,并有杀害、伤害、强奸、绑架等犯罪行为的,依照数罪并罚的规定处罚。协助组织卖淫行为人参与实施上述行为的,以共同犯罪论处”。该规定是对《刑法修正案(九)》的进一步完善,对司法实践起到了规范、指导作用。但是,该解释的这一规定,也只是针对协助组织卖淫行为人参与组织、强迫卖淫行为人的强奸共同犯罪如何处理作出的规定,而对协助组织卖淫行为人单独对卖淫人员实施强奸行为如何定罪处罚并未作出规定。我们认为,解释之所以未对此作出规定,是因为对此类行为不需要特别规定,只要依照《刑法》规定和《刑法》理论进行定罪处罚。协助组织卖淫行为人单独对卖淫人员实施强奸行为的,不论是发生在协助组织卖淫行为前还是协助组织卖淫行为实施过程中,由于其与组织卖淫行为人在强奸犯罪上没有共同的犯意,遂应当罪责自负。因此,本案中,被告人李志强在实施协助组织卖淫行为前和实施过程中,对幼女董某某进行奸淫的行为,构成强奸罪。至于其强奸的目的是否为将董某某供张海峰组织卖淫犯罪所用,不影响其强奸罪的成立。同时,根据《刑法》第二百三十六条第二款的规定,奸淫不满十四周岁的幼女的,应当从重处罚。

3. 对协助组织未成年人卖淫的,可以酌情从重处罚。《刑法》第三百五十八条第二款规定,“组织、强迫未成年人卖淫的,依照前款的规定从重处罚”。尽管刑法未明确规定对协助组织未成年人卖淫的行为予以从重处罚,但根据《最高人民法院、最高人民检察院、公安部、司法部关于依法惩治性侵害未成年人犯罪的意见》第一条、第二条的规定,对于性侵害未成年人犯罪,应当依法从严惩治。本案中,被害人董某某明确告诉被告人李志强,她户口本上记载的出生年份是2006年,实际上她是2003年出生的。被告人李志强对此也有供述。李志强明知董某某不满十四周岁,是未成年人,依然将董某某送到组织卖淫行为人张海峰处卖淫,协助张海峰组织未成年人董某某、汪某某卖淫,可予从重处罚。法院以协助组织卖淫罪判处李志强有期徒刑三年,并处罚金人民币二万元,即体现了对其从重处罚的法律原则。

综上,一、二审法院认定李志强的行为分别构成强奸罪、协助组织卖淫罪并依法予以并罚是正确的。

（二）将自己承包的营业场所提供给他人卖淫的行为应当以容留卖淫罪定罪处罚

组织卖淫行为，尤其是以容留卖淫为手段的组织卖淫行为，与单纯的容留卖淫行为最主要的区别在于行为人对卖淫人员的卖淫活动是否实施了管理或者控制行为。组织卖淫行为的最主要特征是对卖淫活动实施了管理或者控制行为，而容留卖淫行为人对卖淫人员的卖淫活动既不管理，更不控制，仅仅提供固定或者临时租借的场所以及流动场所，但对卖淫人员在何时卖淫、向谁卖淫、如何收费等均不过问，只收取一定的场所费用甚至不收取任何费用，至于卖淫人员的日常行动，更是由卖淫人员自行安排。

组织卖淫罪与容留卖淫罪的区别除了前述行为人是否实施了管理或者控制卖淫活动这一质的区别外，还有一个量的区别。即组织卖淫罪必须具备一定规模要件。如果卖淫人员不到三人的，应当降格认定为容留或者介绍卖淫罪。本案中，被告人饶有才承包了巴黎春天洗浴中心的按摩部，招募、纠集卖淫女汪某某、董某某到其按摩部卖淫，其事先制定好卖淫的项目和价格，安排卖淫女到嫖客的房间卖淫，提供避孕套和湿巾，收取有关单据，由洗浴中心代为收取嫖资，事后间隔一段时间与卖淫女五五分成结账。可以看出，饶有才不仅将自己承包的营业场所提供给他人卖淫，其行为还具备一定的管理性质，如制定卖淫的项目和价格，为卖淫活动提供物质便利及相关服务、控制嫖资等。只是因其管理的卖淫女仅有两名，未达到《涉卖淫刑案解释》对组织卖淫罪规定的人数要求，故就低认定为容留卖淫罪。

还应注意的是，被告人饶有才容留卖淫的对象汪某某、董某某均系未成年人。虽然《刑法》未明确规定对容留未成年人卖淫的从重处罚，但从《刑法》相关规定的精神来看，对容留未成年人卖淫的行为，可以酌情从重处罚。综上，一、二审法院根据饶有才容留两名未成年人卖淫的事实，对其判处有期徒刑二年，并处罚金人民币一万元是适当的。

（撰稿：最高人民法院刑四庭　李莹莹
河南省安阳市中级人民法院　常树军　陈文馨
审编：最高人民法院刑四庭　陆建红）

[第 1311 号]

郭某某介绍卖淫案

——介绍智障人员卖淫行为的定罪和处罚

一、基本案情

被告人郭某某,女,1987 年 7 月 6 日出生。2017 年 3 月 17 日因涉嫌犯介绍卖淫罪被逮捕。

某市人民检察院以被告人郭某某犯介绍卖淫罪,向某市人民法院提起公诉。

某市人民法院经审理查明:2012 年至 2015 年 11 月,被告人郭某某通过手机发布招嫖信息,介绍姜某某向嫖客郭某某、王某某、张某某、赵某某、刘某甲、刘某乙、寇某某等人卖淫,所获嫖资被郭某某挥霍。经某省精神卫生中心法医司法鉴定所鉴定,姜某某轻度精神发育迟滞;性防卫能力明显削弱。

某市人民法院认为,被告人郭某某多次为他人卖淫牵线搭桥,情节严重,妨害社会管理秩序,其行为已构成介绍卖淫罪;某市人民检察院指控的犯罪事实及罪名成立。被告人郭某某能自愿认罪,有悔罪表现,可从轻处罚。依照《中华人民共和国刑法》第三百五十九条、第五十二条、第五十三条之规定,判决被告人郭某某犯介绍卖淫罪,判处有期徒刑五年六个月,并处罚金人民币一万元。

一审宣判后,被告人未上诉,检察机关亦未抗诉,判决已发生法律效力。

二、主要问题

1. 介绍智障人员卖淫的危害?

2. 介绍智障人员卖淫行为的定性?

3. 介绍智障人员卖淫的入罪标准和情节严重标准?

三、裁判理由

（一）介绍智障人员卖淫的危害

智障人员是需要社会特殊保护的群体。所谓“智障”即智力障碍或智力残疾，也被称为智力发育不全、先天性痴呆。“智障”在医学上被称为精神发育迟滞，指一组起病于18岁以前的精神发育不全或受阻的综合征，其特征为智力低下和社会适应困难。由于受疾病影响，智障人员的生理成熟程度与心智成熟程度不同步，虽然智力发展落后于同龄人，但生理成熟度与同龄人无异。进入青春期后，智障人员也会产生对性的好奇和欲望，但因心智发展落后和性知识缺乏，智障人员对性行为的认知能力和对性冲动的控制能力有不同程度欠缺。智力正常的人卖淫有迫于生计的，有受人引诱的，也有贪恋奢靡生活的，但对卖淫行为的性质和社会给予的负面评价都有充分认识。而智障人员对卖淫行为的社会意义并不清楚，由于疾病引起性亢奋，对自身性行为也不能完全控制，甚至在一些微小的物质利益诱惑下自愿出卖身体，走上卖淫的道路。卖淫对智障人员的危害是多方面的，危害程度也更深。由于自我保护意识欠缺，卖淫会造成智障人员受伤、患性病、怀孕、流产等身体伤害，也会造成焦虑、愤怒等负面情绪及严重缺乏安全感等心理创伤，还可能造成智障人员的精神损害程度加重等更为严重的问题。

在涉及性侵害案件中有对精神疾病患者的“性自我防卫能力”评定。有学者界定，“性自我防卫能力”是指精神疾病患者对两性行为的社会意义、性质及其后果的理解能力和自卫、抗拒能力。最高人民法院、最高人民检察院、公安部、司法部和卫生部共同颁布的《精神疾病司法鉴定暂行规定》（1989年8月1日起施行）第二十二条第一款规定，被鉴定人是女性，经鉴定患有精神病，在她的性不可侵犯权利遭到侵害时，对自身所受的侵害或严重后果缺乏实质性理解能力时，为无性自我防卫能力。在司法实践中，为保护精神疾病患者的人身权利，对遭受性侵害时未表现出相应反抗，甚至主动发生性行为的，多进行性自我防卫能力的评定。根据学者的研究，遭受性侵害的精神疾病患者中精神发育迟滞患者占多数，仅有少数的精神分裂症患者。根据《精神疾病司法鉴定暂行规定》第二十二条第一款，可将性自我防卫能力分为有性自我防卫能力和无性自我防卫能力，但因精神发育迟滞按程度不同分为轻度、中度和重度，司法鉴定机构根据实践需要进行司法鉴定时，将性自我防卫能力划分为完全性自我防卫能力、无性自我防卫能力和性自我防卫能力削弱等不同层次。在介绍智障人员卖淫的案件中，智障人员虽是自愿卖淫，甚至是主动卖淫，但由于精神发育迟滞导致认知和控制能力受限，为保护他们的权益，也有必要进行性自我防卫能力的鉴定。

本案是一起典型的介绍卖淫案件，被告人郭某某通过发布手机招嫖信息，在卖淫者姜某某与嫖客之间牵线搭桥，使姜某某的卖淫行为得以实现。从形式上来看，郭某某介绍姜某某卖淫与介绍一般人员卖淫并无区别，但姜某某被鉴定为轻度精神发育迟滞患者，且性自我防卫能力明显削弱。也就是说，姜某某的智力发展低于一般人，即便属于轻度精神发育迟滞，对很多事情的认知程度与一般人还是有显著差异的。而姜某某的性自我防卫能力明显削弱，说明其对性行为的性质缺乏理解，对性冲动的控制能力有限。郭某某在三年时间内多次介绍姜某某卖淫，较之其介绍一般人员卖淫，社会危害更深，对姜某某的伤害也更严重。

（二）介绍智障人员卖淫行为的定性

介绍智障人员卖淫一般是按照介绍卖淫罪定罪处罚。但在下列情形下，要以强奸罪定罪处罚。(1)介绍人在介绍卖淫过程中还对智障人员实施了奸淫，此时应以强奸罪对介绍人定罪处罚，其介绍卖淫行为亦构成犯罪的，则以强奸罪和介绍卖淫罪数罪并罚。(2)嫖客的行为构成强奸罪，且介绍人也明知所介绍的人员属于无性自我防卫能力的智障人员的。嫖客的行为是否构成强奸罪，取决于两个条件：一是嫖客是否明知卖淫人员是智障人员；二是智障人员是否属于无性自我防卫能力人。介绍人介绍智障且属于无性自我防卫能力的人员卖淫，嫖客也明知卖淫人员系无性自我防卫能力的智障人员而与之发生性关系的，即便该卖淫人员主动与嫖客发生性关系，或者在发生性关系时未表现出反抗，嫖客的行为亦构成强奸罪，介绍人则构成强奸罪的共犯。对介绍人的介绍行为不再以介绍卖淫罪定罪处罚。之所以对介绍人和嫖客不能简单地以强奸罪定罪处罚，是因为强奸罪系重罪，保护的是性的自主决定权，而一名性自我防卫能力削弱的智障人员并不能完全否定其对性有自主决定能力,定罪应更加慎重。如果嫖客并不明知卖淫人员是智障人员,即便卖淫人员被鉴定为无性自我防卫能力,也不能成立强奸罪。此时介绍人亦不构成强奸罪,因为介绍卖淫行为本身并不是强奸罪的实行行为,介绍人不能单独成为强奸罪的主体,而只能成为强奸罪的共犯。在嫖客不构成强奸罪的情况下,对介绍人应以介绍卖淫罪定罪处罚。

本案中,卖淫人员姜某某经鉴定系轻度精神发育迟滞患者,性自我防卫能力明显削弱。因此,姜某某尚不属于完全无性自我防卫能力人。嫖客郭某某、王某某等人也是通过被告人郭某某手机发布的招嫖信息而实施嫖娼行为,对姜某某的智障问题并不清楚。因此,嫖客郭某某、王某某等人的嫖娼行为不构成强奸罪。被告人郭某某介绍姜某某卖淫的行为也就不构成强奸罪。对此介绍卖淫行为应当以介绍卖淫罪定罪处罚。

(三)介绍智障人员卖淫的入罪标准及情节严重标准

我国法律禁止介绍他人卖淫的行为,但并非不管情节轻重,一律按照犯罪处理。虽然《刑法》第三百五十九条第一款规定,介绍他人卖淫的,处五年以下有期徒刑、拘役或者管制,并处罚金。但在司法实践中,公安司法机关对介绍卖淫行为的具体追诉标准有所限制。例如,最高人民检察院、公安部制定的《关于公安机关管辖的刑事案件立案追诉标准的规定(一)》第七十八条规定,介绍2人次以上卖淫是介绍卖淫罪的立案追诉标准之一。可见,介绍1人卖淫,即低于立案追诉标准的介绍卖淫行为是可以通过治安处罚进行惩戒的。《最高人民法院、最高人民检察院关于办理组织、强迫、引诱、容留、介绍卖淫刑事案件适用法律若干问题的解释》(以下简称《涉卖淫刑案解释》)第八条第一款对介绍卖淫罪的入罪标准作出明确界定,介绍他人卖淫符合下列四种情形之一的,按照《刑法》第三百五十九条第一款的规定定罪处罚:(1)介绍2人以上卖淫的;(2)介绍未成人、孕妇、智障人员、患有严重性病的人卖淫的;(3)一年内曾因引诱、容留、介绍卖淫行为被行政处罚,又实施介绍卖淫行为的;(4)非法获利人民币1万元以上的。《涉卖淫刑案解释》将包括智障人员在内的特殊人员作为特别保护对象,介绍此类人员卖淫,不受人数限制即可入罪。也就是说,行为人介绍1名智障人员卖淫即构成介绍卖淫罪。

关于介绍卖淫罪的“情节严重”标准,《涉卖淫刑案解释》第九条明确规定,(1)介绍 10 人以上卖淫的;(2)介绍 5 人以上的未成年人、孕妇、智障人员、患有严重性病的人卖淫的;(3)非法获利人民币 5 万元以上的;(4)其他情节严重的情形。其中,对介绍智障人员等特殊人员卖淫“情节严重”标准与介绍一般人员卖淫“情节严重”标准进行了区分,主要体现在被介绍卖淫人员的人数上。介绍智障人员 5 人以上卖淫即构成“情节严重”,而介绍一般人员卖淫 10 人以上才构成“情节严重”。人数减半的规定,同样体现的是对特殊人员的特殊关注和保护。对于构成介绍卖淫“情节严重”的,依照《刑法》第三百五十九条第一款的规定,判处五年以上有期徒刑,并处罚金。

本案被告人郭某某介绍姜某某卖淫,虽然介绍卖淫的对象只有一人,但因姜某某是智障人员,需要特别保护,郭某某的行为超越了治安处罚的范围,构成犯罪。某市人民法院认定郭某某的行为构成介绍卖淫罪,定罪准确。在《涉卖淫刑案解释》颁布实施以前,司法实践中对“情节严重”的认定不仅要计算人数,还要计算次数。本案判决日期在 2017 年 7 月 25 日之前,即《涉卖淫刑案解释》颁布实施前,某市人民法院依据郭某某介绍姜某某向嫖客郭某某、王某某、张某某、赵某某、刘某甲、刘某乙、寇某某等人卖淫的事实,认为卖淫次数达到 7 次,按人次标准计算已达到“情节严重”的标准,故对郭某某处以五年以上有期徒刑,并处罚金。但如果本案在 2017 年 7 月 25 日以后尚未审结,依据《涉卖淫刑案解释》的规定,郭某某的行为不构成“情节严重”,应在五年以下有期徒刑的幅度内量刑。

(撰稿:最高人民法院刑四庭　高　蕾

审编:最高人民法院刑四庭　陆建红)

[第1312号]

阳怀容留卖淫案

——容留卖淫罪的司法认定

一、基本案情

被告人阳怀,男,汉族,1986年4月24日出生,无业。2016年9月29日因涉嫌犯容留卖淫罪被取保候审。

湖南省长沙市岳麓区人民检察院以被告人阳怀犯容留卖淫罪向岳麓区人民法院提起公诉。

岳麓区人民法院经审理查明:被告人阳怀自2016年8月以来,租赁湖南省长沙市高新区麓谷街道长丰6期安置小区10栋经营"健康休闲"按摩店。同年9月27日21时至22时许,卖淫女刘某某与嫖娼人员陈某某、曹某某(均已行政处罚)先后在按摩店内发生了以金钱为媒介的非法性交易,嫖娼人员陈某某、曹某某分别支付了200元、150元的嫖资。卖淫女沈某与嫖娼人员王某(均已行政处罚)在按摩店内达成价格为150元的非法性交易后,因公安人员查获而未果。次日,被告人阳怀主动到公安机关投案,并如实供述了自己的犯罪事实。

岳麓区人民法院认为,被告人阳怀以非法营利为目的,提供场所容留他人卖淫,其行为已构成容留卖淫罪。被告人阳怀犯罪后能主动到公安机关投案,并如实供述了自己的犯罪事实,系自首,可从轻处罚。被告人阳怀此次犯罪系初犯,认罪态度好,有悔罪表现,再犯罪的危险性小,当地基层组织愿意接受其进行社区矫正,可酌定从轻处罚。据此,依照《中华人民共和国刑法》第三百五十九条第一款,第六十七条第一款,第四十二条,第七十二条第一款、第三款,第七十三条第一款、第三款,第五十二条,第五十三条,第六十四条之规定,判决被告人阳怀犯容留卖淫罪,判处拘役四个月,缓刑六个月，并处罚金人民币五千元。

一审宣判后，被告人阳怀未提出上诉，检察机关亦未抗诉，判决已发生法律效力。

二、主要问题

1. 如何区分容留卖淫罪与容留卖淫违法行为？

2. 卖淫行为尚未完成的，容留卖淫罪能否认定既遂？

三、裁判理由

《刑法》第三百五十九条第一款规定的容留卖淫罪和治安管理处罚法第六十七条规定的容留卖淫违法行为，其中关于容留卖淫的文字表述完全一致，但对应的处罚却有天壤之别，因此，准确区分容留卖淫罪与容留卖淫违法行为就显得尤为重要。在本案审理过程中，对于阳怀的容留行为应当如何认定，存在两种不同观点：

第一种观点认为，根据《最高人民检察院、公安部关于公安机关管辖的刑事案件立案追诉标准的规定（一）》第七十八条的规定，容留二人次以上卖淫的，应予立案追诉。本案中，被告人阳怀容留的刘某某的卖淫行为已实施完毕，即已与嫖娼人员发生了性关系，而沈某的卖淫行为尚未完成，不符合上述规定，故阳怀的容留卖淫行为属行政不法行为，应依照治安管理处罚法予以行政处罚。

第二种观点认为，卖淫嫖娼属于对向性行为，只要双方达成卖淫嫖娼的合意并基于该故意着手实施的，就可以认定卖淫，而容留行为人实施该行为的也应当认定为容留卖淫。被告人阳怀容留刘某某、沈某卖淫，符合容留卖淫罪容留二人以上的入罪标准，故应当以容留卖淫罪定罪处罚。

我们同意第二种观点，被告人阳怀容留的卖淫女沈某与嫖客王某已就卖淫嫖娼达成合意，双方基于该故意就嫖资进行了商议，该行为应认定为卖淫嫖娼。阳怀容留两名妇女卖淫嫖娼，应依法认定为容留卖淫罪。理由如下：

（一）符合容留卖淫罪的犯罪构成要件和入罪标准

容留卖淫罪，是指为他人卖淫嫖娼提供场所或者其他便利条件的行为。

卖淫嫖娼有伤风化,本就为社会风尚和道德所不容,容留卖淫者常常基于牟取非法利益的目的,为卖淫嫖娼提供便利和市场,势必促进卖淫嫖娼的发生,极大败坏社会风气,因此为《刑法》所禁止。容留卖淫罪的客观方面是指为他人卖淫嫖娼提供场所或者其他便利条件。"容留",《现代汉语词典》解释为容纳、收留。容纳是指在固定的空间或范围内接受(人或事物),收留是指把生活困难或者有特殊要求的人接收下来并给予帮助,所以容留就是在固定空间或者范围内接受或接收并给予帮助。这里所说的固定空间或者范围就是为卖淫嫖娼提供场所,即安排专供他人卖淫嫖娼的处所或者其他指定地点。这里的处所,既包括行为人所有的、管理的、使用的、经营的固定或者临时租借的场所,如私人住宅、宾馆、餐厅、歌厅、理发店、美容院、按摩馆等场所;也包括流动场所,如汽车、轮船等交通工具。这里所说的给予帮助就是为卖淫嫖娼提供便利条件,即为他人卖淫嫖娼提供物品、用具或者望风等其他条件。至于容留是主动为之还是应他人之请,容留时间长短,容留是否获利等在所不问。容留的对象必须是他人,包括妇女,也包括男人和未成年人。犯罪主体是具备刑事责任能力的自然人,不包括单位。容留卖淫罪的主观方面是直接故意,即明知他人卖淫嫖娼而为其提供处所和便利,追求和希望卖淫嫖娼的发生。

容留卖淫罪除具备上述特征外,还需满足入罪条件,即符合构罪条件的认定为容留卖淫罪,依照《刑法》定罪处罚,不符合构罪条件的则认定为容留卖淫违法行为,依照治安管理处罚法处罚。最高人民法院、最高人民检察院2017年7月25日施行的《关于办理组织、强迫、引诱、容留、介绍卖淫刑事案件适用法律若干问题的解释》(以下简称《涉卖淫刑案解释》)第八条第一款明确规定了容留卖淫罪的四种入罪条件:一是容留2人以上卖淫的;二是容留未成年人、孕妇、智障人员、患有严重性病的人卖淫的;三是一年内曾因引诱、容留、介绍卖淫行为被行政处罚,又实施容留卖淫行为的;四是非法获利人民币1万元以上的。如此规定,既考虑了治安管理处罚的空间,又加强了对特殊人员的保护,同时以人数来认定较以次数认定更具有司法可操作性。当然,并不是说容留卖淫的次数就不需要考虑,《涉卖淫刑案解释》第十条规定,容留他人卖淫的次数,作为酌定情节在量刑时考虑。根据《涉卖淫刑案解释》的规定，容留2名以上非特殊人员卖淫的，构成容留卖淫罪，那么容留1名非特殊人员卖淫的和其他涉及性器官的淫秽行为则可依照治安管理处罚法处罚。

实践中，还应当注意容留卖淫罪与组织卖淫罪的区别。容留卖淫往往作为组织卖淫的一种手段行为，两者在行为方式上有一定的重合，司法实践中较易混淆。组织卖淫罪，是指以招募、雇佣、强迫、引诱、容留等手段，控制他人从事卖淫活动的行为。组织卖淫罪最低法定刑是五年有期徒刑，最高可达无期徒刑，可见其行为的社会危害性和行为人的人身危险性要明显高于容留卖淫罪，在认定时应当格外慎重。组织卖淫罪的惩处重点在于"组织"，《现代汉语词典》将其解释为安排分散的人或事物使具有一定的系统性或整体性，因此组织卖淫者通常会建立相对固定的卖淫组织，并对卖淫活动进行管理。组织卖淫者会采取各种手段纠集卖淫者成立卖淫组织，组织者既是发起者也是负责者，旨在控制卖淫组织以达到获利目的。卖淫组织具体运作中，组织者会通过制定、确立相关人、财、物的管理方法，与卖淫人员之间形成组织和被组织、管理和被管理的关系，并安排具体的卖淫活动。而容留卖淫者与卖淫者之间则不具备上述组织性，也没有相关的组织行为，仅是提供一定场所或便利条件。

本案中，被告人阳怀租赁小区内的住所开办按摩店，其店内有2名卖淫人员，首先，从卖淫人数上不符合《涉卖淫刑案解释》第一条关于组织卖淫罪要求的卖淫人员在3人以上的规定。其次，阳怀与两名卖淫女之间没有明显的管理与被管理的关系，阳怀主要是为二人提供卖淫的处所和便利，而没有对卖淫女的管理、控制行为，也不符合《涉卖淫刑案解释》第一条关于组织卖淫罪"以招募、雇佣、纠集等手段，管理或者控制他人卖淫"的规定，其行为只能构成容留卖淫罪。

（二）容留卖淫罪是行为犯，卖淫嫖娼的行为是否完成不影响本罪既遂的成立

容留卖淫罪是行为犯，只要实施了容留他人卖淫的行为，满足前述各项要件的，不论卖淫嫖娼行为实际上是否完成，不影响本罪既遂的成立。换言之，卖淫者在行为人的容留下，已与嫖娼者达成合意并基于该合意着手实施

卖淫嫖娼行为的,无论卖淫嫖娼行为本身是否完成,容留卖淫罪均应认定既遂。事实上,卖淫嫖娼是一个过程,为卖淫嫖娼所做的谈价格、找地点、性交易前准备、性交易过程等均属卖淫嫖娼的组成部分,只要上述一个或数个行为是在行为人的容留下实施的,即构成容留卖淫罪的既遂。

本案中,在被告人阳怀开办的按摩店内,卖淫女刘某某先后与2名嫖娼人员完成卖淫嫖娼行为,卖淫女沈某与嫖娼人员已谈拢嫖资,阳怀为两名卖淫者提供处所,2人在其提供的处所内均实施了卖淫嫖娼行为,根据前述观点和《涉卖淫刑案解释》的相关规定,阳怀的行为已构成容留卖淫罪。一审法院根据本案的具体情节,考虑到阳怀投案自首的认罪悔罪表现对其从轻处罚,以容留卖淫罪判处其拘役四个月,缓刑六个月,并处罚金人民币五千元是适当的。

(撰稿:最高人民法院刑四庭　杜军燕
审编:最高人民法院刑四庭　陆建红)

[第1313号]

佟茂华、牛玉杰私分国有资产，佟茂华挪用公款、受贿案

——如何认定国企改制期间和国家出资企业中的职务犯罪

一、基本案情

被告人佟茂华，男，汉族，1962年2月6日出生，安徽省阜阳市汽车运输集团有限公司原董事长、总经理。2012年7月8日因涉嫌犯贪污罪被逮捕。

被告人牛玉杰，男，汉族，1948年3月6日出生，安徽省阜阳市汽车运输集团有限公司原财务部部长。2012年4月28日被监视居住。

安徽省阜阳市人民检察院以被告人佟茂华犯贪污罪、挪用公款罪、受贿罪，被告人牛玉杰犯贪污罪，向阜阳市中级人民法院提起公诉。

被告人佟茂华、牛玉杰辩称，内部银行利息并非国有财产，优惠的交建基金、客运跨区资金余额均为企业负债，且佟茂华、牛玉杰没有重复计提部分交建基金，两人的行为不构成贪污罪；阜阳市汽车运输集团有限公司并非国有企业，佟茂华用集团定期存单质押贷款供高管补缴缺额股金的行为经集体研究，旨在解决单位改制时的历史遗留问题，并非谋取个人利益，不构成挪用公款罪；佟茂华因缴纳股金、购房需求向朋友借款，部分出具了借条，属于正常借款而非受贿犯罪。

安徽省高级人民法院经公开审理查明：

（一）佟茂华、牛玉杰在国有企业改制期间隐匿国有资产，转入改制后的国家参股、众多经营管理人员和职工持股企业的事实

阜阳市汽车运输总公司（以下简称阜汽总公司）系1949年成立的国有企业，长期主要从事公路客运、货运、房地产开发等业务，截至2000年上半年

共有在职职工约5 800名，被告人佟茂华自1997年10月起即担任该公司法定代表人。在经营期间，阜汽总公司因从事客运跨区业务，与省内外其他运输企业对开客运班线，创设公司内部银行，利用所管理的内部银行资金向下属单位、承包车主等发放有偿贷款，自1991年12月起，代交通行政部门收取交建基金（后更名为客运附加费），并由此形成客运跨区、内部银行利息和交建基金三个资金账户。截至2000年3月31日，客运跨区科目贷方账户余额为472.983 836万元，内部银行利息差异账户余额为303.225 1万元，交建基金科目账户贷方余额为2 339.419 176万元。

2000年年初，阜汽总公司响应阜阳市政府号召并报经阜阳市政府批准，决定改制为国家参股，内部职工以工会为代表集体持股，经营管理层控股的阜阳市汽车运输集团有限公司（以下简称阜汽集团）。在与阜汽总公司副总经理秦少华、仝敏，财务科长被告人牛玉杰，总经理助理张跃等人商议改制事宜时，被告人佟茂华数次强调公司管理层要多持股、持大股，但鉴于企业职工经济状况普遍不佳，评估时尽量把国有资产评低些，让国有资产在改制后企业所占股份的比例小些，既便于实现管理层控股，也给改制后企业留点后劲。在与中亚评估公司商谈阜汽总公司的经营性国有净资产评估事项时，佟茂华也提出了类似要求，中亚评估公司表示尽量予以满足。中亚评估公司承接评估业务后，成立由张明华（另案处理）、潘志超负责，注册评估师吴建超、助理会计师高敏等为组员的资产评估小组，进驻阜汽总公司开展评估。牛玉杰应佟茂华安排，负责将相关的财务报表及资料报佟茂华审核、签字后，提供给资产评估小组。在此期间，牛玉杰向佟茂华汇报称内部银行账户共有300余万元的贷款利息在公司总账目中没有反映，贷款所形成的呆坏账、税金等尚未处理，提出不向资产评估小组提供相应财务资料的建议，佟茂华听后决定不予提供，牛玉杰便没有向评估小组提供与内部银行有关的财务资料，由此内部银行利息差异账户余额303.225 1万元没有被纳入阜汽总公司资产评估。

2000年5月，中亚评估公司初步评估阜汽总公司的经营性国有净资产数额为1 000多万元，潘志超、张明华、吴建超就此向阜汽总公司作了通报。被告人佟茂华在与被告人牛玉杰、张跃等人听取通报后，当即表示初评的国有净资产数额太大，而阜汽总公司职工工资都不高，如果国有股份比例过大，将无法实现市政府关于改制公司由公司管理层控股的目标，要求在场人员共同想办法降低国有净资产数额。潘志超称此时只有增加负债，把能用的政策用上、用足。牛玉杰提出阜汽总公司原是把客运跨区科目贷方余额作为欠兄弟单位的负债申报的，而中亚评估公司将之评估为收入，可以将其评估为负债，对外解释为与兄弟单位对开班线形成，结算后还需对外支付。众人都认可了牛玉杰的说法，佟茂华便提出将其按照企业负债评估。接着，佟茂华提出能否再计提部分交建基金。牛玉杰称阜汽总公司的交建基金已经计提并按月定额上缴至阜阳市交通局，不便再计提。佟茂华决定按照省交通厅文件规定的每月每座60元的标准，再次计提2000年1月至3月的交建基金，并安排牛玉杰配合张明华落实重复计提事宜。潘志超向中亚评估公司负责人司颖泉汇报上述情况后，司颖泉表示同意，后资产评估小组将客运跨区科目贷方余额472.983 836万元调整为负债，依据安徽省交通厅相关文件再次计提2000年1月至3月交建基金382.296万元作为负债，并于2000年6月12日出具了阜汽总公司经营性国有净资产为267.55万元的资产评估报告。同月15日，阜阳市国有资产管理局对阜汽总公司呈报的该份资产评估报告予以确认，同月28日决定将阜汽总公司管理的经营性国有净资产267.55万元折为国有股，投入新组建的股份制企业，股权由阜阳市国有资产投资管理公司持有，委托改制后企业的法定代表人为产权代表，签订责任书，负责国有资产的保值增值。

2000年6月20日，阜汽集团改制委员会相继颁布了公司募股章程、股份制改制方案，被告人佟茂华担任改制委员会主任，仝敏、于业平等9名公司高管担任副主任或成员，被告人牛玉杰、张跃等人担任办公室成员；注册资金除国有资产外，只允许本公司干部职工持股，国有股由市政府委托集团公司持有，职工股以工会为单位持股，职工入股坚持自愿认购原则，不下任务，不附加条件，最高额不超过3 000元，也可以不出资；阜汽总公司领导、基层领导、管理人员必须入股，按市政府批示精神，鼓励经营管理人员多持股，集体控股，法人代表持大股，出资不足部分，以个人资产作抵押贷款入股。募股期间，阜汽总公司在管理层、普通职工中进行了广泛宣传，但管理层、普通职工普遍反映家庭经济收入水平较低，认购股份积极性不高，相当数量的普通职工自愿放弃入股，高中级管理层反映无力承担数万元甚至数十万元的入股资金。为此，阜汽总公司班子例会研究决定，要求认购股份的普通职工按100%的现金到位，对认购股份的管理人员，公司领导按10%、助理按20%、正科级按30%、副科级按50%的现金到位，其余部分实行贷转股，后研究实施了企业内部专项贷款方案。实际募股及股份比例的情况为：国有经营性净资产折股267.55万元，占股本总额的8.92%；阜汽总公司管理层167人共持股1 810.2万元（其中现金缴款391万元），占股本总额的60.34%；1 700余名普通职工以工会名义集体持股922.25万元，占股本总额的30.74%。其中，佟茂华认购股份200万元（其中现金缴款20万元），占股本总额的6.67%；牛玉杰认购股份20万元（其中现金缴款2万元），占股本总额的0.67%。

同年6月30日，阜阳市政府批复同意阜汽总公司改制为阜汽集团，由阜汽总公司资产评估折股后，联合45个股东（普通职工以工会名义集体持股）出资共同设立，股本总额为3 000万元，其中国有经营性净资产折股267.55万元，占股本总额的8.92%；个人股2 732.45万元，占股本总额的91.08%。同日，阜汽集团成立并召开第一届股东代表大会，通过公司章程并选举被告人佟茂华和仝敏等18人为阜汽集团董事、监事，佟茂华担任董事长。

2002年8月底，阜汽集团财务部长牛玉杰安排财务人员李欣荣将内部银行利息差异余额448.7万元调入阜汽集团新设立的股金账户。2006年1月底，阜汽集团财务部长杨永振安排李欣荣将内部银行利息差异303.225 1万元作收入处理，转入阜汽集团的财务账户。

（二）被告人佟茂华安排他人用阜汽集团定期存单质押为包括其本人在内的10名集团高管贷款的事实

2000年上半年，阜汽总公司改制时，按照阜阳市政府关于改制后的企业经营管理层控股、法人代表持大股的要求，规定副科级以上的经营管理层必须认缴数额不等的股份。其中，时任公司总经理的被告人佟茂华需入股200万元，副总经理尚丙启、于业平等其他9名高管需分别入股80万元，基层、中层管理人员需分别入股2万至25万元不等。在募股期间，企业经营管理层普遍反映家庭经济收入水平较低，认购股份积极性不高，纷纷表示无力支付数万元甚至数十万元的入股资金。为此，阜汽总公司于同年6月30日召开领导班子例会，研究决定对认购改制公司股份的管理人员，总公司领导按10%、助理按20%、正科级按30%、副科级按50%的现金到位，其余部分实行贷转股。同日，阜汽集团第一次股东大会召开，决议通过企业内部贷款方案，明确规定“按政府批示精神鼓励经营管理人员多持股、控股，法人代表持大股，出资不足部分，以个人资产作抵押入股”的精神，在集团募股阶段，副科级以上经营管理人员入股资金不能一次性到位的，集团决定对其在按一定比例出资后与规定股本间的差额给予贷款入股；阜汽总公司将在账的银行借款与其他借款的一部分按缴纳现金的一定比例转借股东作为股本，由股东承担还本付息义务，股东以其所持股份对集团承担责任；申请参与贷转股的人员，必须具备5年内还本付息能力，5年内还清借款有困难的，可申请不超过2年的延期。同年7月1日，佟茂华、于业平、仝敏等10名公司高管分别与阜汽集团签订内部专项贷款合同，佟茂华贷款180万元，其他9人分别贷款72万元，共计828万元。专项贷款合同对借款的期限、利息支付、担保等内容，作了同“企业内部贷款方案”精神相同的约定。

2000年7月4日，被告人佟茂华被选举和聘任为阜汽集团董事长、总经理，同时接受阜阳市国有资产管理局委托，担任阜汽集团国有资产的产权代表。2001年12月10日，佟茂华被阜阳市交通局党组任命为阜汽集团党委书记。2004年，阜阳市纪委在调查阜汽总公司改制问题时，发现阜汽集团对企业管理层实行内部专项借款，入股资金并没有完全到位，便要求相关人员限期缴纳未到位的股本金。阜汽集团随即据此向企业经营管理层的相关人员提出了相应要求，但大家仍普遍反映经济依旧困难，在补缴部分缺额股金后，纷纷表示即便卸任职务，也无力补缴全部的缺额股金，个别高管甚至为此与佟茂华发生争吵，催缴股金改制陷入困境。在此情形下，佟茂华提议由10位高管自行筹资缴纳50%的股金，剩下50%由阜汽集团提供贷款担保，各高管私人从银行贷款缴纳并支付本息，大家都表示同意或默许。之后，佟茂华在与中国农业银行阜阳分行腾达支行行长李春玲联系好贷款缴纳股金的事宜后，安排阜汽集团总经理助理张跃、财务部长杨永振、会计李欣荣等人,用阜汽集团460万元资金定期存入腾达支行,并以此存单作为质押,共为包括佟茂华在内的10名集团高管担保贷款429万元,同时阜阳同济房地产开发有限公司还为佟茂华的99万元贷款提供了担保。2005年年初,在阜阳市纪委发现前述行为后要求予以纠正时,佟茂华又安排集团财务人员为前述10名集团高管从阜阳市银河信用社贷款,清偿尚未归还的农行腾达支行贷款本息。经计算,腾达支行的贷款本息共计450.189 545万元,后均由贷款的高管予以偿还。

(三)被告人佟茂华利用职务便利为他人谋取利益,收受他人给予的财物,或以多种理由向他人借款,长期不还的事实

2002年至2012年,被告人佟茂华利用其担任阜汽集团党委书记、董事长、总经理的职务便利,为他人谋取利益,以借款为名,通过现金或转账的方式,向他人索要145.8万元,以现金或接受他人赠与高档礼品、豁免债务等方式,收受他人44.014 8万元和两幅书法作品。

阜阳市中级人民法院一审判决认为,被告人佟茂华、牛玉杰在国有企业改制过程中,故意隐匿内部银行利息、重复计提交建基金、虚列客运跨区资金收入为负债的行为客观存在,两人故意低估、隐瞒资产,转为本人持有股份的改制后的公司所有,应以共同贪污犯罪论处;没有证据证明佟茂华在改制过程中为购买公司股份,利用职务上的便利,将公司460万元的存单质押,用于个人和其他人员贷款担保的行为经过公司管理层决议,其行为构成挪用公款罪;佟茂华明知下属及业务单位有求于己,仍以各种理由提出借款,出具的借条极不规范,在具有较强的还款能力的情况下,直至案发无任何还款行为,并在出借人暗示还款时不予理睬,表示帮助处理掉借款时予以默许,所谓借款应认定为利用职务上的便利非法向他人索取财物。据此,于2015年11月9日作出判决:佟茂华犯贪污罪,判处有期徒刑十五年,犯挪用公款罪,判处有期徒刑六年,犯受贿罪,判处有期徒刑十三年,决定执行有期徒刑二十年;牛玉杰犯贪污罪,判处有期徒刑十年;佟茂华、牛玉杰非法所占股份及佟茂华违法所得予以追缴,上缴国库。

安徽省高级人民法院二审判决认为,阜汽总公司作为国有企业,在企业改制时违反国家规定,采取虚列负债、隐瞒收入等手段故意隐瞒、低估国有

资产 685.521 1 万元，转入改制后的由国家、1 870 余名原公司经营管理层以及部分普通职工共同持股的股份制企业，造成国有资产 624.373 529 万元被私分，其行为构成私分国有资产罪。被告人佟茂华作为阜汽总公司法定代表人，组织实施整个私分行为，系直接负责的主管人员；被告人牛玉杰作为阜汽总公司财务科长，参与私分国有资产 276.177 421 万元，系其他直接责任人员，二人的行为均构成私分国有资产罪。佟茂华在担任阜汽集团董事长、总经理期间，利用职务上的便利，为他人谋取利益，索取、收受他人财物 189.814 8 万元，其行为构成受贿罪。佟茂华使用阜汽集团的存单质押，为公司高管贷款缴纳入股资金系为解决改制时的遗留问题，且经集体研究决定，其行为不构成挪用公款罪。在私分国有资产犯罪中，佟茂华起组织、指挥作用，行为积极主动，依法按照其所组织、指挥的全部犯罪处罚；牛玉杰参与犯罪的数额、作用及获利数额均较佟茂华小，依法予以减轻处罚。佟茂华犯两罪，依法予以数罪并罚。据此，作出判决：佟茂华犯私分国有资产罪，判处有期徒刑四年，并处罚金人民币三十万元；犯受贿罪，判处有期徒刑十一年，并处没收财产人民币六十万元，决定执行有期徒刑十三年，并处没收财产人民币六十万元，罚金人民币三十万元；牛玉杰犯私分国有资产罪，判处有期徒刑二年，并处罚金人民币十万元。被私分的国有资产、佟茂华受贿所得赃款、赃物依法予以追缴，上缴国库。

二、主要问题

1. 在企业改制期间隐匿国有资产，转为国家参股、众多经营管理人员和职工持股的改制后企业的行为，构成贪污罪还是私分国有资产罪？

2. 经集体研究决定，使用单位定期银行存单质押，贷款供他人使用的行为，是否构成挪用公款罪？

3. 如何准确区分借款和“以借为名”的受贿行为？

三、裁判理由

(一)在企业改制期间隐匿国有资产,转为国家参股、众多经营管理人员和职工持股的改制后企业的行为,应以私分国有资产罪论处

《最高人民法院、最高人民检察院关于办理国家出资企业中职务犯罪案件具体应用法律若干问题的意见》(以下简称《意见》)第二条第二款规定的以贪污罪定罪处罚的情形,主要针对由少数人共同实施,企业其他人员不知情或不知实情,分取利益范围以参与决策、具体实施贪污行为以及为贪污行为提供帮助等少数某一层面的人(如企业管理层)为限的情形,而对由单位决定并统一组织实施,在企业内部一定程度公开,企业不同层面的多数人员获得利益的情形,一般应当认定为私分国有资产罪。

就本案而言,被告人佟茂华作为阜汽总公司主要负责人,牛玉杰作为阜汽总公司财务科长,在改制过程中所作出的决定或利益取舍时的选择,都可能与履行职责密切联系,必须对所体现的是单位意志还是个人意志加以考量,不能简单地以没有经过企业集体研究决定而予以否定。佟茂华、牛玉杰隐瞒内部银行利息这一具体行为虽然不为评估小组或阜汽总公司其他高管所知晓,但改制时将低评国有资产,以及重复计提交建基金虚增债务等具体行为,在阜汽总公司、评估小组内部具有一定的公开性,部分人员甚至不同程度地实际参与,而大部分普通职工因没有具体决策权,实际不了解企业的重大决策和具体部署,也符合企业经营的客观实际。改制伊始,阜汽总公司即把普通职工自愿入股,经营管理人员必须入股,鼓励管理层多持股实现集体控股,法人代表持大股的募股原则予以公布。评估期间面向企业全体职工的募股宣传即已展开,评估报告获得批准后始颁布募股章程、股份制改制方案,秉承前述原则对募股对象、原则及限额等问题作出了具体规定。除国有股外,入股阜汽集团的经营管理人员、普通职工虽然仅占阜汽总公司所有在职职工的32%,但参股人数仍高达1 870余人,既包括佟茂华、尚丙启等集团高管,又包括牛玉杰、张跃等中基层管理人员,还包括自愿入股的千余名普通职工,而佟茂华、牛玉杰仅分别持6.67%、0.67%的股份。没有入股的普通职工或因经济困难,或因不看好改制企业前景,自愿放弃入股,并非遭

到他人蓄意阻止；针对高中级管理层无力承担巨额股金的募股困局，阜汽总公司颁布实施以改制企业资产担保的贷转股方案，最终经营管理层共持有60.34%的股份，系改制既定目标和强制管理层入股的结果，而非佟茂华、牛玉杰积极追求目标的实现。由此可见，佟茂华、牛玉杰借改制之机，通过虚列债务、隐瞒收入手段降低国有经营性净资产数额时，主要目的是降低国有股份比例，以期完成管理层集体控股、法人代表持大股的改制目标，并为改制后的企业以及阜汽总公司全体职工谋取利益，而非实现个人或少数人非法占有国有资产的目的，所实施的前述行为体现为单位意志，并在阜汽总公司内部具有一定的公开性，对二人应以私分国有资产罪论处。

（二）经单位集体研究决定，使用单位定期银行存单质押，贷款供他人使用的行为，不构成挪用公款罪

国有企业改制政策性较强，一些地方出台的政策与中央政策存在一些出入，鼓励、支持甚至要求管理层持大股，并为此提供相关配套措施，原管理人员为加快企业改制进程，或直接用企业资金入股，或用企业资金、财产担保入股，违规违法现象较为普遍，有的还得到了地方政策的认可或者有关部门批准。为此，《意见》规定，“对于特定历史条件下，为了顺利完成企业改制而实施的违反国家政策法律规定的行为，行为人无主观恶意或者主观恶意不明显，情节较轻，危害不大的，可以不作为犯罪处理”。

就本案而言，阜汽总公司改制委员会秉承阜阳市政府关于经营管理层控股、法人代表持大股的精神所制定的、经市政府批准的募股章程和改制方案，明确要求副科级以上管理层必须认缴数额不等的股份，佟茂华、尚丙启、于业平等高管必须认购数百万元、数十万元不等的股份，这对区域经济较为落后、薪酬水平总体偏低的经营管理层而言，根本无力承担，少数高管甚至表示即便卸任职务也无法足额出资，经阜汽集团股东大会批准的企业内部贷款方案应运而生。在整改改制遗留问题，限期缴纳未到位股金时，阜汽集团经营管理层仍普遍反映经济困难，无力补缴全部的缺额股金，佟茂华提议由阜汽集团提供担保，各位高管从银行贷款缴纳缺额股金并支付贷款本息，各高管均表示同意或默许，在银行职员到阜汽集团集中办理贷款手续时，高管均在贷款合同、担保合同等贷款手续上签名。从质押贷款的整个过程来

看,历史缘由为阜汽总公司改制时,违规借款给确实无力足额缴纳股金的经营管理层使用,仅在形式上完成改制任务;现实缘由则为相关部门纠正改制问题时催缴股金,阜汽集团经营管理层仍无力足额补缴。实际上,无论是企业内部贷款方案,还是用存单质押贷款,实质均为以集团财产提供担保,贷款股东以其所持股份向集团提供反担保或股东间互为保证、其他公司担保,两者并无本质不同。前者经阜汽集团集体研究决定,体现为单位集体意志;后者由佟茂华提出的由阜汽集团担保的贷款方案,在分别征求各集团高管意见并获得同意或默许后组织实施,虽然与召开集团管理层会议专门研究并作出决定存在形式上的差异,但本质并无不同,此种情形在公司经营管理中并不少见,应认定为经单位领导集体研究决定。《全国法院审理经济犯罪案件工作座谈会纪要》(以下简称《纪要》)指出,"经单位领导集体研究决定将公款给个人使用,或者单位负责人为了单位利益,决定将公款给个人使用的,不以挪用公款罪定罪处罚"。二审判决在全面查清佟茂华安排他人使用阜汽集团定期存单质押,贷款供10名高管补缴股金的事实基础上,结合改制时特定历史条件、社会稳定等因素,严格把握犯罪与一般违规行为的界限,并作出相应改判是符合法理、情理的。

(三)对"以借为名"的受贿行为的认定

在受贿罪的认定中,准确把握受贿和借款的界限,对区分罪与非罪具有重要意义。为此,《纪要》中规定"国家工作人员利用职务上的便利以借为名向他人索取财物,或者非法收受财物为他人谋取利益的,应当认定为受贿",并提出具体认定时,不能仅看是否具有书面借款手续,还应根据借款事由、款项去向、双方关系以及是否有经济往来、出借方是否要求借方利用职务便利为己谋利、借款后有无归还的意思表示及行为、有无归还能力、未归还的原因等综合判定。因此,对涉案行为必须进行实质审查,对符合权钱交易本质的,应当认定为受贿。

就本案而言,作为国家出资企业阜汽集团党委书记、董事长、总经理的佟茂华,其借款的对象或为与己具有管理与被管理的关系的下属,或为与阜汽集团存在业务联系、合作关系的私营企业主,双方之间除工作关系、业务联系以及婚丧嫁娶、年节之际的小额礼金外,并无其他特殊关系或较大数额的经济往来。佟茂华利用其职务便利,在职务提拔、工作推进以及合作开展等方面,分别帮助出借人实际谋取利益;以各种理由向前述人员借款时,虽然大都具有补缴股金、购买商品房等正当理由,实际用途真实,并出具借条,但相关借条或无具体年份,或无还款期限,即便承诺支付利息亦语焉不详,不符合大额借款所具备的基本特征;借款后的数年里既不归还借款,又无任何还款意思表示,或在出借人暗示还款时不予理睬,或在之后又连续收受、索取业务单位负责人财物。佟茂华曾供称其不会主动归还所借款项,作为下属或业务客户的出借人,虑及其地位和给予的帮助,也不会主动要求自己归还。出借人为其下属的,有的证称其因佟茂华数年间利用职务便利对己多有关照,不想也不敢要求佟归还借款;出借人为阜汽集团业务合作单位负责人的,证称其私营公司数年来与阜汽集团合作,利用该集团的存量土地开发房地产,实际谋取利益巨大,提供借款前后也连续赠送佟茂华价值不菲的财物,不会主动要求佟茂华还款。而在此期间,佟茂华先后为其家庭、特定关系人在阜阳、亳州、合肥等地购置、装修多套住房,被抓获时也随身携带大额现金,并非无能力归还借款。综上,佟茂华所实施的前述行为,实际上就是以借款之名敛财,进行权钱交易的受贿行为。法院判决认定其行为构成受贿罪,是正确的。

(撰稿:安徽省高级人民法院　陈华舒

审编:最高人民法院刑二庭　韩维中)

最高人民法院　最高人民检察院　公安部　司法部 印发《关于办理“套路贷”刑事案件若干问题的意见》的通知

法发〔2019〕11号

各省、自治区、直辖市高级人民法院、人民检察院、公安厅（局）、司法厅（局），解放军军事法院、军事检察院，新疆维吾尔自治区高级人民法院生产建设兵团分院、新疆生产建设兵团人民检察院、公安局、司法局：

为持续深入开展扫黑除恶专项斗争，准确甄别和依法严厉惩处“套路贷”违法犯罪分子，最高人民法院、最高人民检察院、公安部、司法部联合印发了《关于办理“套路贷”刑事案件若干问题的意见》，请认真贯彻执行。

最高人民法院
最高人民检察院
公安部
司法部
2019年2月28日

关于办理“套路贷”刑事案件若干问题的意见

为持续深入开展扫黑除恶专项斗争，准确甄别和依法严厉惩处“套路贷”违法犯罪分子，根据刑法、刑事诉讼法、有关司法解释以及最高人民法院、最高人民检察院、公安部、司法部《关于办理黑恶势力犯罪案件若干问题的指导意见》等规范性文件的规定，现对办理“套路贷”刑事案件若干问题提出如下意见：

一、准确把握“套路贷”与民间借贷的区别

1. “套路贷”，是对以非法占有为目的，假借民间借贷之名，诱使或迫使被害人签订“借贷”或变相“借贷”“抵押”“担保”等相关协议，通过虚增借贷金额、恶意制造违约、肆意认定违约、毁匿还款证据等方式形成虚假债权债务，并借助诉讼、仲裁、公证或者采用暴力、威胁以及其他手段非法占有被害人财物的相关违法犯罪活动的概括性称谓。

2. “套路贷”与平等主体之间基于意思自治而形成的民事借贷关系存在本质区别，民间借贷的出借人是为了到期按照协议约定的内容收回本金并获取利息，不具有非法占有他人财物的目的，也不会在签订、履行借贷协议过程中实施虚增借贷金额、制造虚假给付痕迹、恶意制造违约、肆意认定违约、毁匿还款证据等行为。

司法实践中，应当注意非法讨债引发的案件与“套路贷”案件的区别，犯罪嫌疑人、被告人不具有非法占有目的，也未使用“套路”与借款人形成虚假债权债务，不应视为“套路贷”。因使用暴力、威胁以及其他手段强行索债构成犯罪的，应当根据具体案件事实定罪处罚。

3. 实践中，“套路贷”的常见犯罪手法和步骤包括但不限于以下情形：

（1）制造民间借贷假象。犯罪嫌疑人、被告人往往以“小额贷款公司”“投资公司”“咨询公司”“担保公司”“网络借贷平台”等名义对外宣传，以低息、无抵押、无担保、快速放款等为诱饵吸引被害人借款，继而以“保证金”“行规”等虚假理由诱使被害人基于错误认识签订金额虚高的“借贷”协议或相关协议。有的犯罪嫌疑人、被告人还会以被害人先前借贷违约等理由，迫使对方签订金额虚高的“借贷”协议或相关协议。

（2）制造资金走账流水等虚假给付事实。犯罪嫌疑人、被告人按照虚高的“借贷”协议金额将资金转入被害人账户，制造已将全部借款交付被害人

的银行流水痕迹,随后便采取各种手段将其中全部或者部分资金收回,被害人实际上并未取得或者完全取得“借贷”协议、银行流水上显示的钱款。

(3)故意制造违约或者肆意认定违约。犯罪嫌疑人、被告人往往会以设置违约陷阱、制造还款障碍等方式,故意造成被害人违约,或者通过肆意认定违约,强行要求被害人偿还虚假债务。

(4)恶意垒高借款金额。当被害人无力偿还时,有的犯罪嫌疑人、被告人会安排其所属公司或者指定的关联公司、关联人员为被害人偿还“借款”,继而与被害人签订金额更大的虚高“借贷”协议或相关协议,通过这种“转单平账”“以贷还贷”的方式不断垒高“债务”。

(5)软硬兼施“索债”。在被害人未偿还虚高“借款”的情况下,犯罪嫌疑人、被告人借助诉讼、仲裁、公证或者采用暴力、威胁以及其他手段向被害人或者被害人的特定关系人索取“债务”。

二、依法严惩“套路贷”犯罪

4.实施“套路贷”过程中,未采用明显的暴力或者威胁手段,其行为特征从整体上表现为以非法占有为目的,通过虚构事实、隐瞒真相骗取被害人财物的,一般以诈骗罪定罪处罚;对于在实施“套路贷”过程中多种手段并用,构成诈骗、敲诈勒索、非法拘禁、虚假诉讼、寻衅滋事、强迫交易、抢劫、绑架等多种犯罪的,应当根据具体案件事实,区分不同情况,依照刑法及有关司法解释的规定数罪并罚或者择一重处。

5.多人共同实施“套路贷”犯罪,犯罪嫌疑人、被告人在所参与的犯罪中起主要作用的,应当认定为主犯,对其参与或组织、指挥的全部犯罪承担刑事责任;起次要或辅助作用的,应当认定为从犯。

明知他人实施“套路贷”犯罪,具有以下情形之一的,以相关犯罪的共犯论处,但刑法和司法解释等另有规定的除外:

(1)组织发送“贷款”信息、广告,吸引、介绍被害人“借款”的;

(2)提供资金、场所、银行卡、账号、交通工具等帮助的;

(3)出售、提供、帮助获取公民个人信息的;

(4)协助制造走账记录等虚假给付事实的;

(5)协助办理公证的；

(6)协助以虚假事实提起诉讼或者仲裁的；

(7)协助套现、取现、办理动产或不动产过户等，转移犯罪所得及其产生的收益的；

(8)其他符合共同犯罪规定的情形。

上述规定中的“明知他人实施‘套路贷’犯罪”，应当结合行为人的认知能力、既往经历、行为次数和手段、与同案人、被害人的关系、获利情况、是否曾因“套路贷”受过处罚、是否故意规避查处等主客观因素综合分析认定。

6. 在认定“套路贷”犯罪数额时，应当与民间借贷相区别，从整体上予以否定性评价，“虚高债务”和以“利息”“保证金”“中介费”“服务费”“违约金”等名目被犯罪嫌疑人、被告人非法占有的财物，均应计入犯罪数额。

犯罪嫌疑人、被告人实际给付被害人的本金数额，不计入犯罪数额。

已经着手实施“套路贷”，但因意志以外原因未得逞的，可以根据相关罪名所涉及的刑法、司法解释规定，按照已着手非法占有的财物数额认定犯罪未遂。既有既遂，又有未遂，犯罪既遂部分与未遂部分分别对应不同法定刑幅度的，应当先决定对未遂部分是否减轻处罚，确定未遂部分对应的法定刑幅度，再与既遂部分对应的法定刑幅度进行比较，选择处罚较重的法定刑幅度，并酌情从重处罚；二者在同一量刑幅度的，以犯罪既遂酌情从重处罚。

7. 犯罪嫌疑人、被告人实施“套路贷”违法所得的一切财物，应当予以追缴或者责令退赔；对被害人的合法财产，应当及时返还。有证据证明是犯罪嫌疑人、被告人为实施“套路贷”而交付给被害人的本金，赔偿被害人损失后如有剩余，应依法予以没收。

犯罪嫌疑人、被告人已将违法所得的财物用于清偿债务、转让或者设置其他权利负担，具有下列情形之一的，应当依法追缴：

(1)第三人明知是违法所得财物而接受的；

(2)第三人无偿取得或者以明显低于市场的价格取得违法所得财物的；

(3)第三人通过非法债务清偿或者违法犯罪活动取得违法所得财物的；

(4)其他应当依法追缴的情形。

8. 以老年人、未成年人、在校学生、丧失劳动能力的人为对象实施“套路贷”,或者因实施“套路贷”造成被害人或其特定关系人自杀、死亡、精神失常、为偿还“债务”而实施犯罪活动的,除刑法、司法解释另有规定的外,应当酌情从重处罚。

在坚持依法从严惩处的同时,对于认罪认罚、积极退赃、真诚悔罪或者具有其他法定、酌定从轻处罚情节的被告人,可以依法从宽处罚。

9. 对于“套路贷”犯罪分子,应当根据其所触犯的具体罪名,依法加大财产刑适用力度。符合刑法第三十七条之一规定的,可以依法禁止从事相关职业。

10. 三人以上为实施“套路贷”而组成的较为固定的犯罪组织,应当认定为犯罪集团。对首要分子应按照集团所犯全部罪行处罚。

符合黑恶势力认定标准的,应当按照黑社会性质组织、恶势力或者恶势力犯罪集团侦查、起诉、审判。

三、依法确定“套路贷”刑事案件管辖

11. “套路贷”犯罪案件一般由犯罪地公安机关侦查,如果由犯罪嫌疑人居住地公安机关立案侦查更为适宜的,可以由犯罪嫌疑人居住地公安机关立案侦查。犯罪地包括犯罪行为发生地和犯罪结果发生地。

“犯罪行为发生地”包括为实施“套路贷”所设立的公司所在地、“借贷”协议或相关协议签订地、非法讨债行为实施地、为实施“套路贷”而进行诉讼、仲裁、公证的受案法院、仲裁委员会、公证机构所在地,以及“套路贷”行为的预备地、开始地、途经地、结束地等。

“犯罪结果发生地”包括违法所得财物的支付地、实际取得地、藏匿地、转移地、使用地、销售地等。

除犯罪地、犯罪嫌疑人居住地外,其他地方公安机关对于公民扭送、报案、控告、举报或者犯罪嫌疑人自首的“套路贷”犯罪案件,都应当立即受理,经审查认为有犯罪事实的,移送有管辖权的公安机关处理。

黑恶势力实施的“套路贷”犯罪案件,由侦办黑社会性质组织、恶势力或者恶势力犯罪集团案件的公安机关进行侦查。

12. 具有下列情形之一的,有关公安机关可以在其职责范围内并案侦查:

（1）一人犯数罪的；

（2）共同犯罪的；

（3）共同犯罪的犯罪嫌疑人还实施其他犯罪的；

（4）多个犯罪嫌疑人实施的犯罪存在直接关联，并案处理有利于查明案件事实的。

13. 本意见自 2019 年 4 月 9 日起施行。

《关于办理"套路贷"刑事案件若干问题的意见》的理解与适用

朱和庆　周　川　李梦龙

一、《关于办理"套路贷"刑事案件若干问题的意见》的制定背景和过程

近年来,假借民间借贷之名实施的侵犯财产类违法犯罪活动开始出现并日益猖獗,政法机关在司法实践中对此类违法犯罪逐渐形成了"套路贷"这一称谓。在一些地区,"套路贷"已逐步发展成为黑恶势力较常实施的违法犯罪活动,严重侵害人民群众的人身权利、财产权利,严重破坏经济秩序、社会秩序,严重影响人民群众的安全感和社会和谐稳定,社会危害性极大,人民群众反映强烈。针对"套路贷"犯罪,最高人民法院、最高人民检察院、公安部、司法部于2018年1月出台的《关于办理黑恶势力犯罪案件若干问题的指导意见》(法发〔2018〕1号,以下简称《指导意见》)虽然没有明确使用"套路贷"这一称谓,但已在《指导意见》第二十条对"套路贷"犯罪的认定和处理作出了初步规定;多个地方也就办理"套路贷"刑事案件研究出台了地方性指导意见。但由于"套路贷"在全国各地的发案分布极不均衡,表现形式千差万别,一些地方对此类案件的理解、认识存在偏差,在办理"套路贷"刑事案件时不同程度上出现了"不会打"或"打不准"的问题。为贯彻落实2018年10月全国扫黑除恶专项斗争推进会的有关部署要求,进一步统一执法办案思想,提高专项斗争的法治化水平,最高人民法院第一时间成立了专题调研小组,经过充分调研,在深入总结实践经验和突出问题的基础上研究起草了《关于办理"套路贷"刑事案件若干问题的意见》(以下简称《意见》)稿,并以《意见》稿为基础通过召开调研座谈会、书面征求意见等多种形式广

泛听取意见，几经修改和完善后形成《意见》。《意见》经最高人民法院、最高人民检察院、公安部、司法部会签，于2019年4月9日向社会公布并施行。

二、准确把握“套路贷”与民间借贷的区别

（一）关于“套路贷”的概念

《意见》第一条对于什么是“套路贷”作出了定义。“套路贷”既不是一个法律概念也不是一个政策概念，而是在办案实践中对假借民间借贷之名非法占有他人财物的类型化违法犯罪的概括性称谓。因此，“套路贷”在之前并没有统一的定义，各地出台的有关文件对其的界定也存在不同程度的差异。经认真总结各地经验，充分研究“套路贷”的不同行为方式，《意见》在《指导意见》第二十条规定的基础上明确了“套路贷”的概念，其概念主要包括以下三个方面：

一是行为目的非法性，即犯罪分子是以非法占有被害人财物为目的实施“套路贷”。明确非法占有目的，既是为了从主观方面将“套路贷”与民间借贷区分开来，也是为了在具体犯罪中区分此罪与彼罪。

二是债权债务虚假性，即犯罪分子假借民间借贷之名，通过使用“套路”，诱使或迫使被害人签订“借贷”或变相“借贷”“抵押”“担保”等相关协议，进而通过虚增借贷金额、恶意制造违约、肆意认定违约等方式形成虚假债权债务。对于犯罪分子来说，“借贷”是假，侵犯被害人的财产权利是真，“借贷”仅是一个虚假表象。

三是“讨债”手段多样性，即在被害人未按照要求交付财物时，“套路贷”犯罪分子会借助诉讼、仲裁、公证等方法或者采用暴力、威胁以及其他手段向被害人强行“讨债”，以此实现对被告人财物的非法占有。其中，“套路贷”犯罪分子借助公证，既有可能是为之后以虚假事实提起诉讼或者仲裁准备证据，也有可能是利用民事诉讼法中公证债权文书执行的相关规定，直接申请强制执行案涉“公证债权文书”，非法占有被害人财物。

（二）关于“套路贷”与民间借贷的区别

《意见》第二条重点解读了应当如何区分“套路贷”与民间借贷。通过前期调研，我们发现将“套路贷”与民间高利放贷、非法讨债相混淆，是当前一

些地方对“套路贷”犯罪存在误解的主要原因。为此,《意见》第二条专门从主客观两个方面明确了“套路贷”与民间借贷的区别。在主观上,要注意把握行为人有无非法占有他人财物的目的,这是“套路贷”与民间借贷的本质区别。民间借贷的目的是获取利息收益,借贷双方都对实际借得的本金和将产生的利息有清醒认识,出借人通常希望借款人能按时还本付息。而“套路贷”是以借款为幌子,通过设计套路,引诱、逼迫借款人垒高债务,最终达到非法占有借款人财产的目的。在客观上,要注意把握行为人是否处心积虑设计各种套路,制造债权债务假象,非法强占他人财产的行为。例如,犯罪分子往往会以低息、无抵押等为诱饵吸引被害人“上钩”,以行业规矩为由诱使被害人签订虚高借款合同,谎称只要按时还款,虚高的借款金额就不用还,然后制造虚假给付痕迹,采用拒绝接受还款等方式刻意制造违约,通过一系列“套路”形成高额债务,达到非法占有他人财物的目的。而在民间借贷中,虽然常会出现出借人从借款本金中预扣利息、收“砍头费”的现象,但在这种情况下,预扣的利息、收取的费用是基于借贷双方的约定,借款人对于扣除利息、收取费用的金额也心知肚明,出借人后续亦不会实施故意制造违约、恶意垒高借款等行为。因此,区分“套路贷”和民间借贷,要根据案件事实和证据综合评判,不能只关注某个因素、某个情节。

此外,因为“套路贷”违背被害人的意志,或制造虚高的借款金额,或恶意垒高债务,被害人一般不可能自愿还债,所以犯罪嫌疑人、被告人往往软硬兼施“索债”,其外在行为表现与非法讨债引发的案件有相似之处。在司法实践中,要牢牢把握有无非法占有他人财物目的这一本质区别特征,对于犯罪嫌疑人、被告人不具有非法占有目的,也未使用“套路”与借款人形成虚假债权债务,因使用暴力、威胁以及其他手段强行索债构成犯罪的,不视为“套路贷”,应当根据具体案件事实定罪处罚。

(三)关于“套路贷”常见的犯罪手法和步骤

《意见》第三条共列举了制造民间借贷假象、制造资金走账流水等虚假给付事实、故意制造违约或者肆意认定违约、恶意垒高借款金额、软硬兼施“索债”这五类“套路贷”常见犯罪手法和步骤,在实践中应当注意把握以下几个方面:

一是列举五类常见犯罪手法和步骤的目的是回应实践需要。蔓延发展迅速和地区间发案不均衡，是当前“套路贷”犯罪呈现的两个特征。在“套路贷”犯罪出现较早的地区，当地政法机关已经接触了不少“套路贷”刑事案件，对“套路贷”犯罪已经有了一定认识，积累了一定的办案经验。而有些地方的政法机关由于尚未接触或刚刚开始接触“套路贷”刑事案件，对“套路贷”犯罪尚缺乏足够的认识，但却同样面临严防严惩“套路贷”犯罪的紧要任务。列举五类常见的犯罪手法和步骤，就是为了帮助办案一线直观认识“套路贷”犯罪，进而有效甄别、打击。

二是在具体的“套路贷”犯罪中，五类犯罪手法和步骤并不必然全部出现。实践中，“套路贷”犯罪在犯罪手法的具体选择上多种多样，可能多种犯罪手法并用，通过多个犯罪步骤实现对被害人财产的非法占有，也可能仅采用少量犯罪手法就达成了犯罪目的。因此，不能认为全部具备所列举的五类犯罪手法和步骤才是“套路贷”犯罪。

三是“套路贷”犯罪的犯罪手法和步骤不局限于所列举的范围。实践中，“套路贷”犯罪的表现形式千差万别，且为了逃避打击、继续攫取不法利益，不断转型变化、花样翻新，在认定“套路贷”犯罪时还是应当着重根据其假借民间借贷之名行非法占有之实的主要特征来甄别、判断。

三、依法严惩“套路贷”犯罪

（一）关于“套路贷”的定罪问题

《意见》第四条对于“套路贷”犯罪案件的罪名确定问题作了提示性规定。“套路贷”犯罪在主观上以非法占有为目的，在客观上行侵财之实，但由于犯罪手段、行为表现各有不同。在办理“套路贷”刑事案件时，司法机关需要根据“套路贷”行为人非法取得他人财产的具体手段、方式，依照《刑法》有关犯罪的构成要件，确定具体罪名。对于未采用明显的暴力或者威胁手段，主要靠“骗”取得被害人财物的“套路贷”，一般以诈骗罪论处。例如，在有的案件中，被告人谎称自己的公司需要“冲业绩”，帮公司签订借贷协议不仅不用还款，还可以获取“好处费”，待被害人落入圈套后，便利用对方法律知识欠缺的弱点以及害怕“惹事”的心理索取所谓“债务”。由于该案中被告人主要是靠虚构事实、隐瞒真相实现非法占有目的,故应以诈骗罪定罪处罚。但在实践中,犯罪分子实施“套路贷”的手段经常变换,还有可能构成敲诈勒索、非法拘禁、虚假诉讼、寻衅滋事、强迫交易、抢劫、绑架等多种犯罪。例如,在实施“套路贷”过程中,主要通过威胁或者要挟的方法非法占有被害人财物的,构成敲诈勒索罪。在常见的“车贷”型“套路贷”中,有的被告人在诱骗被害人签订虚高“借款”合同时,要求给被害人车辆安装GPS定位器,并编造各种借口拿走汽车备用钥匙。嗣后,通过损毁GPS定位器等方式故意造成被害人违约,再采用滋扰、恐吓等手段进行威胁,或者利用备用钥匙将车辆开走,逼迫被害人付款赎车。在该类案件中,被告人主要是利用威胁或者要挟对被害人形成心理强制,实现非法占有财物目的,因此应以敲诈勒索罪追究刑事责任。再如,对于在实施“套路贷”过程中,以暴力、胁迫或者其他方法当场劫取被害人财物的,应以抢劫罪定罪处罚。在某起“套路贷”案件中,一名被害人与被告人开设的公司签订借款4万元的合同,之后被告人肆意认定违约,指使手下挟持并殴打该被害人,通过被害人微信转账方式当场劫取16万元,应当认定该起犯罪构成抢劫罪。

在具体个案中,“套路贷”的表现形式不胜枚举,不同犯罪手段的组合、不同的犯罪情境等都可能导致案件定性或者罪数处断截然不同。以前述构成抢劫罪的案例作进一步分析,假如被告人不是当场劫取被害人本人的财物,而是在使用暴力手段挟持被害人后要求其亲友交钱赎人,那么就应以绑架罪定罪处罚。此外,犯罪分子多种手段并用,导致办案时往往需要对“一行为”或“数行为”以及是否存在竞合、牵连关系进行判断,所以,对于不同案件,应当根据具体案件事实,区分不同情况,依照《刑法》及有关司法解释的规定确定罪名和罪数。

(二)关于“套路贷”的共犯认定

《意见》第五条对于“套路贷”犯罪案件中的共犯问题作出了规定。实践中,“套路贷”犯罪多为共同犯罪,分工日趋细化,环节众多,其中“拉客户”、协助制造走账记录等配合、支持、帮助行为对于“套路贷”犯罪顺利实施并最终达成非法占有目的发挥了重要作用。由于“套路贷”犯罪的暴利性,围绕“套路贷”俨然已经形成了一个犯罪链条,不仅产生了所谓“贷款中介”等专门为“套路贷”犯罪分子提供“服务”的职业化群体，而且还有一些具有专业知识背景或者在相关行业从业的人员参与其中，在加剧“套路贷”犯罪社会危害的同时也增加了发现、惩治犯罪的难度。为实现对“套路贷”犯罪的全链条打击，《意见》明确了“套路贷”共同犯罪人的处理，规定明知他人实施“套路贷”犯罪，仍具有组织发送“贷款”信息、广告，吸引、介绍被害人“借款”等情形的，除《刑法》和司法解释等另有规定外，以相关犯罪的共犯论处。

根据《刑法》第二十五条的规定，共同犯罪离不开共同犯意，而共同犯意历来又是司法实践中的认定难点。在《意见》起草过程中，《意见》稿一度采用“与‘套路贷’犯罪分子事先通谋”才能以共犯论处的观点。在后续修改中将“通谋”改为“明知”，主要考虑“通谋”一般会被理解为二名以上行为人通过交流沟通形成共同犯罪故意的过程，而反映这一过程的证据往往难以获取，大多数情况下严重依赖口供，容易出现只要一方否认就难以形成闭合证据链的情况。尤其在当前“套路贷”犯罪链条化的背景下，“套路贷”共同犯罪人之间分工明确、配合默契，往往通过心照不宣的方式形成犯意联络，不再依赖明示沟通，如果以“通谋”作为入罪条件，可能会在实践中抬高认定标准，从而放纵犯罪。但是，将“通谋”改为“明知”并不意味着可以无视共同犯罪基本原理，摒弃共同犯意这一共同犯罪成立的主观要件，办案时，对于行为人之间有无意思联络应当作出准确的审查判断。对于如何审查判断行为人是否“明知他人实施‘套路贷’犯罪”，《意见》第五条第三款中规定：“应当结合行为人的认知能力、既往经历、行为次数和手段、与同案人、被害人的关系、获利情况、是否曾因‘套路贷’受过处罚、是否故意规避查处等主客观因素综合分析认定。”在实践中，对“明知”作出判断需要基于一定的事实基础，指向行为人主观“明知”的因素越多、指向性越强，司法工作人员也就越能作出准确判断。因此，对于前述认定“明知”的考量因素，应当准确理解、通盘考虑、综合评定，不能“只看一点、不及其余”，要切实防止认定范围不当扩大。

（三）关于“套路贷”犯罪数额的认定

《意见》第六条对“套路贷”犯罪数额认定进行了说明。由于“套路贷”假借民间借贷之名行非法占有之实，其非法占有被害人的财物多以“利息”

“保证金”等名目混淆视听。在办理“套路贷”刑事案件时,要牢牢把握“套路贷”的本质是以非法占有为目的而实施的违法犯罪,不能适用民间借贷法律关系,也不可能产生合法收入。因此,除犯罪嫌疑人、被告人实际给付被害人的本金数额之外,“虚高债务”和以“利息”“保证金”“中介费”“服务费”“违约金”等名目被非法占有的财物,均应计入犯罪数额。《意见》基于以上分析,在吸收《指导意见》有关规定的基础上,进一步提出了“从整体上予以否定性评价”的“套路贷”犯罪数额认定原则,并分别明确了计入“套路贷”犯罪数额的对象范围。此外,《意见》第六条第三款还根据《关于办理诈骗刑事案件具体应用法律若干问题的解释》(法释〔2011〕7号)等有关司法解释、规范性文件规定的数额犯犯罪未遂认定及处罚方法,明确了“套路贷”犯罪未遂的认定以及既遂、未遂情形并存时应如何处罚的问题。

(四)关于“套路贷”刑事案件中的涉案财产处置

根据《刑法》第六十四条以及有关司法解释、规范性文件的规定,《意见》第七条中明确了“套路贷”犯罪违法所得财物的追缴或者责令退赔、被害人合法财产的返还以及为实施“套路贷”而交付给被害人本金的处置等问题。其中,根据《刑法》的相关规定,为实施“套路贷”而交付给被害人的本金属于犯罪所用之物,应予没收。但从司法实践来看,在被害人自身损失没有得到补偿的情况下,直接让被害人退出犯罪嫌疑人、被告人先前为实施“套路贷”而交付的本金,显然有悖常理常情,相关裁判也难以得到有效执行。为便于办案一线人员操作,《意见》规定,有证据证明是犯罪嫌疑人、被告人为实施“套路贷”而交付给被害人的本金,赔偿被害人损失后如有剩余,应依法予以没收。

(五)关于“套路贷”犯罪的量刑情节

《意见》第八条秉持有关司法解释、规范性文件的一贯精神,明确对以社会弱势群体为对象实施,以及造成后果的“套路贷”犯罪酌情从重处罚。在强调依法从严惩处“套路贷”犯罪的同时,《意见》还坚持贯彻宽严相济的刑事政策,明确对于认罪认罚、积极退赃、真诚悔罪或者具有其他法定、酌定从轻处罚情节的被告人,可以依法从宽处罚,鼓励被告人认罪伏法、退赔退赃,确保案件的裁判效果。

（六）关于“套路贷”犯罪集团和涉“套路贷”黑恶势力的认定

实践中，“套路贷”是一些黑恶势力常用的犯罪手段，经常会出现“套路贷”犯罪与黑恶势力犯罪之间相互交织的情形。一方面，“套路贷”犯罪获利快、收益高，所采用的“套路”易于复制，容易被黑恶势力利用，用以聚敛财富。另一方面，一些“套路贷”犯罪分子正在逐渐采用公司化模式有组织地实施犯罪，加上常常借助暴力、威胁的方式“讨债”，如果任其肆意发展，很容易蜕变为黑恶势力。正因为“套路贷”犯罪与黑恶势力犯罪之间客观上存在关联，所以《意见》才作为扫黑除恶专项斗争系列规范性文件出台，目的就是准确甄别、依法严惩“套路贷”犯罪，及时铲除黑恶势力犯罪滋生蔓延的土壤。但是，我们要认识到“套路贷”犯罪并不必然就是黑恶势力犯罪，不能因为二者存在关联就简单地在“套路贷”犯罪与黑恶势力犯罪之间画等号。首先，从犯罪主体上看，“套路贷”犯罪可以是黑恶势力实施，也可以是普通的个人、团伙或者犯罪集团实施。只有实施“套路贷”犯罪的行为人同时具备黑恶势力特征的，才能认定为黑恶势力。反之，即使有的团伙、人员实施了“套路贷”犯罪，只要黑恶势力特征不齐备，不完全符合黑恶势力认定标准，就不能认定为黑恶势力。其次，从犯罪目的上看，黑恶势力犯罪意图多元化，既包括聚敛财富，也包括形成非法秩序、非法影响力。而一般“套路贷”犯罪的目的就是侵财，虽然在实现该犯罪目的的过程中，时常会伴随发生其他违法犯罪活动，但是这些活动都是围绕侵财目的实施的，具有附属性。为准确界分“套路贷”犯罪与涉“套路贷”黑恶势力犯罪，《意见》在第十条第一款规定“套路贷”犯罪集团认定条件、处罚原则的基础上，在第二款明确要求对符合黑恶势力认定标准的“套路贷”犯罪，应当按照黑社会性质组织、恶势力或者恶势力犯罪集团侦查、起诉、审判。

四、关于“套路贷”刑事案件的管辖问题

目前，“套路贷”犯罪往往具有被害人多、涉及范围广、各犯罪环节实施地点分散等特点。为解决实践出现的新问题，《意见》第十一条、第十二条严格依照《刑事诉讼法》有关规定，本着有利于查清犯罪事实，有利于诉讼的原则，对“套路贷”刑事案件管辖和并案侦查作出针对性规定，较为全面地列举

了“套路贷”犯罪的“犯罪行为发生地”和“犯罪结果发生地”,并明确在一人犯数罪、共同犯罪等四类情形下,有关公安机关可以在其职责范围内并案侦查,为公正、高效执法办案提供了保障。对于涉“套路贷”黑恶势力犯罪,考虑“套路贷”通常只是黑恶势力犯罪事实中的一个部分,为确保黑恶势力犯罪案件办理的完整性、全面性,《意见》规定此类案件由侦办黑社会性质组织、恶势力或者恶势力犯罪集团案件的公安机关进行侦查。此外,《意见》还明确公民扭送、报案、控告、举报“套路贷”犯罪的,公安机关都应当立即受理,经审查认为有犯罪事实的,依照管辖的规定处理或移送,确保人民群众能够在第一时间得到司法保障。

(作者单位:最高人民法院)

最高人民法院　最高人民检察院
公　告

《最高人民法院、最高人民检察院关于办理组织考试作弊等刑事案件适用法律若干问题的解释》已于2019年4月8日由最高人民法院审判委员会第1765次会议、2019年6月28日由最高人民检察院第十三届检察委员会第二十次会议通过，现予公布，自2019年9月4日起施行。

最高人民法院　最高人民检察院

2019年9月2日

最高人民法院　最高人民检察院
关于办理组织考试作弊等刑事案件适用法律若干问题的解释

法释〔2019〕13号

为依法惩治组织考试作弊、非法出售、提供试题、答案、代替考试等犯罪，维护考试公平与秩序，根据《中华人民共和国刑法》《中华人民共和国刑事诉讼法》的规定，现就办理此类刑事案件适用法律的若干问题解释如下：

第一条　刑法第二百八十四条之一规定的“法律规定的国家考试”，仅限于全国人民代表大会及其常务委员会制定的法律所规定的考试。

根据有关法律规定，下列考试属于“法律规定的国家考试”：

（一）普通高等学校招生考试、研究生招生考试、高等教育自学考试、成人高等学校招生考试等国家教育考试；

（二）中央和地方公务员录用考试；

（三）国家统一法律职业资格考试、国家教师资格考试、注册会计师全国统一考试、会计专业技术资格考试、资产评估师资格考试、医师资格考试、执业药师职业资格考试、注册建筑师考试、建造师执业资格考试等专业技术资格考试；

（四）其他依照法律由中央或者地方主管部门以及行业组织的国家考试。

前款规定的考试涉及的特殊类型招生、特殊技能测试、面试等考试，属于“法律规定的国家考试”。

第二条 在法律规定的国家考试中，组织作弊，具有下列情形之一的，应当认定为刑法第二百八十四条之一第一款规定的“情节严重”：

（一）在普通高等学校招生考试、研究生招生考试、公务员录用考试中组织考试作弊的；

（二）导致考试推迟、取消或者启用备用试题的；

（三）考试工作人员组织考试作弊的；

（四）组织考生跨省、自治区、直辖市作弊的；

（五）多次组织考试作弊的；

（六）组织三十人次以上作弊的；

（七）提供作弊器材五十件以上的；

（八）违法所得三十万元以上的；

（九）其他情节严重的情形。

第三条 具有避开或者突破考场防范作弊的安全管理措施，获取、记录、传递、接收、存储考试试题、答案等功能的程序、工具，以及专门设计用于作弊的程序、工具，应当认定为刑法第二百八十四条之一第二款规定的“作弊器材”。

对于是否属于刑法第二百八十四条之一第二款规定的“作弊器材”难以确定的，依据省级以上公安机关或者考试主管部门出具的报告，结合其他证据作出认定；涉及专用间谍器材、窃听、窃照专用器材、“伪基站”等器材的，依照相关规定作出认定。

第四条 组织考试作弊，在考试开始之前被查获，但已经非法获取考试试题、答案或者具有其他严重扰乱考试秩序情形的，应当认定为组织考试作弊罪既遂。

第五条 为实施考试作弊行为，非法出售或者提供法律规定的国家考试的试题、答案，具有下列情形之一的，应当认定为刑法第二百八十四条之一第三款规定的“情节严重”：

（一）非法出售或者提供普通高等学校招生考试、研究生招生考试、公务员录用考试的试题、答案的；

（二）导致考试推迟、取消或者启用备用试题的；

（三）考试工作人员非法出售或者提供试题、答案的；

（四）多次非法出售或者提供试题、答案的；

（五）向三十人次以上非法出售或者提供试题、答案的；

（六）违法所得三十万元以上的；

（七）其他情节严重的情形。

第六条 为实施考试作弊行为，向他人非法出售或者提供法律规定的国家考试的试题、答案，试题不完整或者答案与标准答案不完全一致的，不影响非法出售、提供试题、答案罪的认定。

第七条 代替他人或者让他人代替自己参加法律规定的国家考试的，应当依照刑法第二百八十四条之一第四款的规定，以代替考试罪定罪处罚。

对于行为人犯罪情节较轻，确有悔罪表现，综合考虑行为人替考情况以及考试类型等因素，认为符合缓刑适用条件的，可以宣告缓刑；犯罪情节轻微的，可以不起诉或者免予刑事处罚；情节显著轻微危害不大的，不以犯罪论处。

第八条 单位实施组织考试作弊、非法出售、提供试题、答案等行为的，依照本解释规定的相应定罪量刑标准，追究组织者、策划者、实施者的刑事责任。

第九条 以窃取、刺探、收买方法非法获取法律规定的国家考试的试题、答案，又组织考试作弊或者非法出售、提供试题、答案，分别符合刑法第二百八十二条和刑法第二百八十四条之一规定的,以非法获取国家秘密罪和组织考试作弊罪或者非法出售、提供试题、答案罪数罪并罚。

第十条 在法律规定的国家考试以外的其他考试中,组织作弊,为他人组织作弊提供作弊器材或者其他帮助,或者非法出售、提供试题、答案,符合非法获取国家秘密罪、非法生产、销售窃听、窃照专用器材罪、非法使用窃听、窃照专用器材罪、非法利用信息网络罪、扰乱无线电通讯管理秩序罪等犯罪构成要件的,依法追究刑事责任。

第十一条 设立用于实施考试作弊的网站、通讯群组或者发布有关考试作弊的信息,情节严重的,应当依照刑法第二百八十七条之一的规定,以非法利用信息网络罪定罪处罚;同时构成组织考试作弊罪、非法出售、提供试题、答案罪、非法获取国家秘密罪等其他犯罪的,依照处罚较重的规定定罪处罚。

第十二条 对于实施本解释规定的犯罪被判处刑罚的,可以根据犯罪情况和预防再犯罪的需要,依法宣告职业禁止;被判处管制、宣告缓刑的,可以根据犯罪情况,依法宣告禁止令。

第十三条 对于实施本解释规定的行为构成犯罪的,应当综合考虑犯罪的危害程度、违法所得数额以及被告人的前科情况、认罪悔罪态度等,依法判处罚金。

第十四条 本解释自2019年9月4日起施行。

《关于办理组织考试作弊等刑事案件适用法律若干问题的解释》的理解与适用

周加海　王庆刚　喻海松

2019年4月8日，最高人民法院、最高人民检察院发布了《关于办理组织考试作弊等刑事案件适用法律若干问题的解释》（法释〔2019〕13号，以下简称《解释》），自2019年9月4日起施行。《解释》的公布施行，对于依法严惩考试作弊犯罪，维护公平公正的考试秩序，保障社会诚信体系建设，践行社会主义核心价值观必将发挥重要作用。为便于司法实践中正确理解与适用，现就《解释》的制定背景、起草中的主要考虑和主要内容介绍如下。

一、《解释》的制定背景与经过

考试是人才选拔的重要途径。保持考场风清气正、维护考试公平，事关社会公平正义，事关社会诚信与和谐稳定。考试作弊破坏考试制度和人才选拔机制，破坏公平竞争，败坏社会风气，具有严重的社会危害性。近年来，考试作弊行为多发，特别是利用信息技术手段实施的考试作弊活动迅速蔓延，形成了相互依赖、分工严密的利益链条，危害日益严重。为严厉惩治考试作弊犯罪，有效维护考试公平与秩序，2015年11月1日起施行的《刑法修正案（九）》增设《刑法》第二百八十四条之一，规定了组织考试作弊罪、非法出售、提供试题、答案罪和代替考试罪。自《刑法修正案（九）》施行以来，各级考试主管部门和公检法机关依据修改后的《刑法》规定，严肃惩处考试作弊犯罪。截至2019年7月，全国法院审理考试作弊刑事案件1 734件，判决3 724人。其中，组织考试作弊刑事案件951件、2 251人，非法出售、提供试题、答案刑事案件117件、205人，代替考试刑事案件666件、1 268人。

与此同时,司法实践中,组织考试作弊罪、非法出售、提供试题、答案罪和代替考试罪的具体定罪量刑标准尚不明确,一些法律适用问题存在争议,亟须通过司法解释作出规定。为确保法律准确、统一适用,依法严惩、有效防范考试作弊犯罪,最高人民法院会同最高人民检察院,在教育部、公安部、人力资源和社会保障部等有关部门的大力支持下,经深入调查研究、广泛征求意见,起草了《解释》。2019年4月8日最高人民法院审判委员会第1765次会议、2019年6月28日最高人民检察院第十三届检察委员会第二十次会议审议通过了《解释》。

二、《解释》起草中的主要考虑

为确保《解释》的内容科学合理,能够适应形势发展、满足实践需要,在起草过程中,着重注意把握了以下几点:

第一,贯彻《刑法》修改精神,依法严惩考试作弊犯罪。基于当前考试作弊犯罪高发多发的态势,根据修法精神,《解释》明确对法律规定的国家考试适用组织考试作弊罪、非法出售、提供试题、答案罪和代替考试罪,对法律规定的国家考试以外的其他考试可以视情适用非法获取国家秘密罪、非法生产、销售窃听、窃照专用器材罪、非法使用窃听、窃照专用器材罪、非法利用信息网络罪、扰乱无线电通讯管理秩序罪等其他犯罪,彰显对考试作弊犯罪的严惩立场,实现对考试公平和秩序《刑法》保护的“全覆盖”。

第二,坚持宽严相济刑事政策,最大限度发挥《刑法》的威慑和教育功能。《解释》根据实践情况,对组织考试作弊罪和非法出售、提供试题、答案罪规定了相对较低的升档量刑标准,体现了依法从严的政策要求。同时,针对实践中代替考试情形较为复杂的现实情况,对代替考试从宽处理的情形作了明确,以促使行为人积极认罪悔罪,充分发挥《刑法》的威慑和教育功能。

第三,坚持问题导向,全面解决司法实务难题。从调研情况来看,对考试作弊犯罪尚存在不少争议问题,亟须通过司法解释加以明确。例如,“法律规定的国家考试”的内涵与外延,组织考试作弊罪既遂的认定,非法出售、提供试题、答案罪涉及的试题不完整或者答案与标准答案不一致的处理,考试作弊犯罪的罪数处断规则，等等。基于此，《解释》相关条文根据司法实践具体情况，全面解决办案实际中的难题，切实提升打击实效。

三、《解释》的主要内容

《解释》结合当前考试作弊犯罪的特点和司法实践反映的问题，依照《刑法》《刑事诉讼法》的规定，对考试作弊犯罪的定罪量刑标准和相关法律适用问题作了全面、系统的规定。《解释》共十四个条文，大致可以归纳为如下十个方面的问题：

（一）“法律规定的国家考试”的范围

根据《刑法》第二百八十四条之一的规定，组织考试作弊罪、非法出售、提供试题、答案罪和代替考试罪的适用范围是“法律规定的国家考试”。在《刑法修正案（九）（草案）》研拟和审议过程中，采用过“依照国家规定举办的考试”“依照国家规定举办的考试或者国务院有关主管机关举办的考试”“国家规定的考试”等表述，最终的表述为“法律规定的国家考试”。据此，《刑法》第二百八十四条之一只适用于在法律规定的国家考试中发生的考试作弊犯罪，对于在其他考试中作弊的行为，不以组织考试作弊罪、非法出售、提供试题、答案罪论处。因此，明确“法律规定的国家考试”的范围，是确保《刑法》第二百八十四条之一准确适用的前提和基础，也是考试作弊犯罪司法适用亟须解决的核心问题。为统一司法适用，《解释》第一条对“法律规定的国家考试”的内涵与外延作了明确。

1.“法律规定的国家考试”的内涵与外延。《解释》第一条第一款对“法律规定的国家考试”作了概括规定，即“刑法第二百八十四条之一规定的‘法律规定的国家考试’，仅限于全国人民代表大会及其常务委员会制定的法律所规定的考试”。需要注意的问题有二：一是“法律规定的国家考试”限于法律有规定的考试。目前，许多领域存在国家考试，且分属不同部门主管，大致可分为教育类考试、资格类考试、职称类考试、录用任用考试四大类，共计200多种。经梳理，目前二十余部法律对“法律规定的国家考试”作了规定，包括《教育法》《高等教育法》《公务员法》《法官法》《检察官法》《人民警察法》《教师法》《执业医师法》《注册会计师法》《道路交通安全法》《海关法》

《动物防疫法》《旅游法》《证券投资基金法》《统计法》《公证法》等。其他考试,如护士执业资格考试,只有《护士条例》对此有规定,缺乏法律规定,不属于"法律规定的国家考试"。二是"法律规定的国家考试"不限于由中央有关主管部门依照法律统一组织的全国性考试,也包括地方主管部门依照法律规定组织的考试。例如,《公务员法》第二十四条规定:"中央机关及其直属机构公务员的录用,由中央公务员主管部门负责组织。地方各级机关公务员的录用,由省级公务员主管部门负责组织,必要时省级公务员主管部门可以授权设区的市级公务员主管部门组织。"再如,普通高等学校招生考试既有全国统一考试,也有省(区、市)组织的考试。

《解释》第一条第二款对"法律规定的国家考试"的外延作了列举。具体而言,根据有关法律规定,下列考试属于"法律规定的国家考试":(1)普通高等学校招生考试、研究生招生考试、高等教育自学考试、成人高等学校招生考试等国家教育考试;(2)中央和地方公务员录用考试;(3)国家统一法律职业资格考试、国家教师资格考试、注册会计师全国统一考试、会计专业技术资格考试、资产评估师资格考试、医师资格考试、执业药师职业资格考试、注册建筑师考试、建造师执业资格考试等专业技术资格考试;(4)其他依照法律由中央或者地方主管部门以及行业组织的国家考试。需要注意的是,随着法律的修改,"法律规定的国家考试"的范围也可能发生变化,特别是一些国家考试可能会在法律中增设或者调整,对此司法机关应当根据法律的具体规定准确把握。

《解释》第一条第三款进一步规定:"前款规定的考试涉及的特殊类型招生、特殊技能测试、面试等考试,属于'法律规定的国家考试'。"而《普通高等学校招生违规行为处理暂行办法》(教育部令第36号)第十八条规定:"本办法所称特殊类型招生,是指自主选拔录取、艺术类专业、体育类专业、保送生等类型的高校招生。"因此,普通高等学校招生考试中的自主选拔录取、艺术类专业、体育类专业、保送生等类型的高校招生考试,以及相关招生、公务员录用、专业技术资格等考试涉及的特殊技能测试、面试等考试,均属于"法律规定的国家考试"。

2."法律规定的国家考试"范围涉及的实务争议。从实践来看,以下几个涉及“法律规定的国家考试”范围的问题进一步厘清，以解决司法适用中的争议：

其一，如何理解《教育法》第二十一条的规定？《教育法》第二十一条规定：“国家实行国家教育考试制度。”“国家教育考试由国务院教育行政部门确定种类，并由国家批准的实施教育考试的机构承办。”经研究认为，不宜依据《教育法》第二十一条的笼统规定认定只要是教育部组织的考试均属于“法律规定的国家考试”，而应限于法律有相对明确具体规定的考试，否则恐会导致“法律规定的国家考试”范围过于宽泛。例如，高等教育自学考试属于“法律规定的国家考试”，其依据在于《高等教育法》第二十一条明确规定：“国家实行高等教育自学考试制度，经考试合格的，发给相应的学历证书或者其他学业证书”；而大学英语四、六级考试虽然由教育部组织实施，但相关法律未作明确规定，故不宜纳入“国家规定的考试”范畴。对此，《国家教育考试违规处理办法》（教育部令第 18 号，已修改）第二条明确规定：“本办法所称国家教育考试是指普通和成人高等学校招生考试、全国硕士研究生招生考试、高等教育自学考试等，由国务院教育行政部门确定实施，由经批准的实施教育考试的机构承办，面向社会公开、统一举行，其结果作为招收学历教育学生或者取得国家承认学历、学位证书依据的测试活动。”据此，目前看来，属于“法律规定的国家考试”的国家教育考试主要是指普通高等学校招生考试、研究生招生考试、高等教育自学考试、成人高等学校招生考试等四种考试。

其二，《建筑法》第十四条是否属于“法律规定”？《建筑法》第十四条规定：“从事建筑活动的专业技术人员，应当依法取得相应的执业资格证书，并在执业资格证书许可的范围内从事建筑活动。”经研究认为，上述规定虽未出现“考试”表述，但执业资格证书主要通过考试取得，且《注册建筑师条例》（国务院令第 184 号，已修改）第七条进一步规定：“国家实行注册建筑师全国统一考试制度。注册建筑师全国统一考试办法，由国务院建设行政主管部门会同国务院人事行政主管部门商国务院其他有关行政主管部门共同制定，由全国注册建筑师管理委员会组织实施。”《注册建造师管理规定》（建设部令第 153 号）第三条第一款规定：“本规定所称注册建造师，是指通过考核认定或考试合格取得中华人民共和国建造师资格证书,并按照本规定注册,取得中华人民共和国建造师注册证书和执业印章,担任施工单位项目负责人及从事相关活动的专业技术人员。”因此,注册建筑师考试、建造师执业资格考试均属于“法律规定的国家考试”。

又如,《药品管理法》第二十二条规定:“医疗机构必须配备依法经过资格认定的药学技术人员。非药学技术人员不得直接从事药剂技术工作。”《执业药师资格制度暂行规定》(人发〔1999〕34号,已失效)第二条规定:“国家实行执业药师资格制度,纳入全国专业技术人员执业资格制度统一规划的范围。”第六条规定:“执业药师资格实行全国统一大纲、统一命题、统一组织的考试制度。一般每年举行一次。”同理,执业药师执业资格考试也属于“法律规定的国家考试”。

其三,《职业教育法》第八条、特别是《劳动法》第六十九条是否属于“法律规定”?《职业教育法》第八条第一款规定:“实施职业教育应当根据实际需要,同国家制定的职业分类和职业等级标准相适应,实行学历证书、培训证书和职业资格证书制度。”《劳动法》第六十九条规定:“国家确定职业分类,对规定的职业制定职业技能标准,实行职业资格证书制度,由经备案的考核鉴定机构负责对劳动者实施职业技能考核鉴定。”经研究认为,上述规定过于原则,且相关考核不能等同于考试,故不宜成为认定资格类考试属于“法律规定的国家考试”的依据,而应看各类资格类考试有无法律的具体规定。

又如,《行政许可法》第五十四条第一款规定:“实施本法第十二条第三项所列事项的行政许可,赋予公民特定资格,依法应当举行国家考试的,行政机关根据考试成绩和其他法定条件作出行政许可决定……”该法第十二条第三项事项为“提供公众服务并且直接关系公共利益的职业、行业,需要确定具备特殊信誉、特殊条件或者特殊技能等资格、资质的事项”。同理,《行政许可法》第五十四条也不能直接成为“法律规定的国家考试”的认定依据。

(二)组织考试作弊罪“情节严重”的认定标准

根据《刑法》第二百八十四条之一第一款、第二款的规定,在法律规定的国家考试中,组织作弊或者为他人实施组织作弊犯罪提供作弊器材或其他帮助的,即构成组织考试作弊罪,处三年以下有期徒刑或者拘役,并处或者单处罚金;情节严重的,处三年以上七年以下有期徒刑,并处罚金。对于组织作弊罪"情节严重"这一概括升档量刑情节,宜根据司法实践的情况从犯罪的客体、客观方面、主体、主观方面等多个角度加以考察。经充分调研,《解释》第二条从六个方面规定了"情节严重"的认定标准:一是考试类型。普通高等学校招生考试、研究生招生考试、公务员录用考试社会关注度高、影响大、涉及面广。基于此,《解释》将在此类考试中组织作弊的直接规定为"情节严重"。二是行为后果。《解释》将导致考试推迟、取消或者启用备用试题的明确规定为"情节严重"。三是行为主体。考试工作人员违背所承担的职责组织考试作弊,主观恶性更大,故《解释》将其规定为"情节严重"。关于"考试工作人员"的范围,具体适用中可以理解为参与考试管理和服务工作的人员,包括命(审)题(卷)、监考、主考、巡考、考试系统操作、评卷等人员。四是地域范围。组织考生跨省、自治区、直辖市作弊的,危害十分严重,故《解释》将其规定为"情节严重"。五是数量标准。《解释》将多次组织考试作弊,组织三十人次以上作弊,以及提供作弊器材五十件以上的规定为"情节严重"。六是违法所得。从司法实践来看,根据所涉考试的不同,组织考试作弊或者提供作弊器材等帮助的违法所得数额相差较大。基于严厉惩治组织考试作弊犯罪的考虑,《解释》将违法所得三十万元以上的规定为"情节严重"。

顺带提及的是,对于"组织作弊"的认定,应当根据案件具体情况加以把握。一般而言,领导、策划、指挥他人在法律规定的国家考试中实施下列行为之一的,可以认定为《刑法》第二百八十四条之一规定的"组织作弊":(1)向他人提供试题、答案的;(2)代替他人参加考试的;(3)携带与考试内容相关的资料、作弊器材的;(4)篡改考试成绩的;(5)其他组织作弊的情形。需要注意的是,《刑法》第二百八十四条之一第三款规定了非法出售、提供试题、答案罪,第四款规定了代替考试罪,但是在组织考试作弊中提供试题、答案或者代替他人参考考试的,该行为应当视为组织考试作弊的有机组成部分,不应再单独评价。

(三)作弊器材的认定标准与程序

根据《刑法》第二百八十四条之一第二款的规定,组织考试作弊罪涉及为他人实施组织作弊犯罪提供作弊器材或者其他帮助的情形。基于此,《解释》第三条第一款对"作弊器材"的认定标准作了明确。具体而言,从功能上将"作弊器材"限定为具有避开或者突破考场防范作弊的安全管理措施(如纽扣式数码相机、眼镜式密拍设备通过伪装,以规避考场检查),并具有获取、记录、传递、接收、存储试题、答案等功能(如密拍设备、数据接收设备可以发送、接收相关信息)。据此,对于普通的手机、相机,不宜认定为"作弊器材"。此外,随着技术发展,未来有可能出现新型作弊器材。例如,在机动车驾驶员考试中,目前实行电子路考,即摒弃原先的考试员监考评分,取而代之的是电脑监控评判,进行扣分等工作。如果研制相关作弊程序,从而控制电子路考设备,使其失去相应功能,无法进行扣分的,也应当认定为"作弊器材"。基于此,从主观动机角度,将"专门设计用于作弊的程序、工具"也规定为"作弊器材"的情形。

《解释》第三条第二款明确了作弊器材的认定程序,规定:"对于是否属于刑法第二百八十四条之一第二款规定的'作弊器材'难以确定的,依据省级以上公安机关或者考试主管部门出具的报告,结合其他证据作出认定;涉及专用间谍器材、窃听、窃照专用器材、'伪基站'等器材的,依照相关规定作出认定。"据此,需要注意的是,有些考试作弊器材可能属于专用间谍器材、窃听、窃照专用器材、"伪基站"等器材,应当根据相关规定作出认定,如《反间谍法实施细则》第十八条第二款规定:"专用间谍器材的确认,由国务院国家安全主管部门负责",《禁止非法生产销售使用窃听窃照专用器材和"伪基站"设备的规定》规定:"公安机关负责对窃听窃照专用器材……的认定工作",《最高人民法院、最高人民检察院关于办理扰乱无线电通讯管理秩序等刑事案件适用法律若干问题的解释》(法释〔2017〕11号)第九条第一款规定:"对案件所涉的有关专门性问题难以确定的,依据司法鉴定机构出具的鉴定意见,或者下列机构出具的报告,结合其他证据作出认定:(一)省级以上无线电管理机构、省级无线电管理机构依法设立的派出机构、地市级以上广播电视主管部门就是否系'伪基站''黑广播'出具的报告……"

顺带提及的是，对于《刑法》第二百八十四条之一第二款规定的为他人实施组织作弊犯罪提供的“其他帮助”，应当根据案件的具体情况加以把握。从实践来看，为他人组织作弊犯罪实施的下列帮助行为可以认定为“其他帮助”：(1)帮助安排作弊考点、考场或者考位的；(2)帮助控制考场视频监控系统和无线通讯信号屏蔽系统的；(3)帮助传递考试试题、答案、作弊器材或者通讯设备的；(4)帮助违规招录监考人员的；(5)帮助更换答题卡的；(6)其他为实施组织考试作弊犯罪提供帮助的行为。

(四)组织考试作弊罪既遂的认定标准

从实践来看，组织考试作弊的案件不少在考试开始之前即被查处，此种情形之下组织考试作弊的目的未能实现，究竟应当认定为犯罪既遂还是未遂，实践中存在不同认识。经研究认为，组织考试作弊罪的构成要件行为是组织作弊以及为他人实施组织作弊犯罪提供作弊器材或者其他帮助，而作弊目的是否实现不应当影响犯罪既遂的成立。基于严厉惩治组织考试作弊犯罪的考虑，《解释》第四条规定：“组织考试作弊，在考试开始之前被查获，但已经非法获取考试试题、答案或者具有其他严重扰乱考试秩序情形的，应当认定为组织考试作弊罪既遂。”需要注意的是，对于组织考试作弊，在考试开始之前被查获，未达到犯罪既遂的，可以以组织考试作弊罪(未遂)定罪处罚；情节严重的，在相应的法定刑幅度内，结合未遂犯的处罚原则量刑。

(五)非法出售、提供试题、答案罪“情节严重”的认定标准

根据《刑法》第二百八十四条之一第一款、第三款的规定，为实施考试作弊行为，向他人非法出售或者提供法律规定的国家考试的试题、答案的，即构成非法出售、提供试题、答案罪，处三年以下有期徒刑或者拘役，并处或者单处罚金；情节严重的，处三年以上七年以下有期徒刑，并处罚金。根据法律规定，结合司法实践，《解释》第五条对非法出售、提供试题、答案罪“情节严重”的认定标准作了明确规定，大致涉及如下五个方面：一是考试类型。《解释》将非法出售或者提供普通高等学校招生考试、研究生招生考试、公务员录用考试的试题、答案的行为直接规定为“情节严重”。二是行为后果。《解释》将导致考试推迟、取消或者启用备用试题的明确规定为“情节严重”。三是行为主体。《解释》将考试工作人员非法出售或者提供试题、答案的行

为规定为“情节严重”。四是数量标准。《解释》将多次非法出售或者提供试题、答案，向三十人次以上非法出售或者提供试题、答案的规定为“情节严重”。五是违法所得。《解释》将违法所得三十万元以上的规定为“情节严重”。

此外，由于各种原因，不少非法出售、提供试题、答案的案件，存在涉案试题不完整或者答案与标准答案不完全一致的情况，甚至可能出现行为人由于认识错误出售、提供完全错误的试题、答案的情况。为统一法律适用，《解释》第六条明确了非法出售、提供试题、答案罪涉及的试题不完整或者答案与标准答案不完全一致的处理规则，规定：“为实施考试作弊行为，向他人非法出售或者提供法律规定的国家考试的试题、答案，试题不完整或者答案与标准答案不完全一致的，不影响非法出售、提供试题、答案罪的认定。”当然，如果试题本身错误或者答案与标准答案完全或者较大程度不一致的，不能认定为非法出售、提供试题、答案罪；符合诈骗罪等其他犯罪的，可以适用相应罪名。

（六）代替考试犯罪的处理规则

根据《刑法》第二百八十四条之一第四款的规定，代替他人或者让他人代替自己参加法律规定的国家考试的，构成代替考试罪，处拘役或者管制，并处或者单处罚金。为充分发挥刑法的威慑和教育功能，《解释》第七条第一款重申了在法律规定的国家考试中代替考试构成犯罪的规定，明确：“代替他人或者让他人代替自己参加法律规定的国家考试的，应当依照刑法第二百八十四条之一第四款的规定，以代替考试罪定罪处罚。”

考虑实践中替考的情况、情节存在差异，所涉考试的类型有所不同，不区分情形一律定罪处罚过于严苛。因此，根据宽严相济刑事政策的要求，《解释》第七条第二款规定：“对于行为人犯罪情节较轻，确有悔罪表现，综合考虑行为人替考情况以及考试类型等因素，认为符合缓刑适用条件的，可以宣告缓刑；犯罪情节轻微的，可以不起诉或者免予刑事处罚；情节显著轻微危害不大的，不以犯罪论处。”

（七）单位实施考试作弊犯罪的定罪量刑标准

根据《刑法》第二百八十四条之一的规定，组织考试作弊罪、非法出售、提供试题、答案罪和代替考试罪均非单位犯罪。但是，司法实践中，存在单位实施考试作弊犯罪，特别是组织考试作弊犯罪的情形。有鉴于此，《解释》第八条规定："单位实施组织考试作弊、非法出售、提供试题、答案等行为的，依照本解释规定的相应定罪量刑标准，追究组织者、策划者、实施者的刑事责任。"

（八）考试作弊犯罪的罪数处断规则

司法实践中，往往存在行为人非法获取试题、答案，而后组织考试作弊或者向他人非法出售、提供试题、答案的情形，是否应当数罪并罚，存在不同认识。经研究认为，此种情形实际上是数个行为触犯数个罪名，应当予以数罪并罚，以体现对此类行为的严惩立场。基于此，《解释》第九条规定："以窃取、刺探、收买方法非法获取法律规定的国家考试的试题、答案，又组织考试作弊或者非法出售、提供试题、答案，分别符合刑法第二百八十二条和刑法第二百八十四条之一规定的，以非法获取国家秘密罪和组织考试作弊罪或者非法出售、提供试题、答案罪数罪并罚。"

此外，根据《刑法》第二百八十七条之一第一款的规定，设立用于实施违法犯罪活动的网站、通讯群组或者发布有关违法犯罪信息，情节严重的，构成非法利用信息网络罪。在法律规定的国家考试以外的其他考试中组织作弊，为他人组织作弊提供作弊器材或者其他帮助，或者出售、提供试题、答案，不构成组织考试作弊罪、非法提供试题、答案罪，也可能不构成非法获取国家秘密罪等其他犯罪。此种情形下，如果设立用于实施考试作弊的网站、通讯群组或者发布有关考试作弊的信息的，可以视情适用非法利用信息网络罪。基于此，根据考试作弊犯罪的具体情况，《解释》第十一条规定："设立用于实施考试作弊的网站、通讯群组或者发布有关考试作弊的信息，情节严重的，应当依照刑法第二百八十七条之一的规定，以非法利用信息网络罪定罪处罚；同时构成组织考试作弊罪、非法出售、提供试题、答案罪、非法获取国家秘密罪等其他犯罪的，依照处罚较重的规定定罪处罚。"

（九）在法律规定的国家考试以外的其他考试中实施考试作弊犯罪的处理规则

根据《刑法》第二百八十四条之一的规定，组织考试作弊罪、非法出售、提供试题、答案罪和代替考试罪的适用范围限于“法律规定的国家考试”,但这并非意味着对在其他考试中作弊的行为一律不予刑事追究。为统一法律适用,《解释》第十条规定:“在法律规定的国家考试以外的其他考试中,组织作弊,为他人组织作弊提供作弊器材或者其他帮助,或者非法出售、提供试题、答案,符合非法获取国家秘密罪、非法生产、销售窃听、窃照专用器材罪、非法使用窃听、窃照专用器材罪、非法利用信息网络罪、扰乱无线电通讯管理秩序罪等犯罪构成要件的,依法追究刑事责任。”

在司法实践中,不少组织考试作弊行为被以非法获取国家秘密罪等涉密犯罪追究刑事责任。在考试开始前,相关试题、答案属于国家秘密,对此不存有异议。司法适用中,对于法律规定的国家考试以外的考试而言,相关试题依照有关规定被认定为国家秘密的,考前作弊(行为人在考前通过盗窃试卷、贿买特定知悉人员等方式非法获取考试试题、参考答案、评分标准等,而后实施组织考试作弊行为)可以适用侵犯国家秘密类犯罪。具体而言,可能同时构成非法获取国家秘密罪、故意泄露国家秘密罪等罪名,应当根据牵连犯的处断原则,择一重罪处断。

但是,考试开始后结束前,相关试题是否仍属于国家秘密,则存在不同认识:相关考试主管部门和公安机关通常认为属于国家秘密,应当适用非法获取国家秘密罪等涉密犯罪;但是,也存在相反观点,认为开考后对相关试题的管理难以达到相关保密要求,认定为国家秘密值得商榷,故不宜适用非法获取国家秘密罪等涉密犯罪。经研究认为,此种情形下,考中作弊(行为人通过雇用“枪手”进入考场,将试题非法发送给场外人员,进而作弊的行为)能否认定为侵犯国家秘密类犯罪,则取决于依照相关规定能否将开考后、结束前的试题认定为国家秘密。对此,有些考试主管部门明确规定相关试题在开考后、结束前仍然属于国家秘密。例如,2012年9月28日人力资源和社会保障部人事考试中心《关于对〈人事工作中国家秘密及其密级具体范围的补充规定〉中“启用前”一词解释的通知》明确:“‘启用’一词包含‘启封’和‘使用完毕’两层含义。‘启用前’即‘启封并使用完毕前’,特指应试人员按规定结束考试离开考场之前的时间段。”按照这一规定,非法获取相关考试从命题到考试结束之前的试题、答案的行为,都属于侵害国家秘密的行为,可以视情适用非法获取国家秘密罪等侵犯国家秘密类犯罪。稳妥起见,司法机关在办案过程中宜仔细查阅相关规定,商请有关考试主管部门对相关考试试题在开考后、结束前是否属于国家秘密出具认定意见。

(十)考试作弊犯罪的职业禁止、禁止令和罚金刑适用规则

从实践来看,考试作弊犯罪在一定程度上存在再犯现象,不少罪犯“重操旧业”,故《解释》第十二条专门明确可以依法宣告职业禁止和禁止令,规定:“对于实施本解释规定的犯罪被判处刑罚的,可以根据犯罪情况和预防再犯罪的需要,依法宣告职业禁止;被判处管制、宣告缓刑的,可以根据犯罪情况,依法宣告禁止令。”

此外,考试作弊犯罪具有明显的牟利性,行为人实施该类犯罪主要是为了牟取非法利益。因此,有必要加大财产刑的适用力度,使行为人在经济上得不偿失,进而剥夺其再次实施此类犯罪的经济能力。基于此,《解释》第十三条规定:“对于实施本解释规定的行为构成犯罪的,应当综合考虑犯罪的危害程度、违法所得数额以及被告人的前科情况、认罪悔罪态度等,依法判处罚金。”

(作者单位:最高人民法院)

最高人民法院
关于印发《全国法院民商事审判工作会议纪要》的通知

法〔2019〕254号

各省、自治区、直辖市高级人民法院，解放军军事法院，新疆维吾尔自治区高级人民法院生产建设兵团分院：

《全国法院民商事审判工作会议纪要》（以下简称《会议纪要》）已于2019年9月11日经最高人民法院审判委员会民事行政专业委员会第319次会议原则通过。为便于进一步学习领会和正确适用《会议纪要》，特作如下通知：

一、充分认识《会议纪要》出台的意义

《会议纪要》针对民商事审判中的前沿疑难争议问题，在广泛征求各方面意见的基础上，经最高人民法院审判委员会民事行政专业委员会讨论决定。《会议纪要》的出台，对统一裁判思路，规范法官自由裁量权，增强民商事审判的公开性、透明度以及可预期性，提高司法公信力具有重要意义。各级人民法院要正确把握和理解适用《会议纪要》的精神实质和基本内容。

二、及时组织学习培训

为使各级人民法院尽快准确理解掌握《会议纪要》的内涵，在案件审理中正确理解适用，各级人民法院要在妥善处理好工学关系的前提下，通过多种形式组织学习培训，做好宣传工作。

三、准确把握《会议纪要》的应用范围

纪要不是司法解释，不能作为裁判依据进行援引。《会议纪要》发布后，人民法院尚未审结的一审、二审案件，在裁判文书“本院认为”部分具体分析法律适用的理由时，可以根据《会议纪要》的相关规定进行说理。对于适用中存在的问题，请层报最高人民法院。

最高人民法院

2019 年 11 月 8 日

全国法院民商事审判工作会议纪要（节选）

十二、关于民刑交叉案件的程序处理

会议认为，近年来，在民间借贷、P2P 等融资活动中，与涉嫌诈骗、合同诈骗、票据诈骗、集资诈骗、非法吸收公众存款等犯罪有关的民商事案件的数量有所增加，出现了一些新情况和新问题。在审理案件时，应当依照《最高人民法院关于在审理经济纠纷案件中涉及经济犯罪嫌疑若干问题的规定》《最高人民法院关于审理非法集资刑事案件具体应用法律若干问题的解释》《最高人民法院、最高人民检察院、公安部关于办理非法集资刑事案件适用法律若干问题的意见》以及民间借贷司法解释等规定，处理好民刑交叉案件之间的程序关系。

128.【分别审理】同一当事人因不同事实分别发生民商事纠纷和涉嫌刑事犯罪，民商事案件与刑事案件应当分别审理，主要有下列情形：

（1）主合同的债务人涉嫌刑事犯罪或者刑事裁判认定其构成犯罪，债权人请求担保人承担民事责任的；

（2）行为人以法人、非法人组织或者他人名义订立合同的行为涉嫌刑事犯罪或者刑事裁判认定其构成犯罪，合同相对人请求该法人、非法人组织或

者他人承担民事责任的；

(3)法人或者非法人组织的法定代表人、负责人或者其他工作人员的职务行为涉嫌刑事犯罪或者刑事裁判认定其构成犯罪，受害人请求该法人或者非法人组织承担民事责任的；

(4)侵权行为人涉嫌刑事犯罪或者刑事裁判认定其构成犯罪，被保险人、受益人或者其他赔偿权利人请求保险人支付保险金的；

(5)受害人请求涉嫌刑事犯罪的行为人之外的其他主体承担民事责任的。

审判实践中出现的问题是，在上述情形下，有的人民法院仍然以民商事案件涉嫌刑事犯罪为由不予受理，已经受理的，裁定驳回起诉。对此，应予纠正。

129.【涉众型经济犯罪与民商事案件的程序处理】2014年颁布实施的《最高人民法院、最高人民检察院、公安部关于办理非法集资刑事案件适用法律若干问题的意见》和2019年1月颁布实施的《最高人民法院、最高人民检察院、公安部关于办理非法集资刑事案件若干问题的意见》规定的涉嫌集资诈骗、非法吸收公众存款等涉众型经济犯罪，所涉人数众多、当事人分布地域广、标的额特别巨大、影响范围广，严重影响社会稳定，对于受害人就同一事实提起的以犯罪嫌疑人或者刑事被告人为被告的民事诉讼，人民法院应当裁定不予受理，并将有关材料移送侦查机关、检察机关或者正在审理该刑事案件的人民法院。

受害人的民事权利保护应当通过刑事追赃、退赔的方式解决。正在审理民商事案件的人民法院发现有上述涉众型经济犯罪线索的，应当及时将犯罪线索和有关材料移送侦查机关。侦查机关作出立案决定前，人民法院应当中止审理；作出立案决定后，应当裁定驳回起诉；侦查机关未及时立案的，人民法院必要时可以将案件报请党委政法委协调处理。除上述情形人民法院不予受理外，要防止通过刑事手段干预民商事审判，搞地方保护，影响营商环境。

当事人因租赁、买卖、金融借款等与上述涉众型经济犯罪无关的民事纠纷，请求上述主体承担民事责任的，人民法院应予受理。

130.【民刑交叉案件中民商事案件中止审理的条件】人民法院在审理民商事案件时,如果民商事案件必须以相关刑事案件的审理结果为依据,而刑事案件尚未审结的,应当根据《民事诉讼法》第150条第5项的规定裁定中止诉讼。待刑事案件审结后,再恢复民商事案件的审理。如果民商事案件不是必须以相关的刑事案件的审理结果为依据,则民商事案件应当继续审理。

黑恶势力利用“软暴力”犯罪的若干问题

黄京平*

黑恶势力“软暴力”入罪，是以黑恶势力“软暴力”入刑为基础的。也就是说，在刑事司法中认定黑恶势力采用“软暴力”手段构成犯罪，须以《刑法》对“软暴力”构成特定犯罪作出相应规定为基本前提。2011 年 5 月 1 日施行的《刑法修正案（八）》，在完善惩处黑社会性质组织有关犯罪的法律规定、进一步明确黑社会性质组织犯罪的特征、提高法定刑（《刑法》第二百九十四条）的基础上，同时配套修改了与黑社会性质犯罪采取手段有关的强迫交易罪、敲诈勒索罪、寻衅滋事罪，修改了有关构成要件，提高了法定刑（《刑法》第二百二十六条、第二百七十四条、第二百九十三条）。① 《刑法》规定作出这种调整的背景是，强迫交易、敲诈勒索、寻衅滋事（尤其是其中的恐吓），已经成为黑恶势力犯罪的经常性手段。② 其中，立法机关高度关注的重点问题是，黑恶势力攫取利益的手段，逐渐由以往的暴力方式演变为更多地使用“软暴力”手段。③ 由于立法规定的欠缺或有关规定相对模糊，对黑恶势力利用“软暴力”实施的行为，能否认定为犯罪？具体认定为何种犯罪？司法判断的难点多、分歧大。由于无法达成基本的司法共识，对黑恶势力“软暴力”

---

* 中国人民大学法学院教授。

① 参见郎胜：《我国刑法的新发展》，载《中国法学》2017 年第 5 期。

② 参见全国人民代表大会常务委员会法制工作委员会编：《中华人民共和国刑法释义》（第 6 版），法律出版社 2015 年版，第 373 页、第 458 页、第 519 页。

③ 参见高铭暄：《中华人民共和国刑法的孕育诞生和发展完善》，北京大学出版社 2012 年版，第 519 ~ 520 页；参见黄太云：《刑事立法的理解与适用——刑事立法背景、立法原意深度解读》，中国人民公安大学出版社 2014 年版，第 183 ~ 185 页。

行为的规模化入罪明显受阻,对黑恶势力“软暴力”不法行为的惩治出现了盲区,惩治黑恶势力犯罪的刑事法律效果受到负面影响。于是,“恐吓”作为“软暴力”的最典型手段,被明确增列为与“追逐、拦截、辱骂”同质的手段。依据修正后的《刑法》第二百九十三条第一款第二项的规定,恐吓他人情节恶劣的,成立寻衅滋事罪。在一定程度上来说,正是《刑法》第二百九十三条寻衅滋事罪的这一新的规定,在立法上开启了对黑恶势力“软暴力”予以刑事规制的进程。在此基础上,以“软暴力”手段实施的强迫交易罪、敲诈勒索罪的立法规范,也得到进一步明确,入罪门槛降低、刑罚处罚力度提高。①

在黑恶势力“软暴力”入刑数年之后,《最高人民法院、最高人民检察院、公安部、司法部关于办理黑恶势力犯罪案件若干问题的指导意见》(法发〔2018〕1号)②(以下简称《指导意见》)首次对黑恶势力利用“软暴力”实施的犯罪作出明确、具体的规定。该《指导意见》第十七条规定,黑恶势力为谋取不法利益或形成非法影响,有组织地采用滋扰、纠缠、哄闹、聚众造势等手段侵犯人身权利、财产权利,破坏经济秩序、社会秩序,符合《刑法》规定的相关犯罪构成条件的,应当分别以寻衅滋事罪、强迫交易罪、强迫交易罪等定罪处罚。③ 同时,《指导意见》对恶势力作出了区别以往规范文件的更加细化的新规定,尤其是《指导意见》第十四条第二款明确规定,在相关法律文书中的犯罪事实认定部分,可使用“恶势力”等表述加以描述。与之前规范文件的规定相比较,《指导意见》的规定特点显著:在规范文件中明确使用“软暴

① 参见黄应生:《〈关于办理敲诈勒索刑事案件适用法律若干问题的解释〉的理解与适用》,载《人民司法》2013年第19期;参见陈国庆、韩耀元、卢宇蓉、宋丹:《〈关于办理敲诈勒索刑事案件适用法律若干问题的解释〉理解与适用》,载《人民检察》2013年第14期。

② 载搜狐新闻网:http://www.sohu.com/a/223951312_662699,2018年2月26日最后访问。

③ 《指导意见》第十八条专门规定,黑恶势力有组织地多次短时间非法拘禁他人的,应当认定为《刑法》第二百三十八条规定的“以其他方法非法剥夺他人人身自由”,并以此为基础细化规定了黑恶势力构成非法拘禁罪的标准。《指导意见》在关于黑恶势力利用“软暴力”犯罪的部分作出前述规定,意味着最高司法机关倾向认为,“软暴力”属于《刑法》第二百三十八条规定的“其他方法”。本文以为,依据该条规定,只有黑恶势力利用“软暴力”可以构成非法拘禁罪,普通行为人不能以“软暴力”手段构成非法拘禁罪。在学理上,有观点认为,妨害自由行为,并不以使用体力或以直接的方法为限,即使未使用强制力而以间接的方法,只要能够剥夺他人的行动自由即可。参见林山田:《刑法各罪论》(上册)(修订5版),北京大学出版社2012年版,第124页。还有观点认为,剥夺人身自由的方法既可以是有形的,也可以是无形的。参见张明楷:《刑法学》(第5版),法律出版社2016年版,第883页。

力”的提法；相对系统地规定了“软暴力”的各项特征；细化了“软暴力”手段在寻衅滋事罪、强迫交易罪、敲诈勒索罪构成要件中的定位；与“恶势力”载入法律文书的措施相配套。以上述规定为基础，恶势力利用“软暴力”实施的犯罪，就有了与黑社会性质组织利用“软暴力”实施的犯罪相区别的特征，对恶势力以“软暴力”手段实施的犯罪，也就当然具有独立的刑法判断，慎重予以司法认定的必要。围绕恶势力以“软暴力”手段构成犯罪的核心议题，兼及黑社会性质组织利用“软暴力”实施犯罪的问题，本文着重探讨以下几个问题。

一、“软暴力”入罪的规范沿革梳理

如前所述，对黑恶势力“软暴力”入罪，须以黑恶势力“软暴力”入刑为前提；而对黑恶势力“软暴力”入刑的安排，又源自刑事司法对黑恶势力“软暴力”入罪的现实需求。事实上，有关司法解释或规范文件，早就对黑恶势力的“软暴力”有所关注，[①]而立法机关对此长期持审慎态度，在关于黑社会性质组织的基本特征的法律解释中，依然着重强调黑社会性质组织违法犯罪活动的暴力性和多样性。[②] 即便如此，最高司法机关对黑恶势力的“软暴力”依然持续关注，并在后续制定的规范文件中作出更加细化的规定。涉及黑恶势力“软暴力”的规范文件，主要有：最高人民法院、最高人民检察院、公安部发布的《办理黑社会性质组织犯罪案件座谈会纪要》（法〔2009〕382号）（以下简称《2009年纪要》），最高人民法院发布的《全国部分法院审理黑社会性质组织犯罪案件工作座谈会纪要》（法〔2015〕291号）（以下简称《2015年纪要》）。观察这两个座谈会纪要和《指导意见》对黑恶势力“软暴力”规

---

① 《最高人民法院关于审理黑社会性质组织犯罪的案件具体应用法律若干问题的解释》（法释〔2000〕42号）第一条第四项规定的黑社会性质的组织的行为方式特征是，“在一定区域或者行业范围内，以暴力、威胁、滋扰等手段，大肆进行敲诈勒索、欺行霸市、聚众斗殴、寻衅滋事、故意伤害等违法犯罪活动，严重破坏经济、社会生活秩序”。其中所规定的滋扰手段，从规范文字的语境看，显然就是目前规范文件明确表述的“软暴力”的手段之一。参见祝二军：《〈关于审理黑社会性质组织犯罪的案件具体应用法律若干问题的解释〉的理解与适用》，载最高人民法院刑事审判第一、二、三、四、五庭主办：《中国刑事审判指导案例》（5妨害社会管理秩序罪），法律出版社2017年版，第762页。

② 参见黄太云：《刑事立法的理解与适用——刑事立法背景、立法原意深度解读》，中国人民公安大学出版社2014年版，第261～263页。

定的变化情况，把握黑恶势力“软暴力”的演化规律，是准确认定黑恶势力利用“软暴力”实施的犯罪，严格区分罪与非罪、此罪与彼罪、重罪与轻罪界限的首要条件。比较分析这些规范文件所规定的相关内容，可以清晰地感觉到，《2009 年纪要》和《2015 年纪要》的精神与《指导意见》的主旨存在差异。

（一）对“软暴力”的规定方式不同

两个纪要采用暗含规定的方式，而《指导意见》使用明确规定的方式。《指导意见》的规定方式，如前所述，十分明确、具体，不再赘述。两个纪要的暗含式规定，一是未明确使用极具提示价值、指引功能的“软暴力”词汇。二是对各种“软暴力”的手段仅做列举式规定，没有像《指导意见》那样同时规定“软暴力”的主观特征、组织性特征等。《2009 年纪要》关于黑社会性质组织的行为特征的规定，特别强调，根据司法实践经验，“其他手段”主要包括：以暴力、威胁为基础，在利用组织势力和影响已对他人形成心理强制或威慑的情况下，进行所谓的“谈判”“协商”“调解”；滋扰、哄闹、聚众等其他干扰、破坏正常经济、社会生活秩序的非暴力手段。只是在理解与适用文献中，说明了上述两类行为与“软暴力”的关联。[①] 规范文件对“软暴力”采用暗含规定方式，且欠缺对“软暴力”主要特征的明确或提示性解读，难以统一司法裁判尺度，难以实现“软暴力”行为的规模化入罪。

（二）“软暴力”与暴力性手段的关联程度不同

《2009 年纪要》之所以对“软暴力”采用暗含式规定的方式，很大程度上是因为，当时的司法经验显示，黑社会性质组织无论如何变换手法，特别是其所采取的非暴力手段，即“软暴力”手段，始终是以暴力、暴力威胁为基础的。[②]《2015 年纪要》依然延续这种立场，明确规定，黑社会性质组织实施的违法犯罪活动包括非暴力性的违法犯罪活动，但暴力或以暴力相威胁始终是黑社会性质组织实施违法犯罪活动的基本手段，并随时可能付诸实施。

---

① 参见高憬宏、周川：《〈办理黑社会性质组织犯罪案件座谈会纪要〉的理解与适用》，载最高人民法院刑事审判第一、二、三、四、五庭主办：《中国刑事审判指导案例》（5 妨害社会管理秩序罪），法律出版社 2017 年版，第 771 页。

② 参见高憬宏、周川：《〈办理黑社会性质组织犯罪案件座谈会纪要〉的理解与适用》，载最高人民法院刑事审判第一、二、三、四、五庭主办：《中国刑事审判指导案例》（5 妨害社会管理秩序罪），法律出版社 2017 年版，第 771 页。

因此,在黑社会性质组织所实施的违法犯罪活动中,一般应有一部分能够较明显地体现出暴力或以暴力相威胁的基本特征。否则,定性时应当特别慎重。对此,最高人民法院态度极其鲜明地主张,不管黑社会性质组织的行为方式如何变化,如何“软化”,暴力(“硬暴力”)或者以暴力相威胁的手段,仍旧是黑社会性质组织能够对社会公众形成心理强制的重要原因。① 换言之,“软暴力”是以暴力、暴力威胁为基础的,“软暴力”的心理强制力、实际威慑力,是以暴力随时付诸实施为条件的。需要特别注意的是,两个纪要关于“软暴力”与暴力性手段关联性的规定,仅限于黑社会性质组织行为特征的认定。

与两个纪要的规定不同,《指导意见》规定“软暴力”的细化认定标准,对恶势力的“软暴力”手段与暴力、暴力威胁手段的关联性,并没有特别明确的规定。只是对《刑法》第二百九十四条第五款第三项中的“其他手段”作出细化规定时,特别明确规定,黑社会性质组织的“其他手段”暴力、威胁色彩虽不明显,但实际是以组织的势力、影响和犯罪能力为依托,以暴力、威胁的现实可能性为基础。换言之,《指导意见》依旧强调了黑社会性质组织的暴力性手段与“软暴力”的关联性,但对恶势力的“软暴力”与暴力性手段的关联性未作直接、明确的规定。《指导意见》的上述规定,在一定程度上弱化了恶势力的“软暴力”与暴力、暴力威胁手段的关联程度,甚至可能阻断恶势力的“软暴力”与暴力、暴力威胁手段的关联性。受此影响,在当前“扫黑除恶专项斗争”中,一种颇具代表性的司法观点认为,“软暴力”可以是恶势力形成的基础性手段,恶势力利用“软暴力”实施的犯罪,无须以暴力性手段为基础,更无须以暴力随时付诸实施为条件。类似的观点,即“认为黑社会性质组织不需要实施暴力性的违法活动也可以形成非法控制”的观点,曾被最高司法机关视为可能导致司法认定错误的“模糊认识”。② 换言之,“软暴力”

---

① 参见戴长林等:《〈全国部分法院审理黑社会性质组织犯罪案件工作座谈会纪要〉的理解与适用》,载最高人民法院刑事审判第一、二、三、四、五庭主办:《刑事审判参考》(总第107集),法律出版社2017年版,第144页。

② 参见戴长林等:《〈全国部分法院审理黑社会性质组织犯罪案件工作座谈会纪要〉的理解与适用》,载最高人民法院刑事审判第一、二、三、四、五庭主办:《刑事审判参考》(总第107集),法律出版社2017年版,第144页。

手段是否必须以暴力性手段为基础,是未来司法实务中认定恶势力犯罪、尤其是认定恶势力利用“软暴力”实施的犯罪,必须直面的关键问题。这不仅会成为控辩双方的争点,也会成为人民法院裁判的内容。

(三)“软暴力”手段的阶段特征不同

这是与前一问题有关但又有所区别的问题,主要涉及“软暴力”手段与黑恶势力发展的阶段性特征的相互关系。对此,《2015 年纪要》关于黑社会性质组织的组织特征和行为特征的规定,从不同角度均有所涉及。关于黑社会性质组织的组织特征认定,最高人民法院认为,黑社会性质组织一般都是由犯罪集团、恶势力团伙逐步演化而来,会经历一个渐进的、从量变到质变的过程。有组织地大量实施暴力性违法犯罪活动以获取强势地位,往往是黑社会性质组织发展初期的明显特征,而构建非法秩序也大多是在这个阶段完成。当其发展到比较成熟的阶段之后,由于凭借前期积累的恶名和影响力便可维持非法控制的状态,行为方式中的暴力性特点会逐渐趋于隐蔽,违法犯罪活动的数量也会相应减少。[①] 关于黑社会性质组织的行为特征认定,最高人民法院认为,当黑社会性质组织发展到一定阶段后暴力色彩会有所减弱,往往会更多地采用滋扰恫吓、造势摆场等非暴力、“软暴力”手段来达到不法目的。针对司法实务中“认为黑社会性质组织不需要实施暴力性的违法活动也可以形成非法控制”的“模糊认识”,最高人民法院特别强调,无论行为方式最终如何变化,暴力(“硬暴力”)或者以暴力相威胁的手段是黑社会性质组织能够对社会公众形成心理强制的重要原因。即便在发展到较为成熟的阶段之后,暴力性也是依然是黑社会性质组织行为方式的基本特点,一旦需要使用便随时可能付诸实施。因此,如果涉案犯罪组织在整个发展过程中没有较为明显地以暴力或者以暴力相威胁的手段实施违法犯罪活动,那么,在对该组织定性时就应当特别慎重。[②]

---

① 参见戴长林等:《〈全国部分法院审理黑社会性质组织犯罪案件工作座谈会纪要〉的理解与适用》,载最高人民法院刑事审判第一、二、三、四、五庭主办:《刑事审判参考》(总第 107 集),法律出版社 2017 年版,第 139 页。

② 参见戴长林等:《〈全国部分法院审理黑社会性质组织犯罪案件工作座谈会纪要〉的理解与适用》,载最高人民法院刑事审判第一、二、三、四、五庭主办:《刑事审判参考》(总第 107 集),法律出版社 2017 年版,第 144 页。

事实上,最高人民法院对黑社会性质组织的“软暴力”惯用时间、惯用特征等所持的司法立场,在《2009年纪要》中就已经确立。《2009年纪要》关于黑社会性质组织的行为特征中“其他手段”的规定,主要是基于:黑社会性质组织通过暴力性的违法犯罪活动形成非法控制之后,会更多地使用“软暴力”手段,这不仅能够掩盖、隐藏其以暴力、暴力威胁形成非法控制的事实,而且会给依法惩治制造障碍。列举规定“其他手段”重点在于强调,认定利用“软暴力”实施犯罪,须查实其客观上以暴力、暴力威胁为基础,主观上具有“干扰、破坏正常经济、社会生活秩序”的不法目的。[①]

两个纪要的上述规范内容,在《指导意见》第九条中被重申。[②] 足以可见最高司法机关对黑社会性质组织利用“软暴力”实施犯罪的认定规则始终一致,至今未作调整。其要旨为:一是黑社会性质组织发展到比较成熟的阶段,或者在其发展的后期,惯用“软暴力”手段实施违法犯罪。此为黑社会性质组织“软暴力”的发展时段特征。二是将“软暴力”用作经常性的违法犯罪手段,是以黑社会性质组织足以维持非法控制状态为前提的;“软暴力”手段对社会公众形成心理强制效果,实际是以既往所实施的暴力、暴力威胁为基础的,或者是以未来可能随时付诸实施的暴力为条件的。此为黑社会性质组织“软暴力”的暴力基础特征。三是尽管黑社会性质组织在特定的发展阶段,惯用“软暴力”手段实施违法犯罪,或者维持非法控制状态的具体手段暴力、暴力威胁色彩并不明显,但违法犯罪手段具有一定程度的暴力性,或者暴力、暴力威胁手段在全部违法犯罪手段中占比达到较为明显的程度,是认定黑社会性质组织行为特征的必要要件,此为黑社会性质组织的暴力性手

① 参见高憬宏、周川:《〈办理黑社会性质组织犯罪案件座谈会纪要〉的理解与适用》,载最高人民法院刑事审判第一、二、三、四、五庭主办:《中国刑事审判指导案例》(5 妨害社会管理秩序罪),法律出版社2017年版,第771页。

② 《指导意见》第九条规定:“黑社会性质组织实施的违法犯罪活动包括非暴力性的违法犯罪活动,但暴力或以暴力相威胁始终是黑社会性质组织实施违法犯罪活动的基本手段,并随时可能付诸实施。暴力、威胁色彩虽不明显,但实际是以组织的势力、影响和犯罪能力为依托,以暴力、威胁的现实可能性为基础,足以使他人产生恐惧、恐慌进而形成心理强制或者足以影响、限制人身自由、危及人身财产安全或者影响正常生产、工作、生活的手段,属于《刑法》第二百九十四条第五款第(三)项中的“其他手段”,包括但不限于所谓的“谈判”“协商”“调解”以及滋扰、纠缠、哄闹、聚众造势等手段。”

段必备特征。包含两个纪要、《指导意见》在内的规范文件的上述精神，也与法律解释相关规定的精神基本吻合或部分吻合。2002年全国人民代表大会常务委员会《关于〈中华人民共和国刑法〉第二百九十四条第一款的解释》的原意为，黑社会性质组织的犯罪多以暴力、暴力威胁为主要手段，或者以暴力手段为后盾，同时其也使用“其他欺骗、金钱收买等较为缓和的手段”，但当某种利益以较为缓和的手段不能取得时，往往会毫不犹豫地诉诸暴力。①

两个纪要和《指导意见》的规范内容或其精神是，黑社会性质组织在其成熟阶段或发展后期，惯用非暴力手段、“软暴力”手段实施违法犯罪，甚至有意减少以这种手段实施的违法犯罪；而在黑社会性质组织的发展初期，有组织地大量实施暴力性违法犯罪活动以获取强势地位，凭借暴力性违法犯罪活动构建非法秩序或实现非法控制，是其鲜明的阶段性特征。与“成熟阶段”只有一种含义不同，“发展初期”会有多重含义。“成熟阶段”仅指黑社会性质组织已经形成、主要凭借组织影响力或不法控制力便足以维持非法控制状态的稳定发展期。“发展初期”的多重含义，至少包括：组织形态或组织化程度尚处于恶势力团伙（或恶势力犯罪集团）的阶段，即黑社会性质组织的雏形阶段；黑社会性质组织形成之后的初期发展阶段，即恶势力的属性已经发生质变、黑社会性质组织业已成型的阶段。换言之，前者可以称为广义的“发展初期”，即由“恶”到“黑”的整个发展过程的初期；后者对应地称为狭义的“发展初期”，即已完成由“恶”到“黑”质变之后的黑社会性质组织的发展初期。对“发展初期”的多义解读，并不是纯粹的文字游戏，而是涉及恶势力基本特征、恶势力“软暴力”本质属性的司法观念分歧。这种分歧会导致两种不同的司法判断：一种判断结果是恶势力实施的违法犯罪完全可以由纯粹的“软暴力”手段构成。这种以狭义“发展初期”观点为基础的判断规则，事实上确立了极低的恶势力认定门槛。另一种判断结果是恶势力的“软

① 参见王尚新、王宁：《关于对刑法第二百九十四条第一款和第三百八十四条第一款的立法解释的理解与适用》（节录），载最高人民法院刑事审判第一、二、三、四、五庭主办：《中国刑事审判指导案例》（5 妨害社会管理秩序罪），法律出版社2017年版，第759～760页。需要注意的是，立法机关没有使用“软暴力”的表述，也没有以列举方式暗示“软暴力”手段，而是以“较为缓和的手段”解释黑社会性质组织行为方式中的“其他手段”。

暴力”手段必须以暴力性手段为基础,以暴力性手段实施的违法犯罪,必须在恶势力实施的多种违法犯罪活动中具有支配性的影响力。据此形成的恶势力认定标准,显然更加严格,门槛明显提升。这种高门槛的恶势力判断规则,是以广义的“发展初期”观点为基础的。总之,在关于黑社会性质组织各项特征的规定中,这是一个悬而未决的问题。那么,《指导意见》针对恶势力“软暴力”的专门规定,能否妥当解决这个问题呢?

然而,专门性规定及其文义理解,并无助于分歧的解决。《指导意见》关于黑恶势力利用“软暴力”犯罪的专门规定即第十七条的规定,并没有明示或暗示“软暴力”手段与暴力性手段的联系。换言之,《指导意见》关于“软暴力”规定的专门条款,并没有要求“软暴力”须以暴力、暴力威胁为基础,更没有要求“软暴力”须以暴力随时付诸实施为条件。如果将该规定(包括第十四条规定)精神与《指导意见》第九条规定的内容对比分析,仅从字面含义理解的层面,结论便显而易见:恶势力的“软暴力”手段,包括恶势力团伙、恶势力集团的“软暴力”手段,不具有依附于暴力性手段的属性,不必以暴力性手段为基础,不必以暴力随时付诸实施为条件。这无疑是恶势力“软暴力”与黑社会性质组织“软暴力”相区别的重要特征之一。以此为基础形成的司法观点认为,《指导意见》所明确的司法判断规则是,恶势力(包括恶势力犯罪集团,但主要是恶势力团伙)的形成,完全可能仅以“软暴力”为基本手段,恶势力可以只是利用“软暴力”手段实施多种违法犯罪。

换言之,仅从规范语义的直观层面看,既有规范文件所呈现的“软暴力”阶段特征是:两端多使用“软暴力”手段,中间暴力性手段突出。也就是说,在黑社会性质组织的雏形阶段即恶势力团伙阶段,以及黑社会性质组织的成熟阶段,黑恶势力多使用非暴力手段、“软暴力”手段,或者仅使用这种手段;而在黑社会性质组织的发展初期,或许也包括恶势力犯罪集团即将转型为黑社会性质组织的过渡阶段,黑社会性质组织的手段特征是,有组织地实施大量的暴力性违法犯罪活动。这正是前述司法观点的规范基础、理据所在。显然,这种司法观点,具有易入罪、难出罪的特点。其不甚妥当、有失公允的主要原因是,对黑社会性质组织的“发展初期”作狭义解读、作形式理解。

(四)恶势力的制度定位不同

《2009年纪要》和《2015年纪要》,都对恶势力问题有所涉及。其中,《2009年纪要》对恶势力团伙的基本特征、认定标准、处罚原则等,作出了较为明确的规定。《2015年纪要》着重对恶势力团伙、恶势力犯罪集团“打早打小”的惩治策略与“打准打实”的审判原则的关系,作出了较为细化的规定。这两个规范文件的基本精神实际一致,都认为“恶势力”并非法律用语,或不属于正式制度的规范内容。[①] 在此前提下,上述纪要对恶势力团伙的基本特征、认定标准作出规定的核心,是要求办案机关严格区分黑社会性质组织犯罪与恶势力团伙、恶势力犯罪集团犯罪的界限;尤其是在“恶势力”并未入刑的情况下,[②]应用足用好《刑法》总则关于共同犯罪的相关规定。所以,在《指导意见》之前,“恶势力”仅具有非正式制度的属性。在“恶势力”仅为非正式制度的背景下,刑事诉讼的控辩审,对恶势力犯罪的事实认定和法律适用问题,只是围绕恶势力是否构成共同犯罪、是否成立犯罪集团,以及恶势力构成何种罪名而进行。

《指导意见》关于恶势力犯罪的专门规定,明显改变了恶势力作为非正式制度的状态。导致这种变化的关键原因是,《指导意见》明确规定:在相关法律文书中的犯罪事实认定部分,可使用“恶势力”等表述加以描述。具体而言,《指导意见》重申恶势力的特征,调整细化了恶势力的认定标准,明确规定了恶势力犯罪集团的成立条件,强调对恶势力犯罪案件要区别于普通刑事案件,充分运用《刑法》总则关于共同犯罪和犯罪集团的规定,依法从严惩处。与此同时,显然是作为一种与普通刑事犯罪相区别的从严惩处措施,或与从严惩处相配套的细化措施,《指导意见》明确规定,允许以“恶势力”对特定组织及其违法犯罪活动做整体评价、对行为主体做区分性标示。以《指

---

① 参见高憬宏、周川:《〈办理黑社会性质组织犯罪案件座谈会纪要〉的理解与适用》,载最高人民法院刑事审判第一、二、三、四、五庭主办:《中国刑事审判指导案例》(5 妨害社会管理秩序罪),法律出版社2017年版,第773页;参见戴长林等:《〈全国部分法院审理黑社会性质组织犯罪案件工作座谈会纪要〉的理解与适用》,载最高人民法院刑事审判第一、二、三、四、五庭主办:《刑事审判参考》(总第107集),法律出版社2017年版,第137~139页。

② 参见高憬宏、周川:《〈办理黑社会性质组织犯罪案件座谈会纪要〉的理解与适用》,载最高人民法院刑事审判第一、二、三、四、五庭主办:《中国刑事审判指导案例》(5 妨害社会管理秩序罪),法律出版社2017年版,第773页。

导意见》的这一规定为节点，恶势力的制度定位发生了改变，涉及恶势力犯罪事实认定和规范评价的刑事诉讼活动，就会增加是否应当认定为恶势力，是否应当认定为恶势力犯罪，是否应当认定为恶势力团伙成员、恶势力犯罪集团成员的内容。也就是说，《指导意见》的规定标志着“恶势力”成为一种半正式制度。刑事司法的良性运行，不仅须以正式制度为基础，还需要非正式制度参与其中。[①] 除此以外，特殊情况下，还会有半正式制度的存在。“恶势力”的定性评价可以载入法律文书的事实认定部分，便是一种半正式制度。刑事司法中的正式制度，分为刑事立法确立的制度和司法解释、规范文件明确的制度，其中，后者需有上位法律规范作为基础。所以，一种制度的基本定位，直接取决于规范的属性、规范的形式、规范的有无等。有时，定位制度属性的规范，又可以转换为司法判断的依据。犯罪的组织性是恶势力最典型、最重要的特征。某一组织被判定为恶势力团伙或恶势力犯罪集团，特定犯罪被认定为恶势力犯罪，实施犯罪的行为人被认定为恶势力成员，所依据的认定犯罪组织性的规范主要有两类：一类是《刑法》总则关于共同犯罪、犯罪集团的规定，属于正式制度。另一类是《指导意见》所明确的关于恶势力基本特征、判断标准的规定，由于欠缺明确的法律规范作为依据，属于非正式制度。所以，综合判断，将《指导意见》所明确的“恶势力”定位为半正式制度，应该是较为妥当的。除以上理由外，“恶势力”具有半正式制度的属性，还因为适用《指导意见》认定案件，实际会使恶势力组织、恶势力犯罪、恶势力成员等，都成为控辩的内容、裁判的内容。“恶势力”作为立案侦查、审查逮捕、审查起诉、刑事辩护、庭审裁决的重要内容，如果不具有一定的正式制度属性，显然难以得到合理解释。同时，与认定黑社会性质组织犯罪的法律依据相比较，也即与《刑法》第二百九十四条的规定及相关司法解释、规范文件相比较，认定恶势力犯罪的规范依据，正式制度的成分又明显不足。

二、“软暴力”的类型及判断

总结前述可以清楚地认识到，“软暴力”或者黑恶势力的“软暴力”手段，

---

① 参见黄京平：《刑事司法人工智能的负面清单》，载《探索与争鸣》2017年第10期。

是一个含义丰富、包容性强的司法惯用语。《指导意见》的基本精神是，依法惩处利用“软暴力”实施的犯罪。具体而言，坚持依法办案、坚持法定标准，正确把握“打早打小”惩治策略与“打准打实”审判原则的关系，贯彻落实宽严相济刑事政策，切实做到宽严有据，罚当其罪，实现政治效果、法律效果和社会效果的统一，始终是认定“软暴力”犯罪应遵循的原则。所以，依循这样的原则，对“软暴力”做刑法解释学的分类，便是细化“软暴力”入罪标准，统一司法裁判尺度的关键。对“软暴力”做规范解释的分类，首先，需要根据足以影响“软暴力”类型化的要素对其做基本定位；其次，应当以立法和司法规范为依据。只有将影响类型化的要素与规范规定有机结合，才符合惩治黑恶势力犯罪的规律，契合刑事司法经验，并确保惩治过程、惩治措施、惩治效果符合法治原则的要求，确保案件的定性判断符合立法和司法规范的实质精神。只有如此，对“软暴力”的规范分类才具有细化司法操作的实际功效，有助于区分重罪与轻罪、此罪与彼罪、罪与非罪的界限。

综合影响“软暴力”定位的要素，以及关于黑恶势力“软暴力”的规范精神，涉刑事案件的“软暴力”应当分为以下三类：

（一）黑社会性质组织的“软暴力”

在一定意义上，黑恶势力“软暴力”发展的最高等级，就是黑社会性质组织的“软暴力”。作为“软暴力”发展的最高形态，它的主要特征，除前述以外，还包括：

第一，首要的、基础性的特征是，它有明确的立法规定为依据。这也是它区别于恶势力“软暴力”的关键所在。《刑法》第二百九十四条第五款第三项中的“其他手段”，就包括黑社会性质组织的“软暴力”手段。《2009 年纪要》、《2015 年纪要》和《指导意见》有关黑社会性质组织行为特征的规定，尤其是其中关于“其他手段”的规定，就是这一立法规定的细化操作规则。所以，认定黑社会性质组织的“软暴力”，有完整的刑法规则体系为基础。当然，以“其他手段”所包含的“软暴力”实施犯罪，还需要具体罪名的构成要件有明确规定为前提。所以，前述完整的刑法规则体系，还包括涉“软暴力”手段具体罪名的立法规定和司法解释、规范文件。

第二，黑社会性质组织犯罪的多样性，以及犯罪多样性与犯罪手段多样性的联系,直到《2015年纪要》才受到关注。[1] 所以,理解黑社会性质组织的"软暴力"手段,需要将其置于犯罪多样性与犯罪手段多样性紧密联系的语境下。依据《刑法》第二百九十四条第五款的规定,以及规范文件关于该条第五款第三项所规定的"其他手段"的规定,包含"软暴力"在内的犯罪手段多样性,是判断特定犯罪组织符合黑社会性质组织的行为特征,通常需要具备的要素。换言之,它是判断黑社会性质组织成立的必要要件中的选择性要素。因为,"如果涉案犯罪组织在整个发展过程中没有较为明显地以暴力或者以暴力相威胁的手段实施违法犯罪活动,那么,在对该组织定性时就应当特别慎重。"[2]所以,相对暴力、暴力威胁手段,"软暴力"只是判断黑社会性质组织犯罪手段多样性、犯罪多样性的选择性要素。除了这个基本功能,黑社会性质组织的"软暴力"还是构成其他犯罪的方法。只是作为构成其他犯罪(如寻衅滋事罪)方法的"软暴力",与作为犯罪手段多样性要素的"软暴力"相比较,具有不同的评价功能。换言之,认定黑社会性质组织利用"软暴力"犯罪的案件,需要区别两种不同的"软暴力":一种是具有综合评价意义的"软暴力",它只是影响黑社会性质组织的行为特征成立与否的选择要素。某种程度上,它不是构成具体犯罪的"软暴力",或者是无法以特定罪名的构成要件予以评价的"软暴力"。最典型的情形是,黑社会性质组织利用"软暴力"实施的行为,仅成立违法,不构成犯罪。另一种是应予以独立评价的"软暴力",即作为构成具体犯罪必要要件的行为(或方法行为)的"软暴力"。对这两种"软暴力"只有分别评价,才能避免重复评价的错误。

第三,与前述特征有一定联系,黑社会性质组织违法犯罪的暴力性手段与"软暴力"手段,被重复评价的可能性会有所差别。根据《刑法》第二百九十四条第四款的规定,犯组织、领导、参加黑社会性质组织罪又有其他犯罪

---

① 参见戴长林等:《〈全国部分法院审理黑社会性质组织犯罪案件工作座谈会纪要〉的理解与适用》,载最高人民法院刑事审判第一、二、三、四、五庭主办:《刑事审判参考》(总第107集),法律出版社2017年版,第144页;参见高憬宏、周川:《〈办理黑社会性质组织犯罪案件座谈会纪要〉的理解与适用》,载最高人民法院刑事审判第一、二、三、四、五庭主办:《中国刑事审判指导案例》(5 妨害社会管理秩序罪),法律出版社2017年版,第771页。

② 戴长林等:《〈全国部分法院审理黑社会性质组织犯罪案件工作座谈会纪要〉的理解与适用》,载最高人民法院刑事审判第一、二、三、四、五庭主办:《刑事审判参考》(总第107集),法律出版社2017年版,第144页。

行为的,依照数罪并罚的规定处罚。这一规定使该罪具有了重复评价的性质。其合理性在立法论层面受到质疑。[①] 在该罪的司法适用中,应当采取妥当的司法判断方法,尽量避免重复评价的负面影响。为此,需要注意两个方面的问题:一是由于立法规定的原因,暴力性手段即暴力、暴力威胁手段构成具体犯罪的可能性较高,相对而言,“软暴力”手段构成具体犯罪的可能性较低。二是立法规定的“多次进行违法犯罪活动”中,由暴力、暴力威胁构成具体犯罪的实际占比相对较高,而利用“软暴力”实施的行为,成立违法行为、不构成犯罪的实际比例较高。所以,对涉案的“软暴力”,尽可能多地用作判断黑社会性质组织行为特征的要素,尽可能地降低其作为具体犯罪构成要件的概率,或许是补救立法偏差的不得已方法。因为,黑社会性质组织进入稳定发展的成熟期,维持非法控制状态的方式,更多或惯常使用“软暴力”手段。对“软暴力”手段触及的违法犯罪尽量避免重复评价的结果,符合法治精神、法治原则。

第四,《刑法》第二百九十四条第五款第三项规定的行为特征中,具体包含几类违法犯罪手段,理论解读与司法观点有所不同,不同时期的司法观点也有所调整。区别的焦点,在于如何理解“其他手段”。理论界有观点认为,“其他手段”应是指与暴力、暴力威胁相当的手段,而不是泛指任何手段。[②] 显然,这种观点不认可黑社会性质组织“软暴力”手段的存在。除此以外,是较为传统的司法观点。承认“软暴力”手段的传统司法观点,最早源于最高人民法院发布的《关于审理黑社会性质组织犯罪的案件具体应用法律若干问题的解释》(法释〔2000〕42 号)(以下简称《2000 年解释》)第一条第四项的规定,并在《2009 年纪要》和《2015 年纪要》中得以重申,有更加细化的规定。传统司法观点认为,通过对“其他手段”作细化规定的方式,将黑社会性质组织的违法犯罪手段分为暴力性手段与非暴力性手段两类,前者包括暴力、暴力威胁手段,后者就是“软暴力”手段。最新的司法观点认为,其具体现在《指导意见》的相关规定中,如第九条、第十七条的规定。综合这些规定的实质精神,黑社会性质组织违法犯罪的手段,被划分为暴力、次暴力、“软暴

① 参见张明楷:《刑法学》(第 5 版),法律出版社 2016 年版,第 1072 页。
② 参见张明楷:《刑法学》(第 5 版),法律出版社 2016 年版,第 1071 页。

力”三类。其中,暴力依然包括并限于暴力、暴力威胁。次暴力,虽没有精准的界定,但介于暴力与“软暴力”之间的特征明显:暴力、暴力威胁色彩虽不明显,但实际是以组织的影响力为依托,以暴力、暴力威胁的现实可能性为基础,足以影响、限制人身自由或者足以危及人身财产安全。《指导意见》第九条是在“非暴力性的违法犯罪活动”的语境下表述次暴力的,且明确规定其属于《刑法》第二百九十四条第五款第三项中的“其他手段”,所以,黑社会性质组织行为特征中的“其他手段”被进一步细分为“次暴力”与“软暴力”。据此,在认定黑社会性质组织犯罪的司法判断中,次暴力的功能定位也就十分清楚:首先,它对认定黑社会性质组织的行为特征没有决定性意义,或许对判断黑社会性质组织违法犯罪的手段多样性,有一定的辅助作用。其次,它对判断行为构成具体犯罪,具有一定提示性价值。具体而言,根据《指导意见》第九条的规定,并参照第十七条的规定,对次暴力手段,可以认定为《刑法》第二百九十三条第一款第二项规定的“恐吓”、第二百二十六条规定的“威胁”,以及敲诈勒索罪的方法行为,有利于统一非暴力手段的入罪尺度,依法惩治黑社会性质组织犯罪。

(二)恶势力的“软暴力”

清楚了黑社会性质组织“软暴力”在犯罪认定中作用,也就多了一个视角观察、分析恶势力“软暴力”的特征。以恶势力“软暴力”的基本特征为基础,认定恶势力“软暴力”需要特别注意以下问题。

第一,司法判断须以法治思维为基础。由于认定“恶势力“的司法判断具有半正式制度的属性,所以,认定恶势力利用“软暴力”犯罪,需要注意法治思维对判断过程、判断方法、判断结论的调控作用,以保障正式制度效应的最大化。一定意义上,明确恶势力半正式制度的属性,是对恶势力“软暴力”作合理定位的前提。合理的定位,需要合理的解释逻辑。合理的解释逻辑,至少需要关注两个方面的问题:一是认定恶势力利用“软暴力”犯罪,是认定恶势力形成与认定“软暴力”构成具体犯罪的司法判断彼此重合、相互影响的过程及结果。这种司法判断,除依据《刑法》总则关于共同犯罪、犯罪集团的规定,以及《指导意见》关于恶势力基本特征、判断标准的规定之外,应当注意黑社会性质组织与恶势力(尤其是恶势力团伙)的联系,注意从这种关联性的角度解释恶势力惯用的手段特征，切忌用割裂彼此联系的方法，孤立地判断恶势力的违法犯罪手段。关联判断的方法，因为尽可能依据既有刑法规则，有立法规定作为解释基础，不仅能够使黑社会性质组织和恶势力的认定符合立法规定及其精神，也能够保障依法认定黑社会性质组织、恶势力利用"软暴力"的犯罪，所以，关联判断的方法，符合法治理念。孤立地判断恶势力的违法犯罪手段，极易造成偏离法治理念的判断结果。其典型情形是，不当降低恶势力的认定标准，并会形成"软暴力"犯罪的认定偏差。换言之，原本不符合标准的，被认定为恶势力；原本不足以单独构成犯罪的"软暴力"，却被认定构成犯罪。二是恶势力的半正式制度中，有着合理与不合理的成分。其中，不存在重复评价的制度性因素，具有区别于黑社会性质组织犯罪的相对合理性。而没有立法依据的"恶势力"司法标签效应，以及为此而增加的司法成本等，或许是其最突出的不合理成分。因为，对恶势力"打早打小"和"打准打实"，都是以恶势力最终发展为黑社会性质组织作为前提的。但是，被判定为"恶势力"的组织，是以其最终会发展成为黑社会性质组织，组织成员未来会构成《刑法》第二百九十四条规定之罪为假定前提的。这样的司法判断，又怎能确保被贴上标签的恶势力都以黑社会性质组织为发展目的？都会发展成为黑社会性质组织？更何况在社会公众看来，黑社会性质组织与恶势力是性质相同的组织，恶势力的司法标签，在公众眼中是难以识别的，恶即黑，黑恶一体，应是一般社会成员朴素的观点。在刑事司法领域，与黑社会性质组织有一定区别度的"恶势力"，在社会公众看来，实际与黑社会性质组织并没有区别，所以，法律效果与社会效果的统一性就会受到影响。使半正式制度中的合理性最大化，不合理成分最小化，是认定恶势力"软暴力"犯罪应遵循的规则。

第二，"软暴力"须以暴力性手段为基础。在恶势力形成、发展的过程中，利用暴力性手段违法犯罪是恶势力的基本特征，利用"软暴力"违法犯罪至多具有显示其手段多样性的辅助功能。换言之，以暴力性手段为基础，或者暴力性手段在全部违法犯罪活动占据优势地位，不仅是恶势力形成应当符合的基本特征，也是恶势力构成具体犯罪的手段特征。也就是说，仅有"软暴力"手段，或者虽然存在暴力性手段，但暴力性手段未达到相应程度，或者暴力性手段在所有手段中不具有支配地位、没有重要影响力,只成立由“软暴力”手段或暴力性手段构成的具体犯罪,不宜认定恶势力,不宜认定所构成的具体犯罪是由恶势力实施的。简要理由为:

一是对黑社会性质组织“发展初期”应作广义解读和实质理解。对“发展初期”作广义和实质的解释,是从不同侧面对恶势力违法犯罪特征(尤其是手段特征)的说理。广义解读主要是针对两个纪要的精神而言的。《2015年纪要》关于黑社会性质组织违法犯罪活动的暴力性问题,曾明确规定,“在黑社会性质组织所实施的违法犯罪活动中,一般应有一部分能够较明显地体现出暴力或以暴力相威胁的基本特征。否则,定性时应当特别慎重”。对此,最高人民法院在理解与适用文献中强调,“如果涉案犯罪组织在整个发展过程中没有较为明显地以暴力或者以暴力相威胁的手段实施违法犯罪活动,那么,在对该组织定性时就应当特别慎重”。[①] 值得特别注意的是,考察暴力性手段的特征,是以“涉案犯罪组织”的“整个发展过程”为基本语境的。其中,“涉案犯罪组织”肯定不是专指黑社会性质组织,至少应涵括恶势力团伙。“整个发展过程”,自然是由“恶”到“黑”的整个发展过程,而不是仅指由“恶”到“黑”质变之后的黑社会性质组织的发展过程。与整个发展过程密切关联的,是黑社会性质组织的存续时间,以及由“恶”到“黑”转变节点的问题。《2015年纪要》规定,“存在、发展时间明显过短、犯罪活动尚不突出的,一般不应认定为黑社会性质组织”。《指导意见》第六条规定,黑社会性质组织一般在短时间内难以形成,但鉴于恶势力团伙和犯罪集团向黑社会性质组织发展是一个渐进的过程,没有明显的性质转变的节点,故对黑社会性质组织存在时间问题不宜作出“一刀切”的规定。所以,从操作可行性看,因为由“恶”到“黑”的性质转变节点难以确定统一的裁判尺度,所以,将“发展初期”理解为恶势力团伙阶段,具有相对确定性,容易获得司法共识;而将“发展初期”解释为恶势力属性发生质变、黑社会性质组织业已成型的阶段,缺乏确定性,极难明确判断标准,会徒增司法分歧。总之,对黑社会性质组织

① 戴长林等:《〈全国部分法院审理黑社会性质组织犯罪案件工作座谈会纪要〉的理解与适用》,载最高人民法院刑事审判第一、二、三、四、五庭主办:《刑事审判参考》(总第107集),法律出版社2017年版,第144页。

“发展初期”应作广义解读,符合规范文件的核心精神。实质解释主要是就《指导意见》的规定而言的,并以前述广义解释为基础。其要旨为:理解恶势力违法犯罪手段的特征,不能只是根据《指导意见》第十七条、第十四条的规定作出判断,也不能仅将其与第九条的规定进行形式上对比,作综合性的字面意义评价,而是要结合第六条规定,对第九条规定中的“黑社会性质组织”作实质性的、最广义的解释,也就是对第九条规定的“黑社会性质组织”与第十四条规定的“恶势力”作贯通理解。如此,以暴力性手段的影响力为基础、以暴力性手段的现实可能性为条件,就不仅是黑社会性质组织的手段特征,也同时是恶势力的手段特征。作这种贯通理解的规范基础,包括《指导意见》第十七条的规定,即黑恶势力利用“软暴力”实施犯罪的目的一致性,“黑恶势力为谋取不法利益或形成非法影响”利用“软暴力”犯罪。

二是恶势力的违法犯罪手段具有多样性。根据《指导意见》第十四条的规定,并结合第十七条的规定,除犯罪的组织性(经常纠集在一起)、犯罪的多样性(多次实施违法犯罪活动)、严重的危害性(造成较为恶劣的社会影响)之外,恶势力还需具有犯罪手段多样性的特征。关于手段的多样性,《指导意见》与立法和规范文件对黑社会性质组织行为特征的规定相同,强调恶势力以暴力、威胁或者其他手段多次实施违法犯罪活动。这显然表明暴力性手段在恶势力的违法犯罪手段中居于支配性、基础性的地位。欠缺暴力性手段的支配性、基础性特征,对犯罪团伙或犯罪集团定性为恶势力,就应当特别慎重。

三是刑事政策的适时调整应具有妥当性。贯彻落实宽严相济刑事政策,是“扫黑除恶专项斗争”总体要求的重要内容之一。而适时调整,即“根据经济社会的发展和治安形势的变化,尤其要根据犯罪情况的变化,在法律规定的范围内,适时调整从宽和从严的对象、范围和力度”,[①]又是宽严相济刑事政策的固有特性。比较两个纪要与《指导意见》的规定可以发现,依据现行有效的规定,黑社会性质组织的认定标准或判定门槛总体有所降低。若在此基础上,又同时降低恶势力的认定门槛,或者以狭义“发展初期”观点

① 最高人民法院《关于贯彻宽严相济刑事政策的若干意见》(法发〔2010〕9号)第四条。

为基础确定极低的恶势力认定门槛,就会使从严的对象、范围和力度出现较大的总体扩张。这种可能出现的"黑恶标准同步降低"或"黑恶标准双降低"现象,不仅涉及规范依据缺失或不足的问题,或许还会引起刑事政策调控的妥当性问题。所以,以暴力性手段的支配性影响力作为认定恶势力的必备要件,严格把握恶势力的认定门槛,严格控制恶势力"软暴力"犯罪的入罪标准,在不加大总体调控范围、甚至缩小整体调控范围的基础上,适时从严惩治黑社会性质组织犯罪,依然可以实现预期的、符合法律规定精神的刑事政策效果,也从根本上符合"实事求是,有黑扫黑、无黑除恶、无恶治乱,确保专项斗争在法治轨道上运行"的精神。①

第三,充分注意恶势力"软暴力"的独有特点。与前述问题相关,在黑社会性质组织犯罪与恶势力犯罪中,多种犯罪手段之间的结构实际存在差别,即暴力性手段与非暴力性手段(包括次暴力、"软暴力")的实际影响力程度有所不同。这种差别主要表现为:在黑社会性质组织形成之后的稳定发展阶段,它所惯用的"软暴力"手段,是以该组织发展初期的暴力性手段的远期效应、长期效应为基础的。这也正是其"软暴力"手段能够"以组织的势力、影响和犯罪能力为依托"②的真实原因,这也正是"黑社会性质组织能够对社会公众形成心理强制"③、将"软暴力"作为经常性手段的重要原因。而在恶势力团伙、恶势力犯罪集团向黑社会性质组织发展的渐进过程中,或在恶势力组织的发展初期,恶势力的"软暴力"手段,是以暴力性手段的近期效应、现实可能性、随时付诸实施为后盾的。"软暴力"手段与暴力性手段交替使用,暴力、暴力威胁作为经常性手段,暴力性手段居于支配性地位,是恶势力组织影响力的基础,是恶势力的基本行为特征。所以,最高人民法院曾态度鲜明地强调,"有组织地大量实施暴力性违法犯罪活动以获取强势地位,往往是黑社会性质组织发展初期的明显特征,而构建非法秩序也大多是在这

① 刘子阳:《扫黑除恶专项斗争要打准打狠》,载《法制日报》2018年4月4日,第1版。

② 《指导意见》第九条。

③ 戴长林等:《〈全国部分法院审理黑社会性质组织犯罪案件工作座谈会纪要〉的理解与适用》,载最高人民法院刑事审判第一、二、三、四、五庭主办:《刑事审判参考》(总第107集),法律出版社2017年版,第144页。

个阶段完成”。[1] 简言之,没有暴力性手段,便没有恶势力形成的基础;暴力性手段具有支配性、决定性的影响力,是认定恶势力组织的必要要件。

(三)普通刑事犯罪中的“软暴力”

关于是否存在“软暴力”手段构成的普通刑事犯罪,刑事司法实务历来存在分歧。尤其是《指导意见》对黑恶势力利用“软暴力”犯罪作出专门规定之后,这样的分歧更与司法判断的结果直接关联。一种观点认为,“软暴力”是黑恶势力惯用的犯罪手段,普通刑事犯罪中不存在“软暴力”手段构成的具体犯罪;另一种观点认为,“软暴力”不仅是黑恶势力违法犯罪的经常性手段,也是某些特定罪名的法定构成方法。规范解释理论应当直面这一实务见解的分歧。

对普通刑事犯罪的“软暴力”作司法判断,应当以该领域“软暴力”的妥当分类为基础。依据相关立法和规范文件的规定,普通刑事犯罪的“软暴力”,分为涉恶案件的“软暴力”与普通案件的“软暴力”。尽管这样的“软暴力”构成的犯罪,都属于普通刑事犯罪,但其各自的基本特征不同,可能构成的具体罪名的种类和范围不同,因而也涉及重罪与轻罪、此罪与彼罪、罪与非罪的区分。

1. 涉恶案件的“软暴力”

涉恶案件的“软暴力”之所以作为一种类型,是因为它具有区别于恶势力“软暴力”和纯粹普通刑事案件“软暴力”的特征。另外一个原因是,被定性为恶势力犯罪的案件,最终被判定为普通犯罪案件,也是刑事诉讼中的常态。所以,应当在普通刑事犯罪的语境下,对涉恶案件的“软暴力”作必要的探讨。依据《指导意见》第十七条的规定,并结合第十四条的规定,恶势力“软暴力”的特征包括但不限于:不法目的、组织实施、方式特有、心理强制、暴力保障等。其中,不法目的,就是为谋取不法利益或形成非法影响;组织实施,就是有组织地实施犯罪;方式特有,就是所采取的手段主要包括滋扰、纠缠、哄闹、聚众造势等;心理强制,就是所采用的手段使加害对象产生心理

① 戴长林等:《〈全国部分法院审理黑社会性质组织犯罪案件工作座谈会纪要〉的理解与适用》,载最高人民法院刑事审判第一、二、三、四、五庭主办:《刑事审判参考》(总第107集),法律出版社2017年版,第139页。

恐惧或者形成心理强制;[①]暴力保障,就是暴力性手段对“软暴力”手段所具有的支配性、决定性的影响力。同时具备这些特征,才能认定为恶势力的“软暴力”。欠缺其中的特征,就不具备构成恶势力“软暴力”的必要要件,被指控的恶势力“软暴力”,就只能被认定为涉恶案件的“软暴力”。涉恶案件的“软暴力”,主要是指形似恶势力“软暴力”,但因不具备必要要件,只能被认定为普通刑事犯罪的“软暴力”,且其又与普通案件的“软暴力”有所区别的情形。区分恶势力“软暴力”与涉恶案件“软暴力”,最重要的价值在于,依法严格区分恶势力犯罪与普通刑事犯罪。

首先,严格区分恶势力“软暴力”与涉恶案件“软暴力”,与暴力性手段的影响力有关。暴力性手段看似是恶势力的行为特征,但实际是判定恶势力“软暴力”的基础性必要要件。欠缺暴力性手段,或者暴力性手段没有达到相当程度,不仅不能认定恶势力,而且可能导致指控的“软暴力”犯罪不成立或仅成立较轻的罪。这与不同类型犯罪的司法判断类型有关。具体而言,在恶势力属于半正式制度的背景下,恶势力犯罪与普通刑事犯罪的司法判断方法,恶势力“软暴力”犯罪与涉恶案件、普通案件“软暴力”犯罪的司法判断方法,存在一定程度的区别。认定恶势力利用“软暴力”犯罪,具有整体评价或综合评价的特点。认定恶势力犯罪,虽然不存在重复评价的制度性因素,但是,对恶势力“软暴力”的评价,需要结合恶势力的特征和“软暴力”的特征,才能得出恶势力利用“软暴力”实施犯罪的结论。这就使认定恶势力(需以暴力性手段或其影响力为基础)与认定其利用“软暴力”手段构成具体犯罪的司法判断,事实上不可避免地纠缠在一起,属于不同司法判断的评价的事实、评价的依据、评价的过程等,事实上存在重合或者相互影响。认定恶势力与认定其构成的具体犯罪之间,并非独立或相对独立的关系。其中,

---

① 关于“软暴力”方式特有和心理强制的特征,《指导意见》第十七条还进一步细化规定:“同时由多人实施或者以统一着装、显露纹身、特殊标识以及其他明示或者暗示方式,足以使对方感知相关行为的有组织性的,应当认定为最高人民法院、最高人民检察院《关于办理敲诈勒索刑事案件适用法律若干问题的解释》第2条第(5)项规定的‘以黑恶势力名义敲诈勒索’。”该项规定的理由为,依靠、凭借或者利用黑恶势力的非法控制力或者影响力实施敲诈勒索行为,严重扰乱了社会和经济秩序,影响了群众安全感,具有更加严重的社会危害性,应当从严惩处。参见黄应生:《〈关于办理敲诈勒索刑事案件适用法律若干问题的解释〉的理解与适用》,载《人民司法》2013年第19期。

最典型的情形是，并非完全依据构成要件分别判断具体罪名是否成立，而是需要通过分析不同犯罪之间的关联程度、暴力性手段对“软暴力”手段的影响程度等，综合判断各个具体罪名是否成立。所以，某种程度上，这种认定恶势力与认定具体犯罪成立之间相互兼顾、彼此影响的方式，无法彻底摆脱重复评价的影响。[①] 一旦在事实判断层面，不能认定暴力性手段对“软暴力”手段具有支配性的影响力，或者不能认定暴力手段构成之罪对“软暴力”手段构成之罪具有决定性影响力，最终的司法判断结果，一是不能认定恶势力，二是原本由“软暴力”构成的犯罪，就会只能依法认定为违法行为。换言之，一旦暴力性手段与“软暴力”手段的关联性存疑，或者暴力性手段不具有支配性的影响力，司法判断就由整体评价实际转换为分别评价，在分别判断模式下，以“软暴力”实施的行为，因为失去暴力性手段影响力的制约，或许就只能认定为违法行为，不构成犯罪。

其次，恶势力的其他构成特征，对严格区分恶势力“软暴力”与涉恶案件“软暴力”也具有重要影响。例如，黑社会性质组织犯罪的多样性，不仅是制定规则即《2015 年纪要》强调的行为特征之一，[②]而且在案例规则即“具有指导作用的案例”中也有所体现。[③] 同理，违法犯罪活动的多样性，也是认定恶势力需要慎重对待、充分考虑的要素。所以，如果只是以“软暴力”手段实施一种犯罪行为，认定其属于恶势力“软暴力”犯罪，就应当特别慎重。

2. 普通案件的“软暴力”

讨论普通案件的“软暴力”，必然触及“软暴力”确切含义和基本定位的问题。只有透过《指导意见》关于“软暴力”的规定，并结合与此相关的司法

---

① 例如，某一被指控的恶势力团伙犯罪，共实施三次犯罪，依次分别为以暴力手段犯强迫交易罪，以滋扰、纠缠手段犯敲诈勒索罪，以恐吓手段犯寻衅滋事罪。认定其以“软暴力”手段构成敲诈勒索罪和寻衅滋事罪，是以首次实施强迫交易罪的暴力性手段影响力为基础的。该案如此定性，暴力手段和“软暴力”手段所实施的行为分别被认定为犯罪，无疑是受整体判断或综合评价方式影响的结果。

② 参见戴长林等：《〈全国部分法院审理黑社会性质组织犯罪案件工作座谈会纪要〉的理解与适用》，载最高人民法院刑事审判第一、二、三、四、五庭主办：《刑事审判参考》（总第 107 集），法律出版社 2017 年版，第 144 页。

③ 参见《［第 1156 号］焦海涛等人寻衅滋事案——如何根据违法犯罪活动的多样性把握黑社会性质组织的认定标准》，载最高人民法院刑事审判第一、二、三、四、五庭主办：《刑事审判参考》（总第 107 集），法律出版社 2017 年版，第 44～51 页。

解释、规范文件的规定,才能把握"软暴力"的多重含义或司法功能。据此,才能厘清普通案件的"软暴力"界限。

第一,《指导意见》关于"软暴力"的规定,具有细化既往司法规则的功能。以最基础的"软暴力"手段恐吓为例,最高人民法院、最高人民检察院发布的《关于办理寻衅滋事刑事案件适用法律若干问题的解释》(法释〔2013〕18号)(以下简称《寻衅滋事解释》)规定恐吓行为的入罪标准,未将"追逐、拦截、辱骂、恐吓多人"的情形规定为"情节恶劣",主要因为:一人单次追逐、拦截、辱骂、恐吓多人,不足以对被害人形成足够的危险,可以不作为犯罪处理;伙同他人追逐、拦截、辱骂、恐吓多人,未造成严重后果或者不具备其他严重情节的,也不宜作为犯罪考虑。[①] 在一定程度上,这或许会妨碍"软暴力"入罪的规模。《指导意见》第十七条关于"软暴力"的规定,实际细化了恐吓行为认定为寻衅滋事罪的标准。该规定对强迫交易罪的威胁手段,也有细化司法操作标准的作用。

第二,《指导意见》规范"软暴力"的方式,与刑法用语的多义特征有关。统一不同罪名的"软暴力"入罪尺度,是《指导意见》相关规定的价值所在。仅以寻衅滋事罪中的恐吓含义为例,不同的观点或见解有:恐吓,是指以威胁的语言、行为恐吓他人,如使用统一标记、身着统一服装、摆阵势等方式威震他人,使他人恐慌或屈从。[②] 恐吓,是指以威胁性语言或行动吓唬他人的行为,如有意识地向被害人展示肌肉、凶器,围堵被害人并摆出要殴打被害人的阵势等。[③] 恐吓,是以恶害相通告的行为。[④] 恐吓,是使用暴力或者非暴力手段威胁、滋扰他人,意图对他人产生心理震慑和威慑,使他人产生心理

---

① 参见陈国庆、韩耀元、侯庆奇:《〈关于办理寻衅滋事刑事案件适用法律若干问题的解释〉理解与适用》,载《人民检察》2013年第20期。

② 参见全国人民代表大会常务委员会法制工作委员会编:《中华人民共和国刑法释义》(第6版),法律出版社2015年版,第519页。

③ 参见高铭暄、马克昌:《刑法学》(第8版),北京大学出版社、高等教育出版社2017年版,第545页。

④ 参见张明楷:《刑法学》(第5版),法律出版社2016年版,第1064页。这种相对广义的解读,与我国台湾地区相近罪名中恐吓的含义大体一致。恐吓,即以加害生命、身体、自由、名誉、财产等事项通知他人,使其心生畏惧。他人经告知后,心生畏惧,致危及其在社会日常生活中的安全感,成立恐吓个人罪。参见林山田:《刑法各罪论》(上册)(修订5版),北京大学出版社2012年版,第138页。

畏惧、恐惧、恐慌的行为。[①] 可见，对寻衅滋事罪中恐吓行为含义的理解，上述见解明显不同或存有分歧，不同见解中向被害人通知的恶害内容逐渐扩展、程度逐渐增强。在规范解读没有形成基本共识的背景下，《指导意见》就“软暴力”手段属于《刑法》第二百九十三条第一款第二项规定的“恐吓”、第二百二十六条规定的“威胁”，以及属于敲诈勒索罪方法行为的规定，无疑具有重要的提示意义。其功能在于，统一不同罪名的“软暴力”入罪尺度。

第三，《指导意见》规范恶势力“软暴力”的构成特征，目的在于严格界定恶势力“软暴力”的存在范围，准确区分恶势力“软暴力”犯罪与普通“软暴力”犯罪的界限。根据《指导意见》的规定，恶势力“软暴力”具有不法目的、组织实施、方式特有、暴力保障等特征。依据其中的关键性特征，或者综合相关特征，便可以准确认定普通“软暴力”犯罪。是否具有特定的不法目的，即“谋取不法利益或形成非法影响”的目的，就是区别恶势力“软暴力”犯罪与普通“软暴力”犯罪，甚至是认定行为不构成犯罪的关键性特征。所以，《指导意见》第十七条特别规定，为追讨合法债务或者因婚恋、家庭、邻里纠纷等民间矛盾而雇佣、指使他人有组织地采用“软暴力”手段，没有造成严重后果的，一般不认定为“寻衅滋事”，不作为犯罪处理，但经有关部门批评制止或者处理处罚后仍继续实施的除外。《指导意见》这一规定，延续了“寻衅动机的一般阻却事由”[②]规则。据此，并非所有有组织地采用“软暴力”手段的行为，都一律认定为恐吓行为构成的寻衅滋事罪。其中，行为目的或案件起因，对罪与非罪、此罪与彼罪的区分，至关重要。

总结前述，简要的结论是：一是不符合《指导意见》规定的基本特征，就不能认定为恶势力的“软暴力”；符合恶势力“软暴力”特征但未同时符合其他犯罪构成条件的行为，不构成寻衅滋事罪、强迫交易罪、敲诈勒索罪等。二是“软暴力”并非恶势力犯罪所独有的手段，普通犯罪也可以由“软暴力”

---

① 参见黄太云：《刑事立法的理解与适用——刑事立法背景、立法原意深度解读》，中国人民公安大学出版社2014年版，第184页。

② 陈国庆等：《〈关于办理寻衅滋事刑事案件适用法律若干问题的解释〉理解与适用》，载《人民检察》2013年第20期。

手段构成,[①]但恶势力"软暴力"与普通案件的"软暴力"在外观形态和本质特性上都存在区别。在外观形态上,两种"软暴力"的参与人数、组织程度、惯用方式等方面,通常都有能够识别、容易分辨的差异。[②] 外观形态的区别,并非本质的区别,仅具有一定的筛选功能。本质特性的区别,才具有关键的甄别功能。不同性质的"软暴力"具有相同的属性,即以恶害相通告,使被害方产生恐惧心理,并且所通知的恶害内容和程度相对有限,不超出"软暴力"的限度。但不同性质的"软暴力"所通告的恶害,具有不同的结构和实质含义:普通案件中所通知的恶害,具有单一性特征;恶势力案件中所通知的恶害,具有多重性(或双重性)特征。前者,仅以"软性恶害"通知他人,使其心生畏惧即可。后者,不仅以"软性恶害"通知他人,而且透过惯用手段或行为方式,实质上将组织影响力、非法控制力传达给对方;不仅使直接加害对象心生畏惧,而且追求使潜在被害人、相关一般社会成员产生恐惧心理的效果。

① 如前所述,本文认为,依据《指导意见》第十八条规定的精神,只有黑恶势力利用"软暴力"可以构成非法拘禁罪,普通行为人不能以"软暴力"手段构成非法拘禁罪。

② 参见黄太云:《刑事立法的理解与适用——刑事立法背景、立法原意深度解读》,中国人民公安大学出版社2014年版,第183页;参见陈国庆:《〈关于办理敲诈勒索刑事案件适用法律若干问题的解释〉理解与适用》,载《人民检察》2013年第14期。

刑民交叉案件程序与实体处理规则

陈兴良[*]

刑民交叉案件无论对于刑事司法还是民事司法来说，都是相当疑难的一类案件。这种疑难性表现为刑事法律关系和民事法律关系相互交织，因而容易发生错误判断，即将民事性质的案件错误认定为刑事犯罪，或者相反，将刑事犯罪错误认定为民事行为（包括合法的民事行为和民事不法行为），其结果是导致罪与非罪界限的混淆。因此，正确区分刑事法律关系和民事法律关系，对于刑民交叉案件的司法处理具有重要意义。以下，笔者从程序和实体两个方面对刑民交叉案件的司法处理进行分析：

一、刑民交叉案件的程序处理

刑民交叉案件涉及程序和实体两个维度。从诉讼法的角度来说，刑民交叉案件的处理主要是指案件的管辖问题。

1. 先刑后民原则的反思。最高人民法院、最高人民检察院、公安部于1985年8月19日联合发出的《关于及时查处在经济纠纷案件中发现的经济犯罪的通知》（已失效）指出："各级人民法院在审理经济纠纷案件中，如发现有经济犯罪，应按照1979年12月15日最高人民法院、最高人民检察院、公安部《关于执行刑事诉讼法规定的案件管辖范围的通知》，将经济犯罪的有关材料分别移送给有管辖权的公安机关或检察机关侦查、起诉，公安机关或检察机关均应及时予以受理。"这个规定确立了所谓先刑后民原则，对于解决刑民交叉案件的管辖问题具有指导意义。然而，在司法实践中出现对此

* 北京大学法学院教授。

的反向适用,这就是对于人民法院正在审理的民事案件,公安机关或者其他侦查机关以涉嫌犯罪为由,要求人民法院移送,中止民事案件的审理。应当说,这种做法本身没有错,问题在于:如果滥用先刑后民原则,就会为侦查机关,主要是指公安机关插手经济纠纷提供便利。目前在我国司法实践中,先刑后民原则被滥用的乱象确实存在。这些司法乱象的发生,除了司法机关的地方保护主义观念以外,还与当事人对司法权的恶意利用有着重大关系。对于那些本来应当通过民事程序解决的经济纠纷,当事人放弃民事诉权,而要求公安机关插手经济纠纷,以维护自己利益的最大化。这些都是法治社会不可接受的。因此,对于先刑后民原则应当严格限制适用,不可滥用。

2. 刑民并列原则的补充。在司法实践中,不能将先刑后民原则绝对化。笔者认为,只有刑事法律关系和民事法律关系存在竞合的案件中,才能适用先刑后民原则。如果刑事法律关系和民事法律关系存在牵连关系的,则不能适用先刑后民原则,而是刑民并立,各自进行审理。对此,1998年4月21日《最高人民法院关于在审理经济纠纷案件中涉及经济犯罪嫌疑若干问题的规定》第十条规定:"人民法院在审理经济纠纷案件中,发现与本案有牵连,但与本案不是同一法律关系的经济犯罪嫌疑线索、材料,应将犯罪嫌疑线索、材料移送有关公安机关或检察机关查处,经济纠纷案件继续审理。"这一司法解释明确了处理刑民交叉案件须区分同一法律关系和不同法律关系这两种情形。所谓同一法律关系,是指竞合关系。在这种案件中,刑民难以两立:如果构成犯罪,则否定民事法律关系;如果成立民事法律关系,则否定犯罪。对于此类案件,应当采用先刑后民原则。所谓不同法律关系,是指牵连关系。在存在牵连关系的刑民交叉案件中,刑事犯罪与民事法律关系并行不悖,同时成立。对此,不能采用先刑后民原则,而是将刑事法律关系与民事法律关系进行剥离,分别处理。从某种意义上说,刑民并列原则是对先刑后民原则的必要补充。

二、刑民交叉案件的实体认定

刑民交叉案件在实体性质上的认定,属于刑法范畴。如果说,刑民交叉案件的程序问题主要涉及司法管辖问题,那么,刑民交叉案件的实体问题涉及罪与非罪的区分，直接关系当事人的各种权利，因而更为重要也更为复杂。

1. 假性竞合。在刑民交叉案件中，存在某种假性竞合的案件类型。这里所谓假性竞合，是指从形式上看，似乎存在民事法律关系，但实质上是以民事法律关系掩盖犯罪，因此应当排除民事法律关系而构成犯罪。这种情形，最为典型的是"套路贷"案件。就"套路贷"的实质来说，是贷款陷阱，即以民间借贷的名义骗取他人财物，因而"套路贷"的主罪是诈骗罪（主要是合同诈骗罪），而为非法占有他人财物，其手段行为涉及其他罪名。2019 年 4 月 9 日最高人民法院、最高人民检察院、公安部、司法部发布《关于办理"套路贷"刑事案件若干问题的意见》，该司法解释明确揭示了"套路贷"的特征：(1)制造民间借贷假象；(2)制造资金走账流水等虚假给付事实；(3)故意制造违约或者肆意认定违约；(4)恶意垒高借款金额；(5)软硬兼施"索债"。根据司法解释规定，对于"套路贷"案件一般以诈骗罪定罪处罚；对于在实施"套路贷"过程中多种手段并用，构成诈骗、敲诈勒索、非法拘禁、虚假诉讼、寻衅滋事、强迫交易、抢劫、绑架等多种犯罪的，应当根据具体案件事实，区分不同情况，依照《刑法》及有关司法解释的规定数罪并罚或者择一重处。笔者认为，凡是构成"套路贷"的案件，必然首先构成诈骗罪，至于其他伴随的犯罪则可有可无、可多可少。在"套路贷"案件中，从表面上看，似乎是借贷关系，行为人往往利用民间借贷以掩盖诈骗犯罪的实质。对"套路贷"案件的处理，必须揭开民间借贷的假性面纱，还其诈骗罪的实质。

2. 真实竞合。在刑民交叉案件中，存在真实竞合案件。在真实竞合的情况下，到底是认定为犯罪还是认定为民事法律关系，这是一个较为疑难的法理问题。例如，在非法转让、倒卖土地使用权案件中，公司股东采取转让股权的方式转让土地使用权的，是否构成本罪，这是在司法实践中长期存在争议的一个问题。从形式上看，由于股权的转让，公司股东发生变更，土地利益随之发生变化。因此，土地使用权似乎发生了转移。这种转让公司股权的行为，在《公司法》上是完全合法的，如果在《刑法》上认定为犯罪，就会导致刑民之间的对立。笔者认为，对于这种通过转让公司股权的方式实质上转让土地使用权的行为，不能刺破股权转让的面纱而认定为非法转让、倒卖土地使用权罪。因为在通过转让公司股权的方式实质上转让土地使用权的情况下,虽然从经济上发生了土地使用权利益的流转,但法律上发生流转的是公司的股权,而土地使用权并未变更,土地使用权仍然归属于同一公司所有。公司股东转让股权的行为,在《公司法》上是完全合法的。如果把这种在民事上是合法的行为认定为刑事犯罪,必然造成各个部门法之间的矛盾和冲突。这里涉及刑法教义学中的法秩序统一原理。所谓法秩序统一原理,是指各个部门法在合法化事由上具有统一的根据。在一个部门法中合法的行为,不得在另一个部门法中认定为违法。否则,就会造成法秩序内部的逻辑混乱。我们必须认识到,入罪须有法律规定,出罪无须法律规定,这是完全符合罪刑法定原则的。因为罪刑法定原则是限制入罪,但并不限制出罪。在法秩序统一原理的指引下,处理刑民关系的时候,要看某一行为在民事上是否合法。如果民事上是合法的,则可以排除犯罪的成立。

刑民交叉案件的诉讼问题

纪格非*

对于刑民交叉案件的诉讼问题,笔者认为主要涉及两个方面:一是刑事判决在民事诉讼中的效力问题;二是刑民交叉案件的审理顺序问题。这两个问题是密切相关的。其中,第一个问题是解决第二个问题的前提和基础。

一、刑事判决在民事诉讼中的效力

近年来,刑事判决在民事诉讼中预决力的问题受到了司法界的关注。究其原因,主要在于现有规则的固有不足及理论研究的滞后,导致无法应对实践中出现的日益繁杂的问题。对刑事判决证明标准的不精确理解、对判决统一性的过度追求及司法人员的风险规避意识、当事人推翻生效刑事判决的事实认定结论的可能性较低、民事案件的审理法院对先前生效刑事判决的事实认定结论的正确性进行审查的途径与手段相对匮乏等原因综合导致了我国刑事判决预决力的扩张。针对由此造成的判决效力作用的主体范围无限扩大、刑事判决在民事诉讼中的优越地位不断强化等现实问题,可尝试通过完善我国刑事判决在民事诉讼中预决力规则予以解决。

(一)区分判决主文与判决理由效力

赋予刑事判决主文的绝对效力。刑事判决的主文是对被告人是否犯有某种罪行以及应当承担何种刑事责任的认定,是法院对刑事案件进行审理后得出的结论性判定,也是刑事判决书中最重要的部分。因此,对于判决书的主文所认定的定罪与量刑的事实,应当受到所有人的尊重,赋予其对世效

* 中国政法大学教授。

力。从比较法的角度看，对于刑事判决的定罪事实或其他重要事实赋予较高程度的拘束力也是多数国家通常的做法。对于判决主文中认定的事实的效力，还有必要将这些事实区分为确定性事实和非确定性事实。在民事诉讼中，具有既判力的刑事裁判中认定的事实必须是经我国法院制作的生效的刑事判决书中认定的、确定性的、必要的、具有刑事性质的事实。在判决理由中，作为定罪基础的事实对参与刑事诉讼程序的当事人具有绝对的法律效力，刑事诉讼程序的当事人不得在后诉的程序中主张相反的事实。所谓基础性事实，是指对于审理刑事案件的法官判断是否构成犯罪以及所涉罪名具有决定性影响的事实。此类事实一般指犯罪构成的要件事实。基础性事实作为定罪依据，其证明标准较高，因此证明结果的可靠性比较有保障，而且，定罪事实直接关系被告人是否有罪以及涉及的罪名，其稳定性必须有所保障。对于刑事判决理由中认定的非基础性事实，由于此类事实的认定标准无法达到“排除合理怀疑”的程度，因此此类事实不应当被赋予免证的法律效力。由于不具有免证的效力，所以民事案件中对此类事实的证明责任并不会因为该事实经过刑事判决认定而发生转移，当事人仍应对该事实的存在承担证明责任。当然，也允许民事诉讼中的当事人将刑事判决书对于该事实的认定作为一种“有说服力”的证据使用，以证明其主张。

（二）限缩刑事判决预决力的主体范围

刑事判决的主文对于罪名和刑罚的确定具有对世效力，任何人不能作出矛盾的主张。对于判决理由部分涉及基础事实的内容，按照程序公正的一般理论，判决应当对参与程序的当事人发生拘束力。因此，参与程序的当事人不得在事后提出与前诉事实认定结论矛盾的主张。在刑事诉讼中，参与过程序的主体，包括人民检察院、被告人、自诉人及被害人应当受到刑事判决事实认定结论的拘束。不得在后诉中提出与前诉判决事实认定结论矛盾的主张，没有参与刑事诉讼程序的民事诉讼的当事人则无须受到先前判决的拘束。

（三）维护民事审判之独立性与专业性

维护民事审判权的独立性，充分尊重民事法律规范的专业性，应当成为我们设计刑事判决预决力规则时充分考量的问题。一般而言，在以下几种情况下，应当允许审理民事案件的法官对刑事判决中认定的事实作出重新的评估与认定：其一，刑事立法与民事立法对某些事实评价的标准及法律术语的含义不同。在这种情况下，应当充分尊重民事法律的独立性以及民事审判机关的独立性。其二，审理民事案件的法官在重新评估被害人的过错的基础上，确定侵权人的责任大小与范围。被害人过错是民事诉讼中必须查明的核心事实，对于最终的判决结果至关重要，不仅如此，审理民事案件的法官还需要对被害人的过错与损害的发生、损害的范围之间的因果关系作出比较精确的评估，从而确定加害人的责任程度与责任范围。因此，对于刑事判决中的受害人过错，应当允许审理民事案件的法官在民事诉讼中重新予以认定。其三，审理民事案件的法官在特定情况下对侵权行为的损害结果与因果关系重新作出认定。原因在于刑法与民法对于因果关系的关注重点与界定方法存在许多差异，刑事判决与民事判决中对因果关系和损害结果的认定有可能出现不一致的情况。

二、刑民交叉案件的审理顺序

在清楚地界定了刑事判决在民事诉讼中的效力后，刑民交叉案件的审理顺序问题的解决思路也将变得清晰。《民事诉讼法》关于诉讼中止的规定已经提示了刑事案件优先审理的根本性条件——刑事案件有优先审理的“必要”。如果使刑民案件发生关联的事实属于必须通过刑事诉讼程序认定的基础性事实，通常是指犯罪主体的事实、关于犯罪构成要件的事实时，刑事案件就具备优先审理的必要。相反，刑事案件就不具有优先审理的必要。所谓“必要性”，主要有以下三种情形。

第一，权利请求上的必要性。即如果民事案件当事人以刑事犯罪事实作为支持其诉讼请求所依据的事实，此时，是否存在犯罪事实只能由刑事司法机关通过刑事诉讼程序认定，这多发生在受犯罪行为侵害的被害人要求加害人给予物质赔偿的情况下。在不属于被害人要求刑事被告人给予物质赔偿的民事案件中，也可能存在民事请求权以确定犯罪事实为基础的情况，如《继承法》第七条、《保险法》第四十五条所规定的情形。

第二，民事案件涉及的责任人或责任方式需要经过刑事诉讼程序确定的,在此种情形下,应当采用刑事优先的审理方式。比如,根据《侵权责任法》第五十二条的规定,因盗窃、抢劫、抢夺机动车发生交通事故时,盗窃人、抢劫人或者抢夺人是责任主体。盗窃、抢劫、抢夺事实是否存在,涉及行为人的刑事责任,必须通过刑事诉讼程序加以认定。因此,对于此种类型的案件,刑事程序应优先进行。

第三,证据方面的必要。在刑民交叉案件中,某些证据可能同时被用于民事诉讼程序和刑事诉讼程序。由于侦查和审查起诉程序中证据不公开,因此可能会出现在民事案件的审理过程中,法院认定案件事实所需要的证据同时是刑事案件中的证据,且在侦查或公诉机关的掌握下,后者基于保密的要求,不能将证据提交民事诉讼程序。此时,如依据举证责任分配规则要求当事人承担败诉风险,显然有失公允。因此,民事审判部门可以裁定中止民事诉讼程序,待刑事案件审结后再启动民事案件的审理。

刑民交叉案件的范围、类型及处理原则

黄祥青*

刑民交叉案件的法律适用问题，是司法实践中长期关注、迄今仍需深入研讨的议题。推进此项适法统一，既要清晰树立不同部门法之间整体协调裁判的司法理念，也要潜心研究实际问题，摒弃仅以观念思辨代替务实研讨的清谈之气，以切实解决现实争议问题。

一、刑民交叉案件的定义和范围

研讨问题，首先应当界定讨论范围。如果各自针对不同对象展开议论，势必各说各话，难以达成研讨目的和共识。关于刑民交叉案件的定义和范围，目前的主流观点认为：刑事、民事案件涉及“同一事实”的，属于刑民交叉案件，原则上应当纳入刑事诉讼程序一并处理。所谓“同一事实”，是指行为主体、行为客体或对象，以及行为表现三者均相同的情形；如果其中之一发生变化的，则属于“不同事实”，应当分别作为刑事案件与民事案件独立审判。

从实际情况看，刑事与民事案件并非只有“事实完全竞合”一种交叉形态。在事实部分竞合，或者彼此存在主从、隶属等牵连关系时，同样产生刑民法律关系需要整体考量、刑民诉讼程序需要协调推进的必要性。典型适例如行为人诱骗他人担保实施贷款诈骗罪的情况，尽管行为对象分别为银行和担保人，行为表现是骗取担保和诈骗贷款两种不同内容的欺诈，但两个行为之间呈现犯罪手段与目的的关系，共同造成银行钱款被非法占有的危

* 上海市第一中级人民法院院长。

害结果,前后构成一个完整的犯罪行为过程。倘若人为地将银行与保证人之间的所谓“担保行为”从贷款诈骗的基本事实中分离出来,单纯作为一般的民事案件进行审理与裁判,可能产生的事实偏差或归责欠当,则是不难想象的。即令在一人犯数罪的场合,如果有的罪行涉及人身损害赔偿等民事诉讼,一般也倾向于刑事、民事案件协调推进,尽力达成“以刑促民”或“以民济刑”的综合审判效果。一言以蔽之,在刑事、民事案件并非“同一事实”的特定场合,整体协调裁判仍然十分必要。

在司法实践中,也有人对刑民交叉案件作广义的理解,即将经济纠纷涉嫌刑事犯罪如何准确区分、妥善处理问题一并纳入研讨范围。严格来说,这一议题并不涉及刑民两种法律事实交叉并存、如何避免矛盾或冲突裁判的问题;其实质是如何准确掌握经济犯罪的界限,重点在于切实贯彻刑法谦抑原则,审慎把握涉民间借贷、合同股权纠纷、非法经营等案件的犯罪构成要件及成罪标准,以及从严掌握相应的证据规格。前者关注犯罪构成要件及证据的正当、充实性,后者重视刑民两种法律事实、规范在裁判上的协调一致性。二者各有侧重,适宜分别研究。倘若杂糅一团,笼统讨论“先刑后民”或“先民后刑”的合理性,结论很可能是南辕北辙,因为原本就不是一类争议问题。本文立足于狭义范畴展开相关讨论。

基于此,刑民交叉案件,是指一个完整的案件事实过程所包含的当事人合法权益,通常需要经由分别提起刑事和民事两种诉讼才能给予充分保护或救济的案件。具体包括三个要点:

其一,刑民交叉案件通常形成于一个案件的完整事实过程之中,包括案件发生、发展、结果及其后续处置的全程。一个案件既可以是单一犯罪,也可能是数罪合并追诉的情况,如数个盗窃或故意伤害罪一并追究,均涉及财物损失的赔偿问题就是适例。其中的多个法律事实之间或同根并生,或因果相连,或后续延展,但都是一个完整案件事实不可或缺的组成部分,也是刑民交叉案件发生的范围所在。

其二,刑事与民事两种法律事实交叉并存、紧密关联。刑民法律事实既可因行为主体多元而形成,如不负刑事责任的未成年人参与共同伤害犯罪,其监护人代为承担民事赔偿责任就是其中的典型案例;也可因复合行为而产生，如行为人以高息揽存等方式诱骗他人赴指定银行存款，在开户过程中利用存款人的轻信，钻银行工作人员审核把关不严的空子，擅自开通网上电子银行业务并截留数码介质“U 盾”，嗣后使用“U 盾”盗划他人存款资金的行为即是适例；还可因犯罪行为而引发，如行为人犯交通肇事罪而触发保险公司对被害人的人身伤亡理赔责任等。可见，刑民法律事实发生的成因具有多样复杂性，但交叉并存于一个自然的案件事实过程之中，乃是基本特征。

其三，刑事与民事两种法律责任具有交互性和整体性，共同构成一个完整案件法律责任大小的评判依据。尽管刑事责任居于主导地位，但民事责任具有补充、调节作用，二者并非完全独立。于是，刑民诉讼程序的启动、推进也相应具有关联性，需要彼此协调、相互照应，唯有如此才能达成既充分保护救济合法权益，又依法合理追究法律责任的司法目的。

二、刑民交叉案件的类型与规范目的

合理分类是有效规制的重要方法。问题越是复杂，越需要找准分类标准，适时条分缕析，以利透视问题本质，提出有针对性的解决办法。梳理典型争议案件，切入因果关系视角检视，刑民交叉案件大致可以分为三种类型：

一是一个行为造成两种以上的损害结果，分别需要提起刑事和民事两种诉讼予以保护救济。例如，一个故意伤害犯罪，既造成他人人身伤害后果，又导致被害人因治疗等事由产生财物损失，通常需要提起刑事附带民事诉讼或单独提起民事诉讼一并实施刑民两种救济，此乃事实竞合或“一因多果”的典型。

二是多个行为或事由共同酿成一个损害结果，但行为人之间并无共犯关系，而是应当分别承担相应的刑事与民事责任。譬如，单位职员利用职务或工作条件上的便利，或者冒用单位名义实施个人诈骗犯罪，所属单位因存在管理疏漏等过错而承担替代赔偿责任；以及学生在校期间遭到不法侵害，学校因未尽到管理责任而承担补充赔偿责任等，均属事实牵连或“多因一果”的适例。

三是犯罪行为或其后续处置行为直接引发民事纠纷,使刑事、民事诉讼相继发生。如犯罪人将违法犯罪所得(如赃款赃物等)用于消费挥霍或归还债务,进而引发财物所有人与实际占有人之间的善意取得之争,以及前述交通肇事犯罪引起保险理赔之诉等,皆可视为事实延展或"因犯罪而继发民事诉讼"的类型。

就一般经验而言,在案件数量上,"一因多果"与"多因一果"类案件占据刑民交叉案件的绝大部分,"因犯罪而继发民事诉讼"类案件相对较少。在刑民关系上,"一因多果"类案件多属侵犯人身犯罪一并引发财物损失,此时,民事诉讼具有衍生性和附带性。"多因一果"类案件大多属于侵财犯罪,刑事犯罪往往是主因,民事案件多因牵涉次因或条件而产生,具有补充性或依附性。在法律责任上,"一因多果"类案件的责任主体比较单一(当然不排除复杂的共犯情形),民事责任上的争议主要在于合适范围,如人身侵害犯罪中是否应当判决伤残赔偿金或死亡赔偿金等。"多因一果"类案件大多只造成财产损害,犯罪作为主因理当承担退赔主责,次因或条件按常规只能依过错大小承担补充责任。但有无例外替代承担主责或连带责任的情形?正是由于责任主体的多元性和责任类型的多样性,导致此类案件成为实践中争议多发的地带。相形之下,"因犯罪而继发民事诉讼"类案件的民事责任具有一定的独立性,其与具体的犯罪构成事实没有太大的关联度,故单独评价多无大碍。

究竟各类刑民交叉案件如何妥处?尽管道理并非深奥,但多年以来,刑事或民事裁判的习惯思维或惯性不时显现巨大魔力,以致各家只顾规则自洽,彼此强调多有龃龉。因此,专门明确解决刑民交叉案件的靶向目标依然十分必要。

法谚云:"有损害必有救济。"将充分救济受损法益作为司法裁判的优先选项,应该无甚异议。与此相对应,对于被告人的科刑追责,应当做到依法有据、责罚相当,这也是司法公正的题中之义。再者,实体裁判必须依据程序法有序展开,当属法治要义。因此,刑民诉讼理当适时跟进,既防冒进也忌延宕,以达成最佳救济效果。确定以上三维目标指向,立足三类案情表现,具体处理方法则如六辔在手,余下当可轻车便行。

三、刑民交叉案件的处理原则

依据法律价值的统一性和司法裁判的目的性，审判刑民交叉案件，有必要遵循三项处理原则：

1.整体协调裁判原则。即“有关联就须讲协调”。无论是事实认定，还是法律归责，均应将刑民两个部分作为整体观察考量，作出相互照应、彼此相宜的认定与裁判。

从实际情况看，由于缺失整体协调裁判观念，在事实认定方面，刑民法律事实很容易发生以下三方面的问题：

一是形式与实质认定明显冲突背离。即当行为人以合法的经济活动之名行侵财犯罪之实时，倘若民事诉讼仅就作为犯罪手段的所谓“经济活动纠纷”进行审理，则极易产生案情表象与事实真相的严重背反。如前述刑事判决认定担保和贷款两份合同都是行为人诈骗银行钱款的“犯罪工具或手段”，而单独进行的民事诉讼却判决两份合同或其中的担保合同仍然合法有效，应当继续履行，此乃刑民判决就同一事实作出冲突裁判的典型例子。

二是事实认定止于表浅或失于片面。即在有些新类型、疑难复杂犯罪中，离开了刑事诉讼对于案件事实的完整查证，相关民事诉讼很难查清案件事实与法律责任。如前述以高息揽存为诱饵盗划被害人银行账户内钱款的案件，刑事判决通常会详细查证诈骗犯是仅冒充银行工作人员利用客户接待室实施骗术，还是银行柜台工作人员也存在审核把关不严的过错等作案细节，细节不同，银行与存款人各自的过错程度也不同。但在民事诉讼中，被害人大多只描述自己的钱款存入银行却莫名遭遇损害的简单过程，对于诈骗犯如何施展骗术或银行工作人员如何陷入过失等案件详情，要么一概不知，要么刻意回避，以免言语之间暴露自身的轻率或疏失。很显见，仅仅依据原被告双方的陈述和举证，民事判决对于两造之间的债权债务纠纷及其法律责任大小，很难作出完整、准确的认定。

三是对于同一事实各依所持作出不同认定。即由于刑事与民事证明标准的不同，对于同一事实可能很自然地出现两种裁判结论。如在不少经济犯罪案件中，刑事判决可能因为证据充实性的原因而扣减部分犯罪数额；而在被害人另行起诉被告人所在单位代位承担赔偿责任的民事诉讼中，相关损失数额则有可能获得支持或认可。

至此，不难看出，刑民法律事实可由多种原因形成认定上的脱节或抵牾。但比较而言，刑事认定通常更能接近事实本真或实质正义。树立整体协调裁判观念，确定相关民事认定应以刑事判决为依据或相衔接的一般原则，上述三方面的问题即可迎刃而解。

在法律归责方面，实践中暴露的主要问题是刑事与民事责任的分裂脱节问题。例如，刑事附带民事判决故意杀人案中的死亡赔偿金不属于物质损失范畴而不予支持，而另行起诉的民事判决却全额支持被害人家属的相关诉请；以及刑事案件已经在进行追赃挽损，民事诉讼又就同一损害结果另行判决全额赔偿。诸如此类情形，或许单就刑事或民事一角来看，均可谓言之有理、持之有据，但就整个案件的裁判结果来说，不仅凸显刑民法律责任的直观冲突，有损司法的严肃性和权威性，而且造成司法过度保护或苛责被告的明显不公，亦背离司法的公正性和目的性。

无论是“一因多果”还是“多因一果”类案件，均涉及法律责任的适当分配，可以是刑民法律责任之间的有效互动，如被告人积极赔偿取得被害人谅解而可适度减轻刑事责任；也可以是民事责任在各个责任主体之间的合理分担，如民事责任可能表现为连带责任、按份责任或补充责任等不同形态。但归根结底，刑民法律责任既要从个体上体现原因力大小与责任轻重的匹配性，也要从整体上体现法律责任与损害结果的均衡性。唯有整体协调，刑民法律责任才能相得益彰、落地生根。

2.充分合理救济原则。即对于当事人遭遇损害的合法权益，既要依法给予充分保护或救济，又要慎守畛域、遵循填平和过错责任原则，保持合理限度。对此，实践中经常关注三个问题：

其一，对于涉犯罪的合同，如何处理其效力？实践中不少同志主张“合同并不当然无效”，主要基于两条理由：一是为了充分保护守约方的合法权益，可将涉犯罪的合同认定为可撤销合同，是否撤销作有效或无效处理，交由守约方在规定期限内自主决定，以保证其充分行使选择权，实现守信重诺的可期待利益。二是刑事判决只能追偿被害人的财产本金损失，只有确认合同效力，才能让被告人承担赔偿违约金等合同责任。

这里相应涉及两个问题：一是追究被告人侵财犯罪的刑事责任，能否保护被害人的合法财产权利？二是是否只有通过认定合同有效，才能最大限度地保护被害人的财产利益？

从实践情况看，既然行为人涉嫌合同诈骗等犯罪已经受到刑事追究，被害人受损的财产权益就必然经由刑事追赃、责令退赔等强制措施得到国家强制力的有力保护，并不存在刑法只保护国家和社会公共利益的问题。刑法作为保障法，无疑已将国家、社会和公民的合法权益完整纳入保护范围，实施更为严格的保护。那么，是否存在刑法仍有保护不足，需要通过确认合同有效、经由民事诉讼予以进一步救济？这里不妨设想两种情形：

如果刑事被告人与民事被告同一，刑事追赃不足，民事救济难道还有其他发挥空间？假如被告人具有退赔能力，通过刑罚推动被告人积极退赔、取得被害人谅解之道，同样可以达到让被害人受损权益得到更好修复的“双赢”目的，也就是说，在诉讼对象相同的场合，民事诉讼就没有展开的余地。

如果被害人另辟蹊径、针对担保人等非共犯主体提起民事诉讼，在法律上完全可行，但此时必须解决与刑事追赃就同一损害结果进行重复保护和过度救济的问题。因为侵权、违约责任的基本遵循都是填平原则，重复保护和过度救济显然均不足取。况且，在前述利用担保人实施的贷款诈骗案件中，担保人与被害人同处受骗被害人的地位，都有责任依过错程度分担财产损失。倘若在两个平等主体之间，径直判决一方对另一方承担全部赔偿责任，则意味着对另一方实施特别保护，其事实依据何在？次因或条件能够承担主责或全责？显然在法律上值得深入思考、审慎斟酌。

事实上，对于刑事追赃不足的部分，完全可以由被害人就实际损失对担保人提起损害赔偿之诉，如此既可对被害人体现填平原则，不致重复过度保护；又可切实追究担保人在“多因一果”的侵权损害中理应承担的过错责任，实现法律的公平公正性。换言之，认定涉犯罪的合同仍然合法有效，既有法律逻辑上的悖论，也有实际操作中的困扰，其并无必要。

其二，在刑民交叉案件中，如何掌握民事诉讼的合理范围？从现行法律规定看，《刑事诉讼法》及相关司法解释从案件类型和财物损失范围两个维度,对附带民事诉讼的审理范围作了明确限定,即被害人因人身权利受到犯罪侵犯或者财物被犯罪分子毁坏而遭受物质损失的,有权提起刑事附带民事诉讼。从法律解释论上说,一般认为犯罪给被害人造成的财产性利益损害是多方面的,但基于现实考量,相关法律只支持被告人赔偿"直接损失"。从司法实践情况看,在总体遵循现行法律规定的前提下,也有适度扩大民事诉讼审判范围的呼声及个案裁判,如有的判决将伤残赔偿金、死亡赔偿金纳入侵犯人身犯罪的民事赔偿范围;有的判决支持强奸案件的被害人提起精神损害赔偿之诉等。

归纳各方考量,主要强调的理由有三点:一是尽管刑事诉讼已经对于被告人的犯罪行为判处刑罚,但不能以此代替对于被害人遭受实际损害的民事权利进行充分救济。二是受刑被告人大多不具有巨额赔偿能力,仅仅基于被害人需求下判可能造成普遍执行困难,失去政策层面的平衡。三是刑事附带民事诉讼不宜纳入繁复的民事救济内容,否则势必拖累刑事诉讼进程,有悖程序设计的初衷。

毋庸赘言,上述意见取向不尽相同,但皆有合理可取之处。重点在于如何缩短、平衡应然方向与实然条件之间的差距。此外,还有一点应予特别关注:任何人不能因为违法犯罪行为而获利的至理铁律。以往较多的是从违法犯罪者角度予以阐释,其实于被害人角度亦当如是。否则,不足以防范故意制造犯罪陷阱而使自己从中获利的法律漏洞。无论是侵权法律责任坚持填平原则,还是刑事司法惯例追究直接损失,应该都可在此找到注脚。有鉴于此,可否按如下思路界定刑附民以及单独提起民事诉讼的审理范围:

对于严重侵犯他人人身权利的犯罪,可依判处刑罚的轻重决定相关民事诉讼的范围。具体来说,对于被判处无期徒刑以上刑罚的侵犯人身权利犯罪,基于惩罚的相当性和实操的可能性,不宜再行支持伤残赔偿金或死亡赔偿金的诉请。而对于判处有期徒刑及其以下刑罚的同类犯罪,则以裁判支持为宜,以满足公民观念上对于付出身体伤残或生命代价的公平心理需求。至于轻罪支持"两金"赔偿而重罪相反的"倒挂现象",可由刑事与民事法律责任的整体协调性予以周延诠释。

对于利用经济合同等方式实施的侵财犯罪,不宜将违约金等合同项下的可期待利益纳入民事诉讼范围。就常识而言，合法利益应当源于正当行为。在侵权犯罪中主张合法的经营利益或利润，难免本质上有违事理，且有陷入“不排除犯罪中也有利可图”的道德旋涡或行为导向风险。从客观事实看，对于绝大多数经济犯罪，被害人能够全身而退已实属不易。倘若设定获利预期，可能只会落得重温古训：行有不得，反求诸己。

对于其他犯罪涉及的民事诉讼，宜严格按照“直接损失”掌握审理范围。其中不妨把握三个要点：首先是合法性，即作为司法保护的对象，直接损失一定要具有合法属性。其次是因果性，即被害人的财产利益损失，必须是侵权行为造成的，具有直接的因果关系（当然不排除多因一果的情形）。最后是实然性或必然性，即财物损失必须是已然或必然会发生的。举一例说明：被害人在一娱乐场所从事异性陪侍服务，其间遭遇多次强迫卖淫。其能否提起附带民事诉讼要求赔偿误工损失等费用？很显见，要求赔偿误工损失费应以已经从事正当合法职业为前提，如果只是或然性或可能性，则因不具实然性而难以认定为直接损失。

其三，对于犯罪人将赃款赃物用于还债、转让的，能否继续予以追缴？近年来，有关司法解释性文件以第三人是否“善意取得”为标准，规定了刑事追赃的限度。实践中不少案件的刑事追赃进程，也因第三人主张系善意取得而被迫止步。我们认为，只要赃款赃物去向明确、脉络清晰的，原则上应当一追到底。简要理由有三点：第一，债权人主张债权，不能以损害他人的合法财产权利为代价。第二，继续追缴赃款赃物，并不影响债权人行使债权。第三，对于刑事被害人的财产权利给予一定程度的特别保护，既可避免其二度受伤，同时也是刑法作为保障法彰显其权威性的必要或必须措施。至于规范性文件所规定的“善意取得”情形，应当进行严格界定。只有确实经过公开、透明的市场交易程序完成的买卖行为，才能认定为“除外情形”，可以阻却刑事追赃，以保证市场交易秩序的安全性和稳定性。

3. 诉讼经济便民原则。即刑事、民事诉讼程序的启动与推进，既要瞄准实现司法目的，也要贯彻诉讼经济、便民原则，尽力使用最少的司法资源，达到最佳的保护救济效果。根据司法实践经验及上述案件分类情况，有关刑民诉讼程序可分如下三种情况处理：

第一,对于一个行为造成多个损害结果的,可以同时或相继启动刑事与民事诉讼;但具体民事责任大小,一般还是有赖于刑事诉讼先行查明的案件事实。但是,如果犯罪嫌疑人潜逃致使刑事诉讼程序中止的,或者被害人急需医疗救治等费用,民事诉讼的被告承担连带赔偿责任的,可以先行推进民事诉讼,以充分保障被害人的合法权益得到及时救济。至于犯罪嫌疑人在民事诉讼中享有的举证权与答辩权等,皆可因其逃逸行为而被视为放弃;共同侵权人先行承担连带责任后的责任分担问题,可在刑事诉讼查明各自行为及其责任后,作为内部问题另行解决。

第二,对于多个行为造成一个损害结果的,原则上只能启动一个诉讼程序予以救济,不宜针对不同对象同时推进刑事与民事诉讼,进行并行救济。如前述诱骗担保诈骗案,只有银行财产被骗一个损害结果,在已经展开刑事追诉的情况下,就没有必要同时推进民事诉讼。只有针对刑事救济的不足部分,适宜推进民事诉讼、展开补充救济,以避免重复过度救济的弊端。但是,如果被害人认为有必要针对侵权行为关联人先行提起民事诉讼、仅仅申请财产保全的,应当予以准许。待刑事诉讼查明案件基本事实及其责任以后,再行推进相关民事诉讼。

第三,对于"因犯罪而继发民事诉讼"类案件,可以并行或先行推进民事诉讼。因此类民事诉讼仅以犯罪结果事实为归责依据,对于犯罪行为事实具有相对的独立性,故及时推进有利于维护当事人权益。综上所述,对于刑民交叉案件,相关诉讼程序的启动与推进应以"先刑后民"为原则,以"刑民并行"或"先民后刑"为补充或例外。

完善刑民交叉案件办理机制的思考

于同志*

在刑民交叉案件的实际办理中，疑难争议问题较多。但概括起来看，有两大基本问题：一是刑事程序和民事程序的操作顺序如何把握，两者孰先孰后，能否并行不悖；二是刑事或者民事判决作出后的既判力问题，也即先行作出的刑事判决或民事判决，对民事部分或刑事部分处理的效力。就此谈一些个人认识。

一、关于刑民程序孰先孰后问题

从现行有关司法文件规定，刑民交叉案件的办理采取“先刑后民”是一个大原则。这个原则早在20世纪80年代便基本确立。例如，1985年最高人民法院、最高人民检察院、公安部发布的《关于及时查处在经济纠纷案件中发现的经济犯罪的通知》（已失效）、1985年最高人民法院发布的《关于审理经济纠纷案件必须严肃执法的通知》以及1987年最高人民法院、最高人民检察院、公安部发布的《关于在审理经济纠纷案件中发现经济犯罪必须及时移送的通知》（已失效）等文件，均采取了“先刑后民”的立场。在其后的司法文件中，除个别认为“可视案件实际情况刑民并行”外，绝大多数是在强调“先刑后民”。在2019年7月召开的全国法院民商事审判工作会议上，刘贵祥专委的总结讲话也明确指出：“刑民交叉案件的一个基本规则是：刑事案件与民事案件涉及‘同一事实’的，原则上应通过刑事诉讼方式解决。”

值得注意的是，在“先刑后民”机制之下，有关司法文件对民事案件处理

* 最高人民法院刑二庭审判长。

方式的规定,前后并不完全一致。1998年最高人民法院的《关于在审理经济纠纷案件中涉及经济犯罪嫌疑若干问题的规定》、2014年最高人民法院、最高人民检察院、公安部发布的《关于办理非法集资刑事案件适用法律若干问题的意见》、2015年最高人民法院发布的《关于审理民间借贷案件适用法律若干问题的规定》等规定的处理方式是"驳回起诉或者不予受理",而1997年最高人民法院发布的《关于审理存单纠纷案件的若干规定》规定的是"中止审理"。刘贵祥专委在全国法院民商事审判工作会议上的讲话中认为:"人民法院在审理民商事案件过程中,发现民商事案件涉及的事实同时涉及刑事犯罪的,应当及时将犯罪线索和有关材料移送侦查机关,侦查机关作出立案决定的,应当裁定驳回起诉;侦查机关不及时立案的,应当及时报请当地党委政法委协调处理。"由此,这里就有了几种不同的处理方式:(1)驳回起诉;(2)不予受理;(3)中止审理等。从司法实践看,个案的处理也很不一致,而上述处理方式之间的差异性在法律上还是很大的。

不仅针对民事案件的处理方式不统一,在"刑民交叉"案件的判断标准上彼此也有差异。《关于在审理经济纠纷案件中涉及经济犯罪嫌疑若干问题的规定》是以"同一法律事实""同一法律关系"作为区分标准。而《关于办理非法集资刑事案件适用法律若干问题的意见》《关于审理民间借贷案件适用法律若干问题的规定》采取的是"同一事实"的判断标准。刘贵祥专委的讲话也是明确支持"同一事实"标准,并提出:"鉴于民事诉讼与刑事诉讼具有不同的职能与程序,分开审理是基本原则,因此要从行为主体、相对人以及行为本身三个方面认定是否属于'同一事实'"。具体来说,从行为实施主体的角度看,"同一事实"指的是同一主体实施的行为,不同主体实施的行为不属于同一事实;从法律关系的角度看,刑事案件的受害人同时也是民事法律关系的相对人的,可以认定为"同一事实";从要件事实的角度看,只有民事案件争议的事实,同时也是构成刑事犯罪的要件事实的情况下,才属于"同一事实"。上述判断标准比较清晰,易于操作。但同时也应当看到,按照上述标准把握,"刑民交叉"案件的范围又是比较狭窄的。从实践看,刑民交叉案件范围如何把握其实是一个有较大认识分歧的问题,而这又是合理建构刑民交叉案件办理机制的一个至关重要的问题。

除了上述的“同一事实”“同一法律事实”“同一法律关系”等含义不尽相同的认定标准外，在“刑民交叉”的判断上，《关于审理存单纠纷案件的若干规定》还提出了“民事案件是否必须以刑事案件的审理为前提”的标准。但在总体上看，“先刑后民”是一个大原则，“同一事实”是一个原则性的判断标准。从实际看，“先刑后民”确实有其简便、易操作的优势，因为在刑事优先的情况下，可以借助国家公权力机关强大的事实调查能力，来弥补一些当事人自行诉讼时在举证能力方面的不足，从而更好地查清案件事实，推动案件客观公正的处理。但是，我们也应当看到，既然“先刑后民”只是一个原则性的法则，就不能过于机械地、绝对地理解，否则就容易出现问题。事实上，“先刑后民”的程序便利性也并非是绝对的，一些情况下，“先刑后民”也可能造成一种程序上的非便利和不公正。比如，在犯罪嫌疑人潜逃而长期无法归案时，如果刑事案件的处理迟迟不能有结果，那么受害人的权利就会因为“先刑后民”原则而无法得到及时救济。此外，“先刑后民”还可能被某些人恶意利用，成为干涉民事案件或者寻求自身不法利益的“挡箭牌”。比如，利用“先刑后民”原则将正在进行的民事或经济纠纷案件中止，已成为地方保护主义干预经济纠纷的一个重要借口。

从我们办理的经济犯罪案件看，即便是“同一事实”，在发生刑民交叉的情况下，也不宜搞“一刀切”。比如，对于违反市场准入型的犯罪，典型的是非法经营行为，行为人的市场准入资格有问题，可能涉及非法经营犯罪，但因此产生的相关民事行为并不必然是非法的、无效的，如果同时存在民事诉讼和刑事追诉的话，“民刑并行”甚至“先民后刑”，并不是完全不可行，这样也有利于在打击犯罪的同时，及时维护民事相对人的合理权利、利益。但对于涉及诈骗、侵占类犯罪，按照举重明轻的原理，相关民事侵权、欺诈的理解和判断，可能要充分考虑刑事的认定，故此类案件按照“先刑后民”的思路处理更合理。

所以，笔者认为，无论是执法办案还是制定司法文件，都不宜不分情况地搞“一刀切”。在处理刑民交叉案件时，我们必须明确一个基本立场，那就是要选择更利于保护当事人合法权利、更为公正有效解决问题的思路与机制。与其在“同一事实”的判断上纠缠不清，进而在决定是否适用“先刑后民”机制上举棋不定,不如立足于更佳保护当事人利益的立场,按照实事求是的原则来处理刑民交叉案件。

具体来说,就是按照《民事诉讼法》第一百五十条第一款第五项关于“本案必须以另一案的审理结果为依据,而另一案尚未审结的,应该中止审理”的规定,根据刑民交叉案件中刑、民诉讼发生的时间顺序,以及两者之间的审理是否存在依存关系,来确定刑事诉讼和民事诉讼的受理和审理:(1)当刑民交叉案件引起的民事诉讼与刑事诉讼的处理不会产生矛盾,两者也不存在相互依赖关系的,可以“刑民并行”,各自分别进行或者并案审理。(2)当刑民交叉案件引发的民事诉讼和刑事诉讼可能发生冲突,民事诉讼的进行需要以刑事诉讼的结果为前提时,应当“先刑后民”。(3)当刑民交叉案件引发的刑事诉讼需要以民事诉讼的结果为前提时,则应当“先民后刑”。

笔者认为,上述办理机制,相较于机械地坚持“先刑后民”原则,更能兼顾实践的复杂情况,更有利于案件及时、公平地处理。令人欣喜的是,最新的司法文件已在作出调整。例如,《全国法院民商事审判工作会议纪要》第一百二十一条规定,同一当事人因不同事实分别发生民商事纠纷和涉及刑事犯罪,或者涉及刑事犯罪的事实与民商事案件虽有关联但不是同一事实的,民商事案件与刑事案件应当分别审理。有下列情形之一的,应当分别审理:(1)主合同的债务人涉及刑事犯罪或者生效裁判认定其构成犯罪,债权人请求担保人承担民事责任的;(2)以法人、非法人组织或者他人名义订立合同的行为涉及刑事犯罪或者刑事裁判认定行为人构成犯罪,合同相对人请求该法人、非法人组织或者他人承受合同后果的;(3)法人或者非法人组织的法定代表人、负责人或者其他工作人员的职务行为涉及刑事犯罪或者刑事裁判认定其构成犯罪,受害人请求该法人或者非法人组织承担民事责任的;(4)侵权行为人涉及刑事犯罪或者刑事裁判认定行为人构成犯罪,被保险人、受益人或者其他赔偿权利人请求保险人支付保险金的;(5)受害人(当事人)请求涉及刑事犯罪的行为人之外的其他主体承担民事责任的。

二、关于在先判决的既判力问题

在处理刑民交叉案件上,应当明确一个基本立场:刑事诉讼和民事诉讼的差异性是天然的，但是一旦刑事或者民事判决作出来，我们应当充分尊重判决结果，不能轻易地以刑事否定民事或者以民事否定刑事。事实上，刑事判决和民事判决之间也不存在法律地位及效力孰高孰低的问题，都是人民法院作出的判决，都应当予以尊重、一体执行。在先判决的既判力方面涉及不少具体问题，在此主要谈谈受害人经济损失的救济问题。

根据1998年《最高人民法院关于在审理经济纠纷案件中涉及经济犯罪嫌疑若干问题的规定》第八条的规定，涉嫌经济犯罪案件受害人要想维护自己民事权利，可以选择提起刑事附带民事诉讼，或者待刑事诉讼处理以后单独进行民事诉讼。但根据其后颁行的《最高人民法院关于刑事附带民事诉讼范围问题的规定》（已失效）的规定，因人身权利受到犯罪侵害而遭受物质损失或者财物被犯罪分子毁坏而遭受物质损失的，可以提起附带民事诉讼。而对于经济犯罪引起的损害赔偿问题，则不能通过刑事附带民事诉讼受偿，而只能由受害人在人民法院依法追缴或责令退赔，且仍不能弥补损失的情况下，才能另行提起民事诉讼。在相关规定不尽一致的情况下，这里有以下两个问题需要重点关注：

1. 民事判决已经判处赔偿损失，但尚未执行或执行不能，刑事案件要不要再判被告人退赔？

实践中，有观点认为，因为民事判决没有得到执行，所以在刑事诉讼时不应考虑民事案件的处理情况，而应一并就查明的刑事涉案金额作出退赔或追缴处理。这实际上就用刑事判决来替代民事判决，按照前述所明确的司法立场，此做法需要反思。赔偿损失的民事判决已经作出，意味着受害人的诉求已经得到了司法救济，应无须再予刑事判决退缴。至于民事判决的执行问题，只是实际操作层面的问题，要受到很多客观因素的制约，但不会改变受害人的财产损失已经得到法院生效判决保障的事实。更何况，即便刑事判决退赔或追缴，一样可能存在执行不能的问题。

笔者认为，在实际操作中，对受害人关于诉讼方式的选择权应给予尊重，一旦其选择通过民事诉讼解决，则刑事诉讼应慎重启动。这也是避免一些民事当事人滥用刑事诉讼、“以刑促民”等的有力举措。一些人可能担心民事判决不当问题，这个问题其实在刑事判决中同样存在；并且，当事人权利的实现包括民事判决和执行两个环节，对判决中的一些问题，还可以通过执行领域中的裁判来调控。

2. 刑事判决追缴或退赔后是否还能提起民事诉讼？

按照2000年《最高人民法院关于刑事附带民事诉讼范围问题的规定》(已失效)的规定，被害人在人民法院依法追缴或者责令退赔仍不能弥补损失的，是可以另行提起民事诉讼的。但从实际看，刑事判决涉及追缴或退赔的，整体的执行情况还不够理想(这里有多方面的原因)。故有观点认为，在刑事判决虽然涉及追赃但受害人未获全部退赔的情况下，应当允许受害人另行提起民事诉讼。某些地方人民法院在实践中，为让受害人能顺利进行民事立案还推出了给其开具未获全部退赃证明的做法。如果按照前述的司法立场，笔者理解原则上不应当再允许当事人另行提起民事诉讼。特别是，对于刑事判决中有明确的退赔数额及退赔责任主体、权利主体的情况下，如果仅因为被告人没有偿付能力而无法执行，此时受害人应当直接向法院申请强制执行，而不应当允许其就同一损失再向法院提起民事诉讼，因为就该损失主张，人民法院已经作出了司法确认、保障，再行起诉只会浪费司法资源和当事人成本。当然，执行部门要重视对刑事判决的执行，不应在刑事执行与民事执行上搞“区别对待”，尤其不能故意设置门槛将一些刑事判项的执行人为地排除在外。

笔者认为，刑民交叉案件的办理机制是一个颇具实务性的话题，实际办案中应当注意树立三个观念：一是整体的观念，要全面地看待案件事实，特别是对同时涉及刑事诉讼和民事诉讼的案件，应当整体地看问题，不能各扫门前雪，就事论事，片面处理。二是融合的观念，民事和刑事之间要多交流，善于互借思路，比如对直接涉及合同效力的问题，刑事法官要多倾听民事法官的意见，而对于犯罪与否的问题，民事法官则要多倾听刑事法官的意见。三是协调的观念，刑事诉讼与民事诉讼之间的差异性天然存在，在目前的制度框架下两者很难达成完全一致，但应当强调在原则性问题上的协调统一，不能彼此之间南辕北辙、相互否定。比如，不能刑事上已认定为犯罪了，民事上仍然认定相关合同有效。

刑民交叉案件的有关疑难问题探讨

梁　健*

刑民交叉案件的问题很多,也很复杂。结合司法实践中存在的刑民交叉案件的难点问题,本文主要谈三个问题:

一、民事法官在审理民事案件中发现犯罪线索难的问题

民事法官和刑事法官办案的很多理念不一样,民事法官审查案件重视形式证据,刑事法官审查案件重视实质,在办理刑民交叉案件过程中,形式证据往往完备无缺,因此民事法官要主动发现涉嫌犯罪难。如果能够在民刑交叉案件的相关规定中就发现涉嫌犯罪的路径,作一个提示性的规定可能会起到实质性的指引作用。

1. 民事法官要重视实质审查。从刑事司法实践看,民刑交叉案件主要集中在套路贷、虚假诉讼、非法吸存、集资诈骗、高利转贷以及人身伤害引发的刑事附带民事案件中。这些领域是刑民交叉案件高发地带。涉及刑事犯罪的案件,在民事案件的审理过程中,往往以民间借贷纠纷表现出来的,原告手中都有借贷合同或借据,从形式上审查发现问题难。但被告往往会提出抗辩,称贷款合同或者借条虚假或者借条系被胁迫情况下出具,或者借条上的借款已经部分或者全部归还。基于实践中的复杂情况,我们就要提示民事法官在审理民间借贷纠纷案件时,对借贷合同、借据等的审查不能仅仅限于形式审查,还要进行实质审查,要加强对借贷合同、借据形成原因,包括借款时间、地点、借贷资金来源、借款用途、出借目的及相关证人证言等进行

---

* 浙江省高级人民法院刑一庭副庭长。

认真核查,仔细调查借贷合同是否真实以及是否存在与以合同形式掩盖非法目的等涉嫌犯罪的问题。

2. 发现涉案犯罪线索,及时移送公安机关处理。如果我们审查发现了相关犯罪的线索,就应当就相关犯罪线索移交公安机关处理。如果该相关犯罪的线索与正在审理的民事案件存在紧密关联的,那么人民法院应当驳回起诉或者中止审理。目前就浙江情况来看,很多基层法院在这一方面做得很好,审理法院对于借贷纠纷是否涉嫌"套路贷"等相关犯罪警觉心已经非常高了,由于民事法官对审理借贷纠纷中原告是否涉嫌犯罪以及执行法官在民事执行过程中对申请执行人是否存在诉讼过程中涉嫌犯罪的警觉心高,一旦发现犯罪线索就马上移送公安机关处理,因此一批"套路贷"相关犯罪得以查处,民间借贷趋向正常,随之而来相关法院民间借贷案件呈现断崖式下降。

3. 总结经验,作出指引。有的基层人民法院总结了一套发现涉嫌犯罪线索的办法,就如何从看案卷、听诉辩、重调查着手,就犯罪线索的判断、发现、移送及与公安机关的衔接等进行了很好的经验总结。有些法院、检察院已经从大数据统计着手,建立了职业借贷人名录、诉讼失信人名录,对借贷案件的当事人进行大数据检索,统计在法院作为原告提起诉讼的案件数量、案由等数据,从而发现了一些民事案件的当事人涉嫌犯罪的情况。虽然《民事诉讼法》及相关司法解释也规定应该怎么做,但是相关规定过于抽象,民事法官很难操作,因此如果能在刑民交叉案件的规定中作出相关的提示,一定会大有裨益。

二、违法犯罪所得的界定问题

违法犯罪所得与传统的赃款赃物的概念不完全一致。传统的赃款赃物通常指直接通过违法犯罪手段获得的款物。违法犯罪所得不一定都通过违法犯罪手段获得,如黑社会性质组织通过形式上合法的手段获取的钱财也属于违法所得。笔者认为,违法犯罪所得应该与赃款赃物的概念相一致。但即使理解上不完全一致,也没有大的关系,关键是违法犯罪所得应该如何界定的问题。

首先,要从理论上厘清,不能把将违法犯罪所得局限于通过违法犯罪手段获取的传统上属于赃款赃物的概念,应该并且必须作一个合理的扩张性解释。2018 年《关于办理黑恶势力犯罪案件若干问题的指导意见》(以下简称《指导意见》)第七条规定,在组织的形成、发展过程中通过有组织地以投资、控股、参股、合伙等合法的生产、经营活动获取经济利益的,应当认定为有组织地通过违法犯罪活动或者其他手段获取经济利益。实践中,黑社会性质组织往往通过开办公司企业等方式"以商养黑""以黑护商",无论其财产是通过非法手段聚敛,还是通过合法的方式获取,只要将其中部分或全部用于违法犯罪活动或者维系犯罪组织的生存、发展,即可认定其财产为违法所得,即违法所得不限于行为特征中的违法犯罪以及不正当行为直接获取的财产。黑恶势力不仅会通过违法犯罪活动攫取经济利益,而且往往通过开办公司企业等表面"合法"的方式获取经济利益。在认定涉案企业的资产属性时不能被表面现象所迷惑,不能简单地认为这些企业资产是合法财产,而必须揭开公司面纱予以认真审查甄别。

其次,在违法所得的证明标准上,采用"高度盖然性"作为违法所得的证明标准,而不宜适用"证据确实、充分"的证明标准。第一,认定涉案财产系违法所得还是合法所得,通常情况下并不会对被告人的量刑发生实质性影响,而只是针对被告人因犯罪行为而获取的财产的处理,本质上是对财产所有权的确认。故违法所得的证明标准无须采用"证据确实、充分"的证明标准。第二,采用"高度盖然性"标准更能解决实际问题。在判断涉案财物到底是违法所得还是合法财产时,如果采用"证据确实、充分"的证明标准,有时无法得出确切结论,涉案财产难以处置;如果采用"高度盖然性"的证明标准就能得出明确结论,对涉案财产就能作出处置。第三,采用"高度盖然性"的证明标准有相关依据。《指导意见》第三十条规定,黑社会性质组织犯罪嫌疑人、被告人逃匿,在通缉一年后不能到案,或者犯罪嫌疑人、被告人死亡的,应当依照法定程序没收其违法所得。《关于被告人逃匿、死亡案件违法所得没收程序若干问题的规定》第十七条规定,申请没收的财产具有高度可能属于违法所得及其他涉案财产的,应当认定为违法所得及其他涉案财产。因此,在黑恶势力犯罪案件违法所得的证明标准上只要达到"高度可能"即可,而无须达到"证据确实、充分"的证明标准。第四,"高度盖然性"的证明标准并不低。很多国家将违法所得没收规定为民事诉讼程序。其中,对于证明没收的财产与犯罪事实的关联性,美国、英国、加拿大、澳大利亚等国家均采用"优势证据"的证明标准。这些国家用自身的经验和做法证明了优势证据标准用于违法所得界定的可行性和合理性,也为我们认定违法所得采用"高度盖然性"证明标准提供了参考经验。事实上,"高度盖然性"的证明标准比"优势证据"的证明标准要高。

三、违法所得认定程序路径问题

首先,要构建相对独立的资产调查程序。《最高人民法院关于适用〈中华人民共和国刑事诉讼法〉的解释》第三百六十四条规定,法庭审理过程中,对查封、扣押、冻结的财物及其孳息,应当调查其权属情况。为此,侦查机关应当全面调查黑恶案件资产状况,为检察机关就涉案资产提出具体的处理意见打牢基础。司法实践中,特别要注意对代持股份的调查和审计评估。侦查前期就要对各个涉案或关联企业的股东出资、来源、分红等情况进行专项审计,及时固定证据。对涉案资产要进行审计评估,方能确定资产来源、性质、权属以及价值大小。对于黑恶案件已经审结但资产没有调查清楚的,侦查机关或者资产处置小组必须补充调查清楚。

其次,要构建相对独立的举证质证程序。《关于办理黑恶势力刑事案件中财产处置若干问题的意见》第十一条、第十三条规定,人民检察院在提起公诉时,对涉案资产的相关证据应当列出清单,特别是证明涉案财物系违法所得或犯罪工具的证据材料要一并移送法院,对采取措施的涉案财产提出处理意见建议,在法庭审理时应当对证明黑恶势力犯罪涉案财产情况进行举证质证。否则,被告人或者辩护人因事先不知道处理意见而无法进行针对性的辩护和提出意见。对于已经审结的黑恶案件,侦查机关或者资产处置小组对涉案财产查证后,检察机关应当将涉案资产查证情况和处置意见告知被告人及其委托的代理人,听取意见。

最后,要经过充分的辩论程序。法庭或者资产处置小组应当保持中立,在充分听取检察机关和被告人、辩护人、代理人的意见后,依法作出裁判和决定。涉案财产处置事关被告人以及其他相关人合法权益,因此,法庭应保持中立,听取各方意见。法庭在刑事判决中应对涉案财产作出处理并阐明理由。资产处置小组提请法庭对涉案财产作出裁定时,法庭作出的裁定应当阐明详细的处置理由。

关于审理组织、强迫、引诱、容留、介绍卖淫刑事案件的调研报告

广西壮族自治区高级人民法院

《最高人民法院、最高人民检察院关于办理组织、强迫、引诱、容留、介绍卖淫刑事案件适用法律若干问题的解释》(以下简称《解释》)于2017年7月25日实施以来,广西壮族自治区各级人民法院认真执行《刑法》和《解释》,依法严厉打击组织、强迫、引诱、容留、介绍卖淫犯罪,有力地维护了社会主义道德和良好社会风尚。现将广西各级人民法院审理该类案件的情况综合分析如下。

一、基本情况及特点分析

(一)审判基本情况

2017年,广西各级人民法院审结组织、强迫、引诱、容留、介绍卖淫刑事案件(以下统称卖淫类刑事案件)共359件,涉案被告人共592名。其中,组织卖淫案62件,强迫卖淫案10件,协助组织卖淫案31件,引诱、容留、介绍卖淫案256件。从比重分析,引诱、容留、介绍卖淫案占71.35%。

(二)卖淫类刑事案件的主要特点

1. 犯罪主体呈现"三低"现象。一是在文化结构上属于低学历。初中以下学历人员占被告人总人数的90%以上。二是在社会结构上属于低层面。涉案人员绝大多数属于农民、闲散居民等不具有固定工作的人员。三是经济结构上属于低收入。涉案人员因无稳定工作等原因,经济能力相对较弱。

2. 犯罪类型相对集中。罪名主要以引诱、容留、介绍卖淫罪为主，占卖淫类刑事案件的七成以上，其次是组织卖淫罪和协助组织卖淫罪、强迫卖淫罪。

3. 犯罪主体以女性居多。女性被告人在全部被告人中占比约六成。

（三）卖淫类刑事案件易发、多发的原因

一是犯罪成本低、获利快。尤其是容留卖淫犯罪，被告人通常只需为他人提供一个交易对象、一个交易场所，即可从卖淫者的获利金额中抽取30%以上的提成，不仅收入可观且获利速度快，造成很多被告人不惜铤而走险。

二是犯罪行为隐蔽性强。大部分被告人以合法经营的场所或私密性较强的住宅作为犯罪地点，并使用别名做掩饰。此外，被告人往往抱有极大的侥幸心理，认为不容易被发现，而且，性交易双方被抓获时，交易双方轻易不承认卖淫、嫖娼行为，不主动供述组织、介绍和容留其卖淫的犯罪分子。

三是警示教育力度不足。大多被告人文化水平低，法律意识淡薄，存在着中间人不会受到法律制裁的错误认识，从而盲目走上犯罪道路，加之组织、容留、介绍卖淫犯罪案件大都涉及个人隐私，不公开审理的情况居多，通过审判震慑犯罪教育群众的作用相对而言较为有限。

二、严格依照《刑法》和《解释》定罪量刑

《解释》颁布后，广西各级人民法院认真组织学习交流，努力准确把握《解释》要义和精髓。

（一）准确判断定性

1. 正确界定协助组织卖淫罪。审判实践中，行为人常提出主观上不明知他人实施组织卖淫犯罪活动。对此，应结合其实施协助组织卖淫行为持续时间的长短并结合其他证据，在综合判断的基础上，准确认定其主观故意。如行为人受雇时并不知情，仅工作了一两天即案发，则一般不能构成该罪。除此之外，根据《解释》第四条第二款，在具有营业执照的会所、洗浴中心等经营场所担任保洁员、收银员、保安员等，从事一般服务性、劳务性工作，仅领取正常薪酬，且没有明知他人实施组织卖淫犯罪活动的，也不能认定为协助组织卖淫罪。《解释》的细化有助于准确把握案件定性。

2. 准确区分组织卖淫罪的从犯。《刑法》将协助组织卖淫规定为独立的罪名之后,组织卖淫罪是否还要分主从犯?笔者认为,仍然应当区分。组织卖淫罪的从犯实施了以招募、雇佣、纠集等手段,管理或者控制他人卖淫的行为,在参与程度、所起的作用、造成的直接危害等方面相对主犯较轻;而协助组织卖淫罪在主观方面明知他人实施组织卖淫犯罪活动而为其招募、运送人员或者充当保镖、打手、管账人等,协助组织卖淫人员实施的是组织卖淫的帮助行为。实践中认定是否具有帮助作用不应局限于《解释》所列举的各种具体行为,如培训师,《解释》中并未列举,但却属于比较典型的帮助行为。实践中,要看行为人是否在客观上为他人实施组织卖淫犯罪活动的行为提供帮助。组织卖淫罪的从犯与协助组织卖淫罪的正犯,在行为方式上虽有交集,但因二者在量刑起点和量刑幅度上有明显区别,故应当严格区分,准确认定。

3. 依法认定组织卖淫罪中的"组织"行为。审判实践中,判定行为人是否居于组织者地位,是否有组织行为,是审理组织卖淫案件的重中之重,"组织者"一般从以下三个方面把握:一是发起、建立了卖淫人员的队伍。无论是否具有固定的卖淫场所,组织卖淫者肯定要建立相应的卖淫人员队伍。卖淫队伍的建立一般首先是组织者采取各种手段纠集卖淫人员,在纠集卖淫人员的过程中,组织者处于发起、负责的地位。二是对卖淫人员进行管理、控制。在纠集到多名从事卖淫活动的人员后,组织者要实施一定的管理行为,支配、监督卖淫人员,使之服从、接受管理安排。组织者通过制定、确立相关人财物的管理方法,与卖淫人员之间形成组织和被组织、管理和被管理的关系。三是指挥、命令、调度卖淫活动。在卖淫活动的具体实施中,组织者起领导指挥作用。上述三个方面的行为,都是组织卖淫行为的具体表现,都具有明显的组织特征,行为人只要具备其中一种或者数种行为,即可认定其实施了组织卖淫行为。另外,具备"组织"行为也是正确区分组织卖淫罪与容留卖淫罪的关键之处。

(二)全面分析,综合判断量刑

审理卖淫类刑事案件,要认真分析被告人的主观状态,依据被告人的犯罪事实、犯罪的性质、情节和对于社会的危害程度,依照《刑法》和《解释》的规定进行量刑。如行为人犯罪的主观恶性,犯罪的次数和人数,是否累犯、再犯,犯罪对象是否未成年人、孕妇等,都是准确量刑必须考虑的重要因素。在共同犯罪中,要注意区分主从犯,依据具体犯罪事实和被告人在共同犯罪中的地位作用等对其区别量刑;对卖淫类犯罪过程中出现杀害、伤害、强奸、绑架等犯罪行为的,应当依法进行数罪并罚。同时我们还非常注意参考其他人民法院类似的生效判决,及时对广西地区各级人民法院量刑规范化实施细则中组织、强迫、引诱、容留、介绍卖淫罪部分进行修改。

三、审判中存在的问题

《刑法修正案(九)》对组织、强迫、引诱、容留、介绍卖淫罪进行修订以后,《解释》对该罪作了更为细化的规定,但在司法实践中还存在一定的困惑和问题。

(一)关于组织卖淫罪的主从犯问题

多数意见认为应区分主从犯,理由是只要多人共同犯罪,就存在区分主从犯的可能性。虽然法律将协助组织卖淫行为设置为独立的罪名,但是协助组织卖淫罪并非简单地将组织卖淫罪中的从犯行为规定为协助组织卖淫行为,而是相对独立的行为方式。如专门成立独立的运输公司、培训机构等。而且,协助组织卖淫的本质是对组织卖淫起帮助作用的行为,但组织卖淫行为人中,也有实施组织、管理、控制行为而其在共同犯罪中地位较低、作用较次的,这部分行为人可以认定为组织卖淫的从犯,而这部分人是协助组织卖淫罪不能囊括的。

少数观点认为不宜对组织卖淫罪区分主从犯。理由是认为组织卖淫的行为人均是组织、指挥者,法律已将本来是从犯行为的协助组织卖淫行为规定为独立的罪名,两罪是以组织卖淫活动过程中行为的分工来划分的,不能简单地以作用大小为标准进行区分。

(二)关于卖淫人数的问题

卖淫类刑事案件中,卖淫人员"人数"是影响定罪量刑的重要情节。实践中,公安机关通常是在某次行动中将正在卖淫嫖娼的人员抓现行,这时的卖淫人数比较清楚,证据也确实、充分,但是随着审讯的深入,往往会根据被告人供述、证人证言挖出被告人还曾组织或者容留其他卖淫人员卖淫的情况。这类情形中,被告人往往仅能提供卖淫人员的化名、绰号,未能提供其他有效信息,因而难以核实情况(即使找到相关嫖客,一般情形下,嫖客也未必能承认)。此时是否能仅凭被告人供述、证人证言等言词证据认定相关卖淫事实?对此,基层司法机关存在不同的认识。一种意见认为,因不能抓现行,仅凭言词证据不能认定;另一种意见认为,言词证据也是法定证据类型之一,具有法定的证明力,多名被告人、证人的陈述能够相互印证,即使不能抓现行,只要言词证据确实、充分,也应当予以认定。

(三)关于数罪并罚的问题

如某案的两名被害人是特殊职业人员,被多名被告人以包夜为由哄骗带到拘禁地(按摩店),被迫卖淫。在被拘禁在按摩店期间,被害人又被多名被告人强奸。根据《刑法》第三百五十八条第二款及《解释》第七条第二款的规定,犯组织、强迫卖淫罪,并有杀害、伤害、强奸、绑架等犯罪行为的,应当数罪并罚。但在该起犯罪中,被告人为了强迫被害人卖淫而对被害人实施了非法拘禁的行为,是否也构成非法拘禁罪并对其数罪并罚,抑或《刑法》和《解释》规定数罪并罚的罪名仅限于所列举的杀害、伤害、强奸、绑架"四罪"?《解释》所列举的杀害、伤害、强奸、绑架等犯罪行为是"等内等"还是"等外等"?实践中有不同理解。

(四)关于卖淫次数问题

《解释》第十条"组织、强迫、引诱、容留、介绍他人卖淫的次数,作为酌定情节在量刑时考虑"的规定体现了以人数为主、以次数为辅的原则。但在实践中,认定次数,往往取证难度比较大。

(五)关于罚金刑的问题

卖淫类刑事案件罚金刑规定较为笼统。按照《解释》第十三条规定,犯组织、强迫、引诱、容留介绍卖淫罪的,应当依法判处犯罪所得二倍以上的罚金。而在该类案件中,主要的审理方向是被告人是否存在组织、强迫、引诱、容留、介绍卖淫这五种行为,如果存在则入罪。违法所得通常难以查清,也不是审理该类案件的重点。此类案件非法获利的数额,往往因侦查机关不重视证据的收集导致无法认定。在判处罚金的时候,对罚金的判处也很难把握。实践中有些卖淫类刑事案件违法所得才一二百元，而《最高人民法院关于适用财产刑若干问题的规定》（以下简称《规定》）中明确规定，《刑法》没有明确规定罚金数额标准的，罚金的最低数额不能少于一千元。故一些刚入罪的案件按照《解释》以犯罪所得作为罚金标准，只能根据《规定》，处以最低一千元的罚金。

四、今后的工作思路

（一）加强学习和培训

全自治区各级人民法院刑事法官均应认真学习《刑法》和《解释》的内容，结合案例，认真领会条文内涵。必要时举办培训班，请有关专家进行专门培训。

（二）加强与侦查机关、公诉机关的协调与沟通

通过交流、协调与沟通，加强公诉机关的举证工作，夯实侦查机关的基础工作。特别是对以下问题，要更加重视取证工作。一是对卖淫人数、获利情况的查证。要重视账本、电脑手机资料、资金流向等内容的侦查取证。二是重视卖淫人员的身体情况的查证工作。及时查清卖淫人员的身体、精神状况及基本身份信息，可以避免在庭审阶段补查时难以找到卖淫女进行查证的情况。三是重视全面收集证据工作。特别要重视提高电子证据利用率，尤其对于部分卖淫场所实现了电子化办公、安装了视频监控等，取证时应当及时提取并固定相关证据。

（三）加强法治宣传和治理管控。一是加强宣传教育工作。通过新闻媒体揭示“涉黄”的危害性，提高广大群众对“扫黄”工作的理解和认识，在社会上形成认同、支持、参与“扫黄”工作的良好氛围。二是建立完善监管制度。公安、文化执法、网络管理部门加强对宾馆娱乐场所、互联网的监管力度，并建立责任追究制度，禁止开展一切色情服务，对容留卖淫、组织卖淫的涉案人员予以坚决打击。三是建立长效工作机制。各相关部门建立专门的“扫黄”工作机制，及时总结工作的成功经验和不足，研究分析工作中出现的新情况、新问题，做好沟通协调，不断提高打击成效。

关于涉卖淫类刑事案件审理情况的报告

四川省高级人民法院

为总结审理组织、强迫、引诱、容留、介绍卖淫等刑事案件（以下简称涉卖淫类刑事案件）的经验，并更好地指导我省各级人民法院审理好此类案件，我院成立专门调研组，结合本省人民法院审理涉卖淫类刑事案件的总体情况及分布情况，抽取重点市县梳理总结此类案件的审判特点等，并对《最高人民法院、最高人民检察院关于办理组织、强迫、引诱、容留、介绍卖淫刑事案件适用法律若干问题的解释》（以下简称《解释》）的适用情况进行了具体分析。现将有关情况介绍如下：

一、近年全省涉卖淫类刑事案件的审理情况

（一）总体情况

2015年以来，全省共审结各类涉卖淫案件1 820件，其中成都、宜宾审结的涉卖淫类刑事案件数分别位居第一、第二，各占全省此类案件总数的41.43%、7.69%。

近三年的涉卖淫类案件数量总体平稳，并呈小幅上升的趋势。2016年收案较2015年增加32件，增幅为5.36%；2017年收案较2016年增加88件，增幅为13.99%

（二）重点地区的案件审理情况

我院根据涉卖淫类案件的分布情况，抽取成都、宜宾、泸州、绵阳、眉山五个地区的案件，前述五个地区的涉卖淫类案件审结数占全省案件审结总数的63.19%。

从案件类型看，引诱、容留、介绍卖淫罪占比最大，其次是组织卖淫罪，

统计地区无引诱幼女卖淫罪。以成都为例,引诱、容留、介绍卖淫罪占比76.4%,组织卖淫罪占比19%,强迫卖淫罪占比0.4%,协助组织卖淫罪占比3.6%,近三年均无引诱幼女卖淫罪,另有1件传播性病罪。

从量刑情况看,2015年以来,上述重点地区共有1 934人因涉卖淫类刑事案件受到刑事处罚,其中,被判处五年以上有期徒刑的被告人95人,被判处十年以上有期徒刑或无期徒刑的被告人13人,重刑率为5.58%。整体重刑率不高,个别地区如眉山,因涉卖淫类刑事案件被判刑的人员中,无一人被判处五年以上有期徒刑;绵阳地区近三年因涉卖淫类刑事案件被判刑的人员中,无一人被判处十年以上有期徒刑。

从被告人的年龄阶段看,各个年龄阶段的被告人均占一定比例,分别从18~62岁不等,但总体呈年轻化趋势。以成都地区为例,所处罚的173名被告人中,大部分人年龄段在20~40岁,以70后、80后为主,其中80后的被告人80人,占比为46%。泸州地区的102名被告人年龄在18~29岁的被告人有20名,年龄在30~39岁的被告人有31名,年龄在40~49岁的被告人有37名,50岁以下的被告人占总人数的86.13%。

从被告人的文化层次看,文化程度整体偏低。以泸州地区为例,被告人系文盲或者半文音的17人,系小学文化程度的40人,系初中文化程度的37人,高中及以上文化程度的仅有8人。其中,初中及以下文化程度的共占被告人总数的92%。而成都地区大部分也是高中以下学历为主,其中初中文化占比最高,有89人,占比为51%。被告人中大部分为低文化程度,意味着受文化程度制约,被告人的法律意识不够,对组织卖淫等行为涉及刑事犯罪的认识度不高。

从被告人的职业看,大部分涉案被告属于自由职业者。如成都地区涉卖淫类案件的被告人中,无业人员达162人,占此类案件被告人总数的94%。泸州地区个体工商户或其他职业的仅占19%,其他均为无业人员或者农民。

从犯罪手段上看,通过社交软件从事涉卖淫犯罪活动的方式较为普及。从收集的案例看,通过微信、QQ等社交软件招揽"顾客"、联络卖淫女或者互通信息的占90%以上,这主要是由于年轻一代对此类社交软件的使用较为广泛。

二、涉卖淫类案件的犯罪特征

从我省涉卖淫类刑事案件的审理情况看,该类案件的犯罪行为呈现以下几个特点:

1. 犯罪团伙规模化、集团化趋势明显。组织卖淫案的犯罪分子均是纠集熟人、同行共同经营卖淫场所,规模较大。除规模不断扩大外,组织卖淫案件的犯罪团伙还模仿企业实行层级管理模式,呈集团化趋势,结构紧密、分工明确、权责清晰。

2. 作案手段的隐蔽性显著增强。一是以经营合法休闲娱乐业为幌子,以"合法"提供桑拿健身、按摩沐足服务为名,在经营场所内设置隐蔽区域从事卖淫活动。二是大部分组织卖淫的娱乐场所均经过层层"转包",营业执照上的法定代表人均是卖淫的组织者找来的替罪羊,真正的组织卖淫者则隐匿在后,大大增加了追查打击的难度。三是卖淫方式五花八门,包括各类非传统的"性服务",并经常使用业内暗语交流。四是专人定期销毁相关账目、票据,给侦查取证造成诸多困难。

3. 招嫖手段日趋网络化、信息化。随着网络信息、手机信息的发展和平民化,传统的以"浴场"等休闲娱乐场所为卖淫嫖娼场所而相对固定被动的招嫖手段,已向利用网络和手机信息主动招嫖转变和发展。网络的更加隐蔽性、私密性和无限开放性,给调查取证带来了更多的困难。

三、《解释》出台后的案件审理情况

(一)案件基本情况

《解释》出台后,重点地区共受理涉卖淫类刑事案件265件,审结278件,涉案被告人420人。其中,大部分案件为引诱、容留、介绍卖淫案,涉及被告人266人,占涉卖淫案被告人63.3%,涉及人数众多,范围广泛。其次是组织卖淫案。以成都为例,引诱、容留、介绍卖淫案占《解释》出台后涉卖淫类刑事案件收案数的76.3%,结案数的75.1%。组织卖淫案收案数占比为19.2%,结案数占比为18.9%。在泸州地区,引诱、容留、介绍卖淫案收案数占比甚至达到94%。由此可见,《解释》出台后,引诱、容留、介绍卖淫罪因其犯罪类型的特点,仍是涉卖淫类案件的主要犯罪类型。

(二)司法实践中存在的问题和困难

《解释》出台后,对本省司法实务中准确认定和适用量刑情节起到很强的指导作用。然而,在司法实践中还存在一些问题亟须解决。

1. 证据收集方面存在的问题。如前所述,因涉卖淫类刑事案件犯罪手段较为隐藏,在侦查初期往往未能及时固定证据,证据搜集不够全面、完善的情况突出。对于该类案件证据收集比较困难,缺少嫖客证言的现象较为普遍,必须根据被告人的供述、卖淫者的证言,结账单据,记账凭证,电子信息等证据进行综合认定。

2. 组织卖淫从犯与协助组织卖淫的区分不明问题。协助组织卖淫罪在立法上是组织卖淫罪的帮助犯正犯化,但鉴于该帮助犯与从犯在实践中区分的界限不明,《解释》第一条规定,以招募、雇佣、纠集等手段,管理或者控制他人卖淫的,认定为组织他人卖淫;第四条规定,明知他人实施组织卖淫犯罪活动而为其招募运送人员或者充当保镖、打手、管账人等的,以协助组织卖淫罪定罪。这两条规定中,均有招募的手段,在充当保镖、打手的人员中,有时也会通过网络发布一些招募卖淫女的信息,甚至主犯在组织卖淫的过程中并不实际实施招募、雇佣、纠集的行为,而是投资后由所招聘的经理具体实施,其只负责收取非法利益。对此,如果仅以手段来定性,并不太符合刑法理论,认定的方法也过于狭隘。司法实践中,大部分还是作为组织卖淫罪的从犯予以认定,以实现罪责刑相适应的量刑原则。统计中发现,绵阳地区除2016年度对一个案件判处了1名协助组织卖淫外,《解释》实施以后受理的3件组织卖淫案中,每个案件均有被告人被以协助组织卖淫罪定罪判刑。司法实践中,需要进一步明确组织卖淫罪的从犯与协助组织卖淫罪的正犯的区别。

(三)完善审理涉卖淫类刑事案件法律适用的建议

通过对近三年来全省涉卖淫类刑事案件的案件数量、被告人和被害人身份特点、刑罚力度以及审理过程中所凸显的问题进行综合分析,对如何完善审理组织、强迫、引诱、容留、介绍卖淫刑事案件法律适用,提出以下几点建议：

1. 完善涉卖淫类案件证据的收集工作

由于该类案件证据收集困难，实践中普遍缺少嫖客证言。但并不能因此简单认为相关事实不能认定，或者在量刑上从轻予以考虑。承办法官应全面根据被告人供述、卖淫者的证言，结账单据，记账凭证、电子信息等证据进行综合认定。但认定的标准和方式不一，导致类似事实犯罪类型与罪刑差别较大。因此，应重点针对缺少嫖客证言，仅存在被告单方供述等情形下，实践中如何认定相关事实与犯罪类型化，出台指导性案例和相关认定标准，便于实践操作。

2. 正确区分容留卖淫与组织卖淫的界限

容留卖淫案的被告人一般系无业人员，组织卖淫案的被告人因为要进行组织和管理，故一般系娱乐会所管理者。审理上述两类案件的重点在于如何认定组织行为，被告人一般会否认自己的管理行为，辩护人也会从容留、介绍卖淫的角度进行辩护。因此，审理该类案件时，就需要从证据角度去分析被告人的主客观行为是否符合组织卖淫罪的构成要件。如泸州纳溪区人民法院审理的被告人吴廷伟等人组织卖淫一案，该案的被告人均否认自己有管理行为，不承认自己是组织卖淫，但是经过对证据的审查以及法庭调查查明，该会所在经营期间，招募了3名卖淫女在其场所内卖淫，被告人吴廷伟等人对3名卖淫女进行管理的证据确实、充分，故认定被告人吴廷伟等人的行为均构成组织卖淫罪。

3. 正确区分组织卖淫罪与协助组织卖淫罪的界限

对组织卖淫罪与协助组织卖淫罪而言，实践中区分的难点是组织卖淫罪的从犯与协助组织卖淫罪的正犯，原因在于两者之间具有相似性，被告人一般也会否认有组织、管理行为，而仅仅是协助行为。由于证据收集方面的原因，实践中往往仅有被告人供述，且被告人相互翻供的可能性较大，不能依据供述简单认定犯罪事实，应通过对行为人主观目的、客观行为进行综合认定。因此，建议最高人民法院加强对如何区分此类案件的指导力度，以明确界限；对组织卖淫的认定，除行为方式外，还应从获取非法利益的主观目的等方面全面考察。

实务探讨

特殊行业人员通风报信行为的认定

陆建红[*]　田文莎[**]

公共服务娱乐行业由于其场所性质的公共性,往往出入人员复杂、流动性大、管理难度大,容易发生与卖淫、嫖娼相关的违法犯罪活动。而实践中,旅馆业、饮食服务业、文化娱乐业、出租汽车业等单位的工作人员,为了本单位或个人的经济利益或者出于其他目的,利用本单位的便利条件,在公安机关查处卖淫、嫖娼活动时,为违法犯罪分子通报有关情况,有的在公安机关打击行为前事先为违法犯罪分子通风报信,致使违法犯罪分子逃避法律制裁,增加了公安机关打击违法犯罪活动的困难,纵容了卖淫、嫖娼违法犯罪活动。为保障公安机关顺利查处卖淫、嫖娼违法犯罪活动,《刑法》第三百六十二条规定:"旅馆业、饮食服务业、文化娱乐业、出租汽车业等单位的人员,在公安机关查处卖淫、嫖娼活动时,为违法犯罪分子通风报信,情节严重的,依照本法第三百一十条的规定定罪处罚。"《最高人民法院、最高人民检察院关于办理组织、强迫、引诱、容留、介绍卖淫刑事案件适用法律若干问题的解释》(以下简称《涉卖淫刑案解释》)第十四条对《刑法》第三百六十二条作出了进一步解释。本文试根据刑法基本原理,结合司法实践的经验总结,对司法实务工作中如何正确适用《刑法》第三百六十二条和《涉卖淫刑案解释》第十四条,从而正确认定"特殊行业人员通风报信行为"作一探讨。

---

* 最高人民法院刑事审判第四庭审判长,二级高级法官,第二届全国审判业务专家。

** 最高人民法院刑四庭法官助理。

一、特殊行业人员通风报信行为主体的认定

(一)特殊行业的范围界定

从《刑法》第三百六十二条可知,本罪的主体是特殊主体,即"旅馆业、饮食服务业、文化娱乐业、出租汽车业等单位的人员"。条文中提到的四类行业,可作如下界定:

"旅馆业"是指接待旅客住宿的行业,包括旅馆、饭店、宾馆、酒店、招待所、路边店、客货栈、车马店、浴池等。根据《旅馆业治安管理办法》的规定,旅馆业包括国营、集体、个人经营的,合伙经营的,中外合资、中外合作经营的和外国独资经营的;既包括专营的,也包括兼营的;既包括常年经营的,也包括季节性临时经营的。

"饮食服务业"包括"饮食业"和"服务业"两个行业。"饮食业"包括餐厅、饭馆、酒吧、咖啡厅等。"服务业"是指利用一定的设备、工具,提供劳动或物品,为社会生活服务的行业,包括发廊、按摩院、美容院、浴池等。

"文化娱乐业"是指提供场所、设备、服务,以供群众娱乐的行业,如歌厅、舞厅、音乐茶座、康乐宫、夜总会、影剧院、会所等。

"出租汽车业"是指出租汽车服务的行业,包括出租车公司和网约车公司。出租车长期奔跑于城市各个角落,对城市中卖淫嫖娼类场所的分布相对熟悉,占尽通风报信的天时地利。

上述四类行业,除了"出租汽车业",其他三类行业通常以房屋空间为载体,是卖淫嫖娼的高发场所,可能同时触犯《刑法》第六章第八节中规定的与卖淫、嫖娼相关的诸类犯罪,如某旅社老板组织卖淫女在其旅社卖淫,又多次在公安机关查处卖淫、嫖娼活动时为卖淫女通风报信,那么该旅社老板同时触犯《刑法》第三百五十八条和第三百六十二条。但是,通风报信行为是组织卖淫活动的一种手段,此种情况下,对通风报信行为不应单独定罪,只认定组织卖淫一罪即可。因此,本文所讨论关于《刑法》第三百六十二条的所有情形是指行为人只构成本罪的情况。

(二)对"等"字的理解

本条在列举四类行业之后用了一个"等"字。通常对用于列举之后的

“等”字理解有两种相反的含义:一是表示列举未尽;二是表示列举后煞尾。司法实践对《刑法》条文中出现的“等”字采取何种解释并没有统一的适用标准,但对法律条文中“等”字的理解通常是决定罪与非罪、罪轻罪重的大问题,具体到本条规定,对“等”字的理解,涉及本罪主体是否可以超出四类行业的范畴问题。

从字面意义看,无法推断出列举已穷尽。实践中,社会上还存在四类行业以外的单位的人员可以作出本条法律所禁止的行为,比如停车场,作为酒店、餐厅、洗浴中心等公共服务行业的配套设施,广泛并且独立的存在,这些独立经营的停车场的管理员同样可以在公安机关查处时,为违法犯罪分子通风报信,甚至在某些情况下比条文中列明的主体更为方便、快捷。

从立法目的看,本条是对1991年9月4日《全国人民代表大会常务委员会关于严禁卖淫嫖娼的决定》(已废止,以下简称《决定》)第八条吸纳而来。该规定的意旨在于打击对卖淫嫖娼活动进行通风报信的行为,受当时社会经济发展情况的影响和制约,条文只列举了四类行业。随着经济社会的发展变化,社会公共娱乐服务行业也在不断更新和发展,如果只将打击范围局限于四类行业,将导致法条无法跟进时代步伐。立法者专门加一个“等”字,正是考虑了社会进步与法律滞后的关系,赋予法条更长久的生命力。因此,将上述四类行业之外,具有与四类行业相同性质,具有通风报信的便利条件(与行业相密切关联的职能条件)的行业认定为通风报信的特殊行业,是符合罪刑法定原则的。

(三)对“单位的人员”的理解

单位的人员是指单位的全体工作人员,包括单位的负责人和职工,非单位的人员通风报信,不应当适用《刑法》第三百六十二条的规定。

之所以规定“单位的人员”才能构成通风报信的主体,主要是因为这类人员具有职务或者职业之便。因此,在下列情况下,行为人即使实施了通风报信行为,也不能依照《刑法》第三百六十二条的规定定罪处罚。一是非“单位的人员”。比如,在酒店、餐厅附近做生意的个体户、小摊贩,这类人群常伴随一些公共服务娱乐行业的场所而存在,往往知晓场所内外发生的事情,与场所内的部分工作人员熟识,也具备通风报信的便利条件,但因为他们不属于任何一个单位,不能认定为《刑法》第三百六十二条规定的"单位的人员"。当然,如果这类人受卖淫、嫖娼活动的组织、领导者指派,专门负责通风报信,另当别论,则依法可作为共同犯罪分子处理。二是"单位的人员"没有利用职务或者职业之便所实施与本单位无关的通风报信行为。如某餐厅的员工甲下班回家,在路上正好看见公安机关在查处卖淫、嫖娼活动,就"好心"走进路边的某旅馆予以提醒,导致该旅馆的卖淫、嫖娼活动未能被公安机关发现并查处,甲对于该旅馆而言,只是一个毫不相干的路人,他的通风报信行为不是因为职务在身或与其职业有关,故不能认定为《刑法》第三百六十二条规定的"单位的人员"。

综上分析,对"单位的人员"的理解应当同时把握两个条件:一是其属于事发单位的人员,二是其通风报信行为利用了其职务或者职业的便利。

二、特殊行业人员通风报信行为的客观方面

(一)特定时间——公安机关查处卖淫嫖娼时

根据《刑法》第三百六十二条的规定,通风报信行为必须发生在"公安机关查处卖淫、嫖娼活动时"。如何理解"查处卖淫、嫖娼活动时"?从广义上讲,查处卖淫、嫖娼活动是公安机关维护社会治安秩序,制止危害社会治安秩序违法犯罪行为的职责所在,因此,公安机关无时无刻不在查处卖淫、嫖娼活动。但是,《刑法》第三百六十二条的"查处卖淫、嫖娼活动时",应当从狭义角度理解,是指公安机关有较为明确的查处目标,具体实施的查处行动,既包括常规性查处行动,也包括专项查处行动。但狭义也是相对的,不能简单地理解为仅限于公安机关具体实施查处行动的时刻,而应理解为公安机关依法进行查处活动的全过程中的任何阶段,既包括查处卖淫、嫖娼活动的部署阶段,也包括实施阶段和收尾阶段。比如,群众举报某夜总会有色情活动,公安机关决定次日凌晨对该夜总会进行突击检查,经常载客去该夜总会的某出租车司机无意中得知这个消息,并将此消息透露给夜总会,于是夜总会老板当即决定停业。虽然公安机关的查处行动尚未实施,但已经作出部署,若非出租车司机的通风报信,夜间的突击检查可能查处一批与卖淫、嫖娼活动相关的违法犯罪人员。因此,无论在公安机关查处的哪个阶段

向违法犯罪分子通风报信，都属于“查处卖淫、嫖娼活动时”。

（二）特定行为——为违法犯罪分子通风报信

1. 通风报信的对象是卖淫嫖娼活动的“违法犯罪分子”

根据《刑法》第三百六十二条的规定，通风报信的对象是卖淫、嫖娼活动的违法犯罪分子。虽然在具体实务中，援引《刑法》第三百六十二条后必须适用第三百一十条，但第三百一十条的适用对象是“犯罪的人”。在这个场合，我们可以把“犯罪的人”与犯罪分子作同等看待，但必须明确《刑法》第三百六十二条的适用对象不仅限于犯罪分子，而且包括与卖淫嫖娼活动密切相关的违法分子。之所以为未构成犯罪仅是违法的与卖淫嫖娼活动密切关联的违法分子通风报信行为，也可适用《刑法》第三百六十二条和第三百一十条。理由在于：对第三百六十二条规定的行为的定罪虽然引用第三百一十条，但其犯罪构成却是独立的，即犯罪构成不依照第三百一十条的规定，而是由第三百六十二条规定。根据第三百六十二条的规定，特定行业从业人员，在公安机关查处卖淫、嫖娼活动时，为违法犯罪分子通风报信，情节严重的，即构成犯罪，并依照《刑法》第三百一十条规定处理。而公安机关查处卖淫、嫖娼活动未必就仅查处组织、强迫、引诱、容留、介绍卖淫犯罪活动，也可能查处卖淫、嫖娼活动本身。而卖淫、嫖娼，除明知自己患有严重性病卖淫嫖娼的行为及嫖宿不满十四周岁的幼女构成犯罪以外，一般的卖淫嫖娼行为并非犯罪行为，本来不存在通风报信构成犯罪的问题。但鉴于对这种违法行为通风报信的性质较为严重，刑法作出与一般包庇犯罪所不同的规定，将通风报信的对象界定为违法犯罪分子①。

这里的“违法分子”，是指进行卖淫、嫖娼有关的活动，触犯《治安管理处罚法》的行为人，即卖淫人员、嫖客及其他有协助组织卖淫，引诱、容留、介绍他人卖淫等行为尚不构成犯罪的人。

关于“犯罪分子”，理论界和司法实践中素来存在多种不同观点，有“判决说”“逮捕说”“事实证据说”“立案说”。我们认为，严格来说，“犯罪分子”不是一个严密的刑法学术语，它常常被使用于多种场合，其含义随着场合语

① 参见周峰、党建军、陆建红、杨华：《〈关于办理组织、强迫、引诱、容留、介绍卖淫刑事案件适用法律若干问题的解释〉的理解与适用》，载《人民司法》2017 年第 25 期。

境的不同而有所变化。通常情况下,“犯罪分子”是对犯罪嫌疑人、被告人、罪犯的统称,在不同的刑事诉讼阶段称谓不同。而《刑法》第三百六十二条所称的“犯罪分子”,有其特定的含义,即发生在“公安机关查处卖淫、嫖娼活动时”,这个时间应当从公安机关部署查处行动开始,直到查处行动彻底结束,属于公安机关侦查期间,尚未进入诉讼程序,因而,此处的犯罪分子应当是指有证据证明涉嫌犯罪而尚未受到追诉的犯罪嫌疑人,不应当包括被告人和罪犯,被告人和罪犯是已经经过诉讼程序的,其不符合本罪的发案实际和客观表现。

2.“通风报信”的方式

通风报信,是指在公安机关依法查处卖淫、嫖娼活动时,将行动地点、时间、查处方式、对象、动用的警力等情况以及其他有关信息告知组织、强迫、引诱、容留、介绍他人卖淫以及卖淫、嫖娼的违法犯罪分子,是通过各种传递消息的方法和手段,如打电话、发短信、传呼信号和事先规定的各种联系暗号等,让从事卖淫、嫖娼活动的违法犯罪分子逃避公安机关的查处。

(三)通风报信“情节严重”的认定

根据《刑法》第三百六十二条的规定,通风报信,情节严重的,才依照《刑法》第三百一十条的规定定罪处罚。“情节严重”是划分罪与非罪的唯一界限,主要是指严重干扰对卖淫嫖娼活动打击或者其他情节恶劣的。但是,由于长期以来,对何谓“情节严重”缺乏明确的界定标准,致各级法院审理的此类案件极少。因此,各地普遍要求对如何认定“情节严重”作出明确的细化规定。公安机关也要求作出相应规定,以增加侦查工作中的可操作性,更有利于精准打击此类犯罪。《涉卖淫刑案解释》结合本罪的特点,从通风报信本身的情况,通风报信妨害司法的危害程度,通风报信者所获得的非法利益等方面,对通风报信“情节严重”的情形作出规定,即具有下列情形之一的,应当认定为《刑法》第三百六十二条规定的“情节严重”:(1)向组织、强迫卖淫犯罪集团通风报信的;(2)二年内通风报信三次以上的;(3)一年内因通风报信被行政处罚,又实施通风报信行为的;(4)致使犯罪集团的首要分子或者其他严重犯罪分子未能及时归案的;(5)造成卖淫嫖娼人员逃跑,致使公安机关查处犯罪行为因取证困难而撤销刑事案件的;(6)因通风报信获得非法收入累计 1 万元以上的;(7)具有其他应当认定为情节严重情形的。

三、特殊行业人员通风报信行为的主观方面

(一)是否需要"明知"

特殊行业人员通风报信行为在主观方面体现为直接故意,即行为人明知有卖淫、嫖娼的违法犯罪活动发生,而在公安机关查处卖淫、嫖娼活动时,为违法犯罪分子通风报信。比如,某旅社老板一直以为甲和他人在旅社房间吸毒,在公安机关进行查处活动时多次为甲通风报信,但实际上甲和他人在房间内进行卖淫嫖娼活动,这种情况不能按照《刑法》第三百六十二条对甲进行处理,因为甲在主观上不明知有卖淫嫖娼活动发生,应当按照《治安管理处罚法》第七十四条规定,"旅馆业、饮食服务业、文化娱乐业、出租汽车业等单位的人员,在公安机关查处吸毒、赌博、卖淫、嫖娼活动时,为违法犯罪行为人通风报信的,处十日以上十五日以下拘留"予以行政处罚。

(二)犯罪目的

一般情况下,行为人通风报信是为了单位或者个人的经济利益,但牟利并不是通风报信行为构成犯罪的必要条件。

1. 关于为了单位或者个人经济利益。这里的经济利益,既包括直接经济利益,也包括间接经济利益。如旅馆业的工作人员,为了保证和增加入住旅客的客源,充当通风报信的行为人,其个人可能并没有从卖淫嫖娼犯罪分子处获得直接经济利益,但单位效益的好坏与其个人收入挂钩,在这种情况下,就可以认定行为人具有经济利益的目的。即使这些单位获取的利益都是走的正规渠道,只是为了招揽更多的顾客上门消费,对场馆内发生的卖淫嫖娼活动假装不知道,也不额外收取费用,在公安机关进行查处行动时为卖淫嫖娼活动相关人员通风报信,在此情况下,也仍然应当认定行为人具有获取经济利益的目的,并非一定要获取非法利益才能认定为具有获取经济利益的目的。

2. 出于其他目的。如为了帮助违法犯罪分子逃避法律追究,出于行为人与违法犯罪分子的个人友情,等等。在这种情况下,行为人的通风报信行为,如果情节严重构成犯罪的,仍然要依照《刑法》第三百六十二条和第三百

一十条的规定处理。理由是:(1)《刑法》第三百六十二条没有明确规定本罪需以牟取非法利益为目的;(2)《涉卖淫刑案解释》第十四条第六项规定“非法获利人民币一万元以上”作为本罪情节严重的一种情形,说明是否获利不是入罪的前提,在其他条件不符合构罪条件的情况下,获利必须达到一万元以上才能认定为情节严重,才能以犯罪处理。

四、特殊行业人员通风报信行为的罪名适用问题

《刑法》第三百六十二条规定,“特殊行业人员通风报信行为,情节严重的依照刑法第三百一十条的规定处罚”,《刑法》第三百一十条的罪名是窝藏、包庇罪,为选择性罪名。法条只规定了“通风报信”一个行为,因而只能择其一而适用之,不可能既定窝藏又定包庇。由于通风报信行为既不属于“提供处所、财物”,又不属于“作假证明包庇”,因此司法实践中,将此类行为定性为窝藏罪还是包庇罪一直存在争议。该行为的罪名问题在无明确定论的情况下,《涉卖淫刑案解释》为司法实践指明了路径,《涉卖淫刑案解释》第十四条第一款明确规定,“旅馆业、饮食服务业、文化娱乐业、出租汽车业等单位的人员,在公安机关查处卖淫、嫖娼活动时,为违法犯罪分子通风报信,情节严重的,以包庇罪定罪处罚”。

我们认为,《涉卖淫刑案解释》将该行为认定为包庇罪,既具有刑法理论依据,也具有实践依据,可操作性强。第一,《刑法》第三百六十二条的行为依照《刑法》第三百一十条规定定罪处罚,不必适用第三百一十条规定的犯罪构成,只需要适用第三百一十条规定的罪名和刑罚即可。第二,从字面理解,通风报信并不是提供隐藏处所或者提供财物,与“窝藏”并不相干,而“包庇”一词,有袒护、掩护之意,可涵盖通风报信行为。第三,《刑法》第三百六十二条系吸纳《决定》第八条“旅馆业、饮食服务业、文化娱乐业、出租汽车业等单位的负责人和职工,在公安机关查处卖淫、嫖娼活动时,隐瞒情况或者为违法犯罪分子通风报信的,依照刑法(1979年刑法)第162条的规定处罚”,《决定》第八条比《刑法》第三百六十二条的规定多了“隐瞒情况”的情形,而“隐瞒情况”则是典型的包庇行为,属于“作假证明包庇”。我们可从《决定》的相关规定中分析出当时的立法意图,可以说,1997年《刑法》第三

百六十二条的规定和《决定》第八条的规定，虽然在文字上有所变化，但立法意图是一脉相承的。第四，学理上，也是普遍赞同以包庇罪定罪的，如陈兴良教授主编的《刑法疏议》认为，以包庇罪论处[①]；最高人民法院研究室主编《中华人民共和国刑法修订本》也将《刑法》第三百六十二条的行为表述为包庇罪[②]。第五，最高人民法院以司法解释的形式确定后，全国法院遵照即可。

五、特殊行业人员与违法犯罪分子事前通谋的问题

《刑法》第三百一十条第二款规定，“犯前款罪，事先通谋的，以共同犯罪论处”。《刑法》第三百六十二条规定的通风报信行为人若事前与犯罪分子通谋的，也应以共同犯罪论处。因为《涉卖淫刑案解释》第十四条第一款也明确规定：“事先与犯罪分子通谋的，以共同犯罪论处。”之所以有这一规定，主要是为了避免将事前通谋型的通风报信行为以包庇罪处理而放纵犯罪。

实践中，应当注意，并非所有事前通谋的通风报信行为都能以共同犯罪来处理。“以共同犯罪论处”须以被包庇的行为构成犯罪为前提，其罪名以被包庇的人所犯之罪来确定。《刑法》第三百六十二条规定通风报信的对象既包括组织、强迫、引诱、容留、介绍卖淫，协助组织卖淫，引诱幼女卖淫，传播性病以及故意伤害（根据《涉卖淫刑案解释》第十二条第二款规定，明知自己感染艾滋病病毒而卖淫、嫖娼或者故意不采取措施而与他人发生性关系，从而致使他人感染艾滋病病毒的，以故意伤害罪定罪处罚）等犯罪分子，还包括卖淫、嫖娼的违法分子以及尚不达到犯罪程度的容留、介绍卖淫等违法分子。如果通风报信行为人事前与卖淫人员、嫖客等违法分子通谋，之后实施通风报信行为的，由于卖淫、嫖娼等违法行为本身不构成犯罪，故而通风报信的人也无法与之构成共同犯罪，只能在情节严重的情形下以包庇罪定罪处罚。

---

① 陈兴良主编：《刑法疏议》，中国人民公安大学出版社1997年版，第584～585页。

② 最高人民法院研究室主编：《中华人民共和国刑法修订本》，人民法院出版社2011年版，第160页。

六、特殊行业人员通风报信行为与近似犯罪行为的区分问题

（一）与协助组织卖淫罪的区分

《刑法》第三百五十八条第四款规定，“为组织卖淫的人招募、运送人员或者有其他协助组织他人卖淫行为的”，构成协助组织卖淫罪，其中“其他协助组织他人卖淫行为”是指在组织他人卖淫的活动中，起协助、帮助作用的其他行为，如为“老鸨”充当保镖、打手，为组织卖淫活动看门望哨或者管账等。此罪中“为组织卖淫活动看门望哨”行为易与本罪行为相混淆，为更好理解这两种罪，司法实践中正确适用，有必要进行区分。二者在构成要件方面完全不同。

1. 主体范围不同。协助组织卖淫罪是一般主体，凡达到刑事责任年龄，具有刑事责任能力的自然人均可构成此罪，而本罪是特殊主体，只限于“旅馆业、饮食服务业、文化娱乐业、出租汽车业等单位的人员”。

2. 犯罪行为表现不同。协助组织卖淫罪的客观方面表现为实施了对组织他人卖淫犯罪活动起协助作用的犯罪行为，协助对象是犯组织卖淫罪的行为人，协助行为可以是为组织卖淫犯罪行为人充当打手、保镖、管账、望风等，而本罪是帮助行为，帮助的对象可以是违法分子，也可以是犯罪分子，犯罪分子不局限于犯组织卖淫罪的人，还可以是协助组织卖淫的人，强迫、容留、介绍卖淫的人等，帮助行为仅指通风报信。

3. 发生时间不同。协助组织卖淫罪行为的发生没有具体时间要求，行为人在任何时间都可以实施犯罪行为，而本罪的发生必须是在公安机关查处卖淫、嫖娼活动时。

4. 侵害的客体不同。两罪虽然都同属于《刑法》第六章第八节，侵犯的客体是社会治安管理秩序和社会道德风尚，但本罪还妨害公安机关行使职权，破坏公安机关的正常查处活动，且依照《刑法》第三百一十条的规定定罪处罚。

（二）与帮助犯罪分子逃避处罚罪的区分

《刑法》第四百一十七条规定，“有查禁犯罪活动职责的国家机关工作人员，向犯罪分子通风报信、提供便利，帮助犯罪分子逃避处罚的”，即构成帮

助犯罪分子逃避处罚罪。此罪的客观方面与本罪很相似,都有向犯罪分子通风报信的故意行为,目的都是帮助犯罪分子逃避处罚,结果都是妨害国家机关的正常活动,但两罪的犯罪构成明显不同。

1. 犯罪主体不同。帮助犯罪分子逃避处罚罪的犯罪主体是“有查禁犯罪活动职责的国家机关工作人员”,本罪的主体的特殊行业单位的人员,两者主体完全不同,把握犯罪主体即可作出区分。

2. 侵犯客体不同。帮助犯罪分子逃避处罚罪属于渎职犯罪,本罪属于妨害司法罪,表面上都是侵害国家机关的正常活动,但渎职犯罪还表现为侵害了国家机关工作人员的职务正当性,而本罪不存在这种情况。

涉卖淫类刑事案件证据裁判若干问题探析

陆建红[*]　张华锋[**]

刑法分则第六章第八节"组织、强迫、引诱、容留、介绍卖淫罪"共规定了组织、强迫卖淫罪,协助组织卖淫罪,引诱、容留、介绍卖淫罪,传播性病罪等罪名。2017年7月25日,《最高人民法院、最高人民检察院关于办理组织、强迫、引诱、容留、介绍卖淫刑事案件适用法律若干问题的解释》(以下简称《涉卖淫刑案解释》)开始实施。根据该解释的规定,明知自己患有艾滋病而与他人发生性关系的,分别情况以传播性病罪、故意伤害罪定罪处罚;旅馆业等特定单位的人员违反《刑法》第三百六十二条的,以包庇罪定罪处罚。司法实践中,对上述涉卖淫类刑事案件,在证据裁判问题上,存在一些困惑,特别是对此类案件事实的认定,如何确定"证据充分"的标准,存有争议。

解决争议需要贯彻证据裁判原则,要准确地确定证明对象。在刑事诉讼中证明对象又称待证事实、证明客体,是指诉讼中需要运用证据加以证明的事实。刑事诉讼所要解决的中心问题是被告人的刑事责任问题,即被告人构成何罪、罪重还是罪轻,应否加以刑罚,处以何种刑罚的问题。确定刑事诉讼的证明范围,应当以此为出发点审查证据。准确的确定证明对象,对涉卖淫类犯罪证明有重要意义。本文试从证据裁判原则出发,结合司法实践,就此类案件证据裁判问题,从方法论上进行一些探析。

* 最高人民法院刑事审判第四庭审判长,二级高级法官,第二届全国审判业务专家。

** 最高人民法院刑事审判第四庭审判员。

一、涉卖淫类刑事案件的证明重点是组织、强迫、引诱、容留、介绍卖淫等行为本身，而不是卖淫事实

组织、强迫、引诱、容留、介绍卖淫罪等（以下此类犯罪简称涉卖淫类犯罪），侵犯的客体主要是社会管理秩序，特别是社会风化（当然，其中的强迫卖淫罪、传播性病罪还同时侵犯公民的人身健康权）。因此，法律所要惩处的行为是组织、强迫卖淫等行为，而不是卖淫嫖娼本身。卖淫嫖娼在此类犯罪中，只是行为的对象。虽然卖淫嫖娼本身也是违法的行为，但在涉卖淫类犯罪案件中，卖淫嫖娼属于犯罪对象性质。因此，在涉卖淫类犯罪案件中，刑事诉讼证明的对象主要是组织、强迫等行为。卖淫嫖娼只能作为犯罪对象而存在（传播性病罪除外，在传播性病犯罪中，卖淫嫖娼是犯罪手段）。据此，在审查涉卖淫类刑事案件"证据充分"问题上，需要明确，犯罪行为的证据必须充分。

总体而言，根据《刑事诉讼法》的规定，审判人员、检察人员、侦查人员必须依照法定程序，收集能够证实犯罪嫌疑人、被告人有罪或者无罪、犯罪情节轻重的各种证据。确认犯罪事实，在犯罪的客观方面需要有充分证据证明的事实包括：犯罪行为是否发生；犯罪是否为被告人所实施；犯罪行为的实施过程，包括犯罪的时间、地点、手段、方法等；犯罪造成的后果，包括犯罪行为和犯罪后果之间有无因果关系等。但各类案件，因犯罪性质的不同，证明的重点是不同的。对于涉卖淫类刑事案件，《刑法》打击的重点是组织、强迫、引诱、容留、介绍卖淫等行为，而不是卖淫违法活动。作为此类犯罪行为的对象即卖淫活动，当然也是案件事实的一个部分，一般而言，属于必须查清楚的事实。但相对而言，此类案件的证明重点在于组织、强迫、引诱、容留、介绍卖淫等行为。因此，在审查认定证据时，对此类犯罪行为的证明必须达到事实清楚，证据确实、充分，这是对涉卖淫类犯罪事实审查的前提和基础。

具体到个罪，《刑法》分则规定了各类涉卖淫类犯罪的实行行为。犯罪的实行行为是不同犯罪之间最主要的区别，不同涉卖淫类犯罪有不同的犯罪客观方面及其表现形式，具有刑法分则规定的行为才具备了构成涉卖淫

类犯罪的基础。审查证据时只有证实被告人实施了涉卖淫类犯罪的实行行为,才能认定其构成涉卖淫类犯罪。所以要准确把握不同涉卖淫类犯罪的实行行为。

例如,组织卖淫刑事案件,其行为表现为手段行为和组织行为。手段行为主要体现在"招募、雇佣、纠集"等,当然实践中还有许多,如容留、介绍卖淫等。组织行为主要体现在"管理或者控制他人卖淫"。因此,在审查证据时,不仅要审查手段行为的证据是否充分,更要审查组织行为的证据是否充分。如果组织行为的证据不充分,那么,在实务中,只能以有利于被告人的原则,根据手段行为定罪处罚。如某被告人容留卖淫的证据充分,但如果被告人在容留的基础上对卖淫人员实行了管理和控制的行为,则应当以组织卖淫罪定罪。组织行为的证据是否充分,关系到对被告人定重罪(组织卖淫罪)还是轻罪(容留卖淫罪)的问题。

又如,强迫卖淫案件,其手段行为主要体现为强迫。强迫卖淫的强迫性主要表现为:(1)在他人不愿意从事卖淫活动的情况下,使用强制手段迫使其从事卖淫活动;(2)他人虽然原本从事卖淫活动,但在他人不愿意继续从事卖淫活动的情况下,使用强制手段强迫其继续从事卖淫活动;(3)在卖淫者不愿意在某地从事卖淫活动或者为某人从事卖淫活动的情况下,使用强制手段在某地或为某人从事卖淫活动。这里所说的"强迫",既包括直接使用暴力手段或者以暴力相威胁,也包括使用其他非暴力的逼迫手段,如以揭发他人隐私或者以可能使他人某种利害关系遭受损失相威胁,或通过使用某种手段和方法,形成精神上的强制,在别无出路的情况下,违背自己的意愿从事卖淫活动。无论行为人采取哪一种强迫手段,都构成强迫他人卖淫罪[①]。如《刑事审判参考(总第117集)》刊登的被告人刘革辛强迫卖淫案,认定刘革辛实施强制手段迫使黄某某、朱某某卖淫的事实清楚,证据充分。一是有被害人陈述证实,二是有同案被告人陈华林、孔新喜供述及同伙陈华远的证言相印证,三是书证欠条、医院病历等证据补强了上述言词证据,四是被告人刘革辛在侦查阶段也作了与上述证据相印证的供述。

---

① 全国人大常委会法制工作委员会刑法室编著:《中华人民共和国刑法解读》(第4版),中国法制出版社2015年版,第857~858页。

其他类型的涉卖淫类刑事案件,审查证据的重点也都在于行为人的行为。如引诱卖淫案件的重点在引诱行为的证据上,容留、介绍卖淫案件的重点在容留、介绍行为的证据上。当然,不同的案件还要因案件具体情况体现出不同的审查重点。如一般情况下,容留、介绍卖淫案件,因其构罪要件必须容留、介绍二人以上才构成犯罪,故容留、介绍的人数也就成了此类案件证据审查的重点。引诱幼女卖淫罪要求引诱的对象是不满十四周岁的幼女,故被引诱卖淫者是否为不满十四周岁的幼女就成了此类案件证据审查的重点。

二、涉卖淫类刑事案件犯罪构成的其他要件证据亦是审查重点

(一)犯罪主观内容的证据必须充分

犯罪主观方面是构成犯罪的必不可少的条件,在涉卖淫类案件中,犯罪的主观方面往往涉及行为人的行为是构成犯罪还是违法,如容留二人卖淫的行为构成容留卖淫罪,容留二人提供手淫服务的行为则仅构成治安违法。根据涉卖淫类刑事案件的特点,我们认为,在以下两种情况下,被告人的主观内容非常重要,需要充分的证据证明。

1. 被告人的行为对象实施的是卖淫违法活动还是色情违法活动,虽然在理论界和实务部门对于如何理解刑法意义上的卖淫还有一定的争论,但是,目前而言,对传统的性交、肛交、口交等进入式且容易传播性病的性行为方式,认定为刑法意义上的卖淫,是没有争议的。而且,权威观点也认为,司法实践中对于如何认定刑法意义上的卖淫,应当依照刑法的基本含义,并结合大众的普遍理解及公民的犯罪心理预期等进行认定,严格遵循罪刑法定原则。不宜对刑法上的卖淫概念作扩大解释,《刑法》没有明确规定手淫等非进入式而是接触式的色情服务行为属于刑法意义上的“卖淫”,因而对相关行为就不宜入罪①。据此,行为人纠集他人(包括容留、介绍甚至组织等)提供性方面的服务时,就要考察行为人的主观内容是提供卖淫服务还是一般色情服务。如果行为人主观目的就是通过纠集他人提供卖淫服务实现一

① 参见周峰、党建军、陆建红、杨华:《〈关于办理组织、强迫、引诱、容留、介绍卖淫刑事案件适用法律若干问题的解释〉的理解与适用》,载《人民司法》2017年第25期。

定的犯罪目的,那么对行为人就可以涉卖淫类刑事犯罪定罪处罚;如果行为人主观目的仅仅是纠集他们提供色情服务(如手淫、胸推等),那么对行为人就不能以涉卖淫类刑事犯罪定罪处罚。实践中,有的行为人对性服务者明确提出,服务的内容仅限于提供手淫类的色情服务,而不允许服务员超出界限提供卖淫服务。此时,如果服务人员实施了卖淫服务,就必须认真审查认定行为人的主观内容。

2. 行为人的"明知"。《刑法》第三百六十条规定:"明知自己患有梅毒、淋病等严重性病卖淫、嫖娼的,处五年以下有期徒刑、拘役或者管制,并处罚金。"而《涉卖淫刑案解释》则多处用了"明知"一词。如第四条规定的"明知他人实施组织卖淫犯罪活动……"第十二条规定的"明知自己患有艾滋病或者感染艾滋病病毒而卖淫、嫖娼……"特别值得一提的是,该解释第十一条对如何认定《刑法》第三百六十条规定的"明知"作了诠释。上述条文中的"明知"内容是构成相关涉卖淫类犯罪的主观要件,也是构成犯罪的前提条件。审查证据时,应当重点围绕具体犯罪的犯罪故意内容判断证据的证明力,判断证据是否达到了确实、充分的标准。

如关于被告人是否"明知"自己患有严重性病问题,审查证据时要审查是否有证据证明被告人就诊或者检查的医院就诊证明、化验单、支付凭证、以前患过类似病症、被告人了解上述严重性病的特征、医生或者患有严重性病的患者告知被告人患病或者可能患病的情形等。该类证据应当达到充分的程度,对于确实充分的标准,要结合刑法及其司法解释对具体犯罪构成要件的规定,比如这里的明知"要求的是知道自己患有严重性病或者可能患有严重性病",如果仅仅要求证据达到"确定自己患有严重性病"而忽略了"可能患有严重性病"的构成条件,就有可能放纵犯罪。

需要说明的是,在主观故意方面,根据《涉卖淫刑案解释》第八条第三款的规定,"引诱、容留、介绍他人卖淫是否以营利为目的,不影响犯罪的成立"。也就是说,在涉卖淫类案件中,尽管多数犯罪存在营利目的,但是营利目的不是涉卖淫类犯罪构成要件之一,不必证实其犯罪目的,更不用要求达到确实充分的程度。

(二)犯罪构成中的人数、非法获利等要件事实必须证据充分

《涉卖淫刑案解释》对涉卖淫类犯罪的入罪条件进行了细化。其中一个

原则是对具体个罪所涉及的卖淫人员人数进行了界定，对《中华人民共和国治安管理处罚法》（以下简称《治安管理处罚法》）有规定行政处罚的，考虑与刑法入罪标准的衔接；对《治安管理处罚法》没有规定的，根据具体犯罪的社会危害性确定一般涉卖淫人员犯罪的标准。主要体现在：（1）组织卖淫案件。根据《涉卖淫刑案解释》的规定，组织三人以上卖淫才构成组织卖淫罪。另外，根据《涉卖淫刑案解释》第二条规定，组织卖淫案件中，卖淫人员达到一定人数（一般情况下为十人，卖淫人员为特殊群体的五人），还是界定组织卖淫犯罪是否“情节严重”的标准。（2）强迫卖淫案件。强迫一人卖淫即构成犯罪。但根据《涉卖淫刑案解释》第六条规定，强迫卖淫人数达到五人以上（特殊群体达到三人以上）的，构成强迫卖淫“情节严重”。（3）容留、介绍卖淫案件，一般要求容留、介绍二人以上才构成犯罪。故此，对卖淫人数是否达到法定要求的证据务必充分。

涉卖淫类犯罪在实践中往往具有营利的目的，《涉卖淫刑案解释》根据司法实践，在入罪标准和“情节较重”量刑幅度的法定刑升格条件中设立了不同的获利标准。如（1）组织卖淫罪中规定“情节严重”的标准之一是“非法获利人民币一百万元以上”，协助组织他人卖淫“情节严重”的标准之一是“非法获利人民币五十万元以上”。（2）引诱、容留、介绍他人卖淫的构罪条件之一是“非法获利人民币一万元以上”，情节严重的标准之一是“非法获利人民币五万元以上”。（3）旅馆业、饮食服务业、文化娱乐业、出租汽车业等单位的人员，通风报信构成包庇罪的条件之一是“非法获利人民币一万元以上”。

因此，在审查证据时，应当根据《涉卖淫刑案解释》的规定，对被告人行为是否构成犯罪以及入罪以后是否达到“情节严重”标准的要求，在最低人数要求、最低获利要求等条件方面，进行严格的证据审查。既要审查有关证人证言和被告人供述，更要注重对有关书证、电子证据的审查。不仅要重视查获卖淫违法犯罪活动现场的证据，还要重视过去曾经发生事实的证据。尤其是大部分已经发生的卖淫嫖娼行为，因嫖客难以寻找，难以收集嫖客的证言时，更要注重对账单数据、电脑数据、视频录像、银行明细、手机通话及短信、微信、QQ 对话等方面的审查。切实提高打击此类犯罪的精准度。

（三）犯罪对象的证据必须充分，但充分不等于卖淫嫖娼一定要已经实施

卖淫嫖娼行为是涉卖淫类犯罪的犯罪行为的承担者，卖淫嫖娼活动是涉卖淫类犯罪的基础事实，涉卖淫类犯罪的犯罪行为均是围绕卖淫嫖娼的基础事实施行的。对于涉卖淫类刑事案件而言，犯罪对象即卖淫嫖娼违法活动由卖淫嫖娼人员、卖淫嫖娼行为、卖淫嫖娼场所等构成。在审查涉卖淫类刑事案件证据中，对犯罪对象的证据审查主要体现在以下几方面：

1. 关于卖淫嫖娼人员。要明确涉卖淫类犯罪对象为"他人"，多数为女性，也包括男性。因此，对于男性提供卖淫服务以及同性之间提供卖淫服务的，不能因传统观念的影响而疏忽此类主体实施的卖淫嫖娼行为的认定。

2. 关于卖淫嫖娼行为。卖淫嫖娼行为主要包括以下几种情况：(1)卖淫嫖娼活动正在进行中；(2)卖淫嫖娼活动已经结束；(3)卖淫嫖娼活动正在交易商谈；(4)有一种特殊情况，卖淫嫖娼活动正在进行色情服务阶段如正在胸推、手淫阶段，尚未进入刑法意义上的卖淫阶段，但双方起初合意及交易价格体现了违法人员将从事刑法意义上的卖淫嫖娼活动。上述几种情况均应当认定为违法人员实施了刑法意义上的卖淫嫖娼活动，而不能将刑法意义上的卖淫嫖娼活动局限于现行抓获正在进行性交的卖淫嫖娼活动。

3. 关于卖淫场所。固定的卖淫场所，如以发廊、按摩房、洗浴中心等为名设置的卖淫场所或者设置变相的卖淫场所；随着信息技术的发展和普及，在实践中有的卖淫嫖娼行为没有固定场所，只是通过网络等现代信息技术方式临时约定卖淫嫖娼场所，也有通过网上聊天、建立微信群、QQ群等方式组织卖淫的，双方确定好卖淫嫖娼意向后确定卖淫地点，该种卖淫地点往往具有一定的随机性，但依然属于卖淫场所。

4. 关于卖淫嫖娼活动的有关物证。有时公安人员在卖淫嫖娼场所抓获男女双方，并没有查获通常用以证明卖淫行为的避孕套等物证。有观点认为必须找到避孕套、精子等生物检材才能认定为卖淫嫖娼，或者只要没有抓获现行的卖淫嫖娼就不能认定为卖淫嫖娼行为。我们认为，首先，该观点忽略了卖淫行为的多样性，除了正常性交外，还有肛交、口交等行为，有的甚至不用避孕套具等情况。其次，对于多次从事卖淫嫖娼活动或者能查实是以

卖淫嫖娼为目的,或者没有正当理由出现在卖淫场所的,均应当认定为存在卖淫嫖娼活动,不能苛刻的要求必须有精子等生物检材、避孕套等物证。此种情形,要结合被告人供述、证人证言、卖淫嫖娼的资金收入等确定。

三、准确认定涉卖淫类案件的既遂与未遂

涉卖淫类犯罪是行为犯,其是否既遂与卖淫嫖娼行为是否完成没有必然联系。卖淫嫖娼行为实施完毕只是其既遂形式的一种,实践中,经常存在卖淫嫖娼行为没有完成但是涉卖淫类犯罪既遂的情形。个中原因,乃是因为涉卖淫类刑事犯罪均属于行为犯。行为犯是指以法定的犯罪行为完成作为犯罪既遂的犯罪。其一个显著特点是并不要求造成物质性的和有形的犯罪结果,而是以《刑法》分则规定的行为完成为标志。但这些行为不是以着手即告完成,按照法律的要求这类行为要有一个实行过程,要达到一定程度才能视为行为的完成。因此,在着手实行犯罪的情况下,如果达到了法律要求的程度就是完成了犯罪行为,是犯罪既遂;如果因犯罪人意志以外的原因未能达到法律要求的程度,未能完成犯罪行为,就应当认定为犯罪未遂。

具体到涉卖淫类犯罪,应当以《刑法》分则规定的涉卖淫类犯罪行为是否完成作为犯罪是否既遂的标准。实施了涉卖淫犯罪行为的则构成既遂,因为被告人意志以外的原因没有完成《刑法》规定的涉卖淫类犯罪实行行为的,是犯罪未遂。例如,在组织、强迫卖淫过程中,组织、强迫他人卖淫已经完成的,应当认定组织、强迫卖淫罪既遂;如果只是刚着手实施组织、强迫他人卖淫行为,因被组织、强迫卖淫人员拒绝或者被公安机关查获,致使组织、强迫他人卖淫未完成,此时应当认定组织、强迫卖淫罪系未遂。引诱、容留、介绍卖淫罪,是指以金钱、物质或者其他利益为手段,诱使他人卖淫,或者为他人卖淫提供场所,或者为卖淫的人与嫖客牵线搭桥的行为。如果在此过程中其没有实现引诱、容留、介绍他人卖淫的行为,则应当以犯罪未遂处理。被组织、强迫、引诱、容留、介绍卖淫的他人是否实际完成了卖淫行为并不是上述犯罪的既遂标志,被告人实施了组织、强迫、引诱、容留、介绍卖淫的行为,而他人有卖淫的着手行为但没有完成性交、口交等行为的情形,同样可以认定为既遂。

实践中,有的法院要求侦查机关必须以充分的证据证实卖淫人员的卖淫行为已经完成,才认定涉卖淫类刑事犯罪既遂,以致造成打击涉卖淫类刑事犯罪不力;有的公安人员在卖淫场所抓获了以卖淫为目的的卖淫人员与他人同居一室,但是囿于没有证据证实发生了卖淫行为,而不敢果断抓捕或者不予认定为卖淫。这些现象,都是由于对涉卖淫类刑事犯罪是行为犯,此类案件的证明重点是组织、强迫、引诱、容留、介绍等行为本身这一基本原理认识不足。我们认为,公安司法机关在收集、审查、认定涉卖淫类犯罪行为的证据时,重点不在于卖淫行为是否实施或者实施完毕,而在于《刑法》分则规定的实行行为是否完成。至于卖淫嫖娼人员的卖淫嫖娼行为,只要“以卖淫为目的”,具有预备实施、正在实施或者已经实施了卖淫行为三种情况之一,就应当认定被告人涉卖淫类犯罪行为已经既遂。

四、根据案件情况认定事实,既要准确又要果断

如前所述,认定涉卖淫类犯罪应当明确案件证据审查的重点。在证据收集齐全或者收集证据的路径已经穷尽的时候,就应当根据已有证据,及时对案件事实作出认定。在认定案件事实时,应当明确以下几点:

(一)正确认识法律事实和客观事实的关系

根据证据认定的案件事实是法律事实,但未必就是客观事实。在民事案件中,法律事实可以依据证据优势规则认定。而在刑事案件中,法律事实则不能仅仅依据证据优势规则认定,而应当依据证据充分、排除合理怀疑的规则认定。根据《刑事诉讼法》第五十四条第二款的规定,证据确实、充分,应当符合以下条件:(1)定罪量刑的事实都有证据证明;(2)据以定案的证据均经法定程序查证属实;(3)综合全案证据,对所认定事实已经排除合理怀疑。根据这一规定以及刑事审判的实践,我们认为,刑事审判中,法院认定的事实,之所以称为法律事实而未必是客观事实,包含以下几层含义:(1)认定的事实是依据证据得出的;(2)被告人如果未实施相应的犯罪事实,即使有一定的证据证明,但由于合理怀疑没有被排除,也不能依据证据优势规则认定被告人实施了相应的犯罪事实;(3)被告人客观上实施了相应的犯罪事实,但如果证据不充分,那么,法院只能作出证据不充分,指控的犯罪事实不

能成立的判决。因此，当法院认定案件事实时，必须明确，我们所认定的是法律事实，而未必是客观事实。但刑事诉讼中的法律事实，只能是认定的事实可能有利于被告人的而不会不利于被告人的事实。也就是说，只能因证据原因对客观上存在的事实作出不予认定的结论，而不能将实际上不存在的事实，仅凭证据优势规则而予以认定。

（二）正确认识有利于被告人原则在事实认定中的作用

有利于被告人原则是司法实践总结经验的产物，既有事实认定上的内容，也有法律适用上的内容。在事实认定上，主要包括：（1）被告人是否实施犯罪行为，在证据上存疑时，作出认定证据不充分的裁判；（2）被告人是实施重罪行为还是轻罪行为，在证据上存疑时，作出被告人实施轻罪行为的裁判；（3）被告人的行为构成某一罪的证据充分，但是否存在法定加重情节在证据上存疑时，作出不存在法定加重情节的裁判；（4）被告人是否具有从重处罚情节在证据上存疑时，作出从重处罚情节不成立的裁判；（5）被告人是否存在从宽处罚情节，具有一定证据，又无相反证据明确排斥从宽处罚情节的存在时，认定从宽处罚情节成立，等等。

具体到涉卖淫类刑事案件，在事实认定上的有利于被告人原则，主要体现在以下方面：（1）被告人是否实施涉卖淫类犯罪行为，在证据上存疑时，作出认定证据不充分的裁判。（2）根据现有证据不能证实被告人具有重罪的犯罪构成事实，但对轻罪要求的犯罪行为已达到了确实充分的证明标准，此时应当认定被告人不构成重罪，而构成轻罪。例如，对被告人组织未成年人卖淫，达不到确实充分的证明标准，但对其介绍卖淫的证据达到了确实充分的标准，应认定被告人构成介绍卖淫罪。（3）被告人的行为构成涉卖淫类刑事犯罪的证据充分，但法定加重处罚情节的证据不充分，如构成组织卖淫罪的证据充分，由于在卖淫人员的人数问题上是否达到十人以上存在证据上的疑惑，因而不认定其组织卖淫情节严重。（4）其他依据在案证据应当作出有利于被告人的结论的情形。

实践中有争议的主要是指控被告人的行为构成重罪，法院根据在案证据认定被告人的行为构成轻罪的做法是否于法有据？如指控被告人的行为构成组织卖淫罪，法院在认定被告人组织卖淫行为的证据不充分的情况下，能否认定被告人的行为构成容留卖淫罪？我们认为，这一做法是可行的，且有明确的法律根据。《最高人民法院关于适用〈中华人民共和国刑事诉讼法〉的解释》第二百四十一条第一款第二项规定，起诉指控的事实清楚，证据确实、充分，指控的罪名与审理认定的罪名不一致的，应当按照审理认定的罪名作出有罪判决。该规定就包含了指控重罪判决轻罪的内容。

（三）认定事实既要准确，也要果断

要根据在案证据准确把握个罪的构成条件及其重点，准确把握具体的涉卖淫类犯罪的成立条件，"情节严重"的升格条件。对达到证据确实充分标准的犯罪事实，要准确的认定，不能犹豫不决；对现有证据不能认定存在犯罪行为，证据达不到确实充分证明标准的，不能认定被告人的犯罪行为，此时要果断地作出不构成该罪的判断。也就是说，要严格依照证据裁判原则认定事实。对于历史上"判放两难"的案件，务必依照在案证据，果断作出是否认定犯罪事实的裁判，不能作"留有余地"的裁判。

司法实践中，有的被告人会对其涉卖淫类行为的性质进行辩解。在收集、审查、判断证据时，对其辩解，要重视用证据进行回应。特别是行为对象究竟是卖淫嫖娼行为还是一般色情服务行为时，更是要用证据进行回应。既不能客观归罪，在被告人预先要求相关人员仅提供色情服务时，根据相关行为人超出预先要求而实际上从事了卖淫嫖娼活动，就一律将被告人的行为以犯罪处理；也不能简单地根据现场抓获情况确定被告人的行为是犯罪行为还是违法行为。要综合在案证据，结合被告人供述和证人证言、视频录像、账单等证据进行认定。如被告人王某容留卖淫案。王某以经营发廊为名，行容留卖淫之实。公安机关在扫黄行动中，查获发廊暗间，有一对男女正准备实施卖淫嫖娼活动，另一对男女已经衣裤除尽，且两人生殖器正相对顶着，还未进入性交状态。王某辩称，其对服务人员要求与客人之间最多只能用生殖器相顶，而不能进行实质性的性交活动。而卖淫嫖娼人员均证实如果不是公安人员的介入，他们马上就进入性交状态。在这种情况下，我们既要结合证人证言，也要根据一般生活常识对王某的辩解理由进行分析。由此可以得出结论，王某的辩解理由是无法成立的。

五、重点与非重点相结合，既审查重点证据，亦审查其他证据

审查涉卖淫类案件，可以根据案件的具体性质，对要证明的事实及证据归类整理。我们认为，审查涉卖淫类犯罪的证据，首先要根据涉卖淫类犯罪的特点来确定基本事实，根据该事实确定证据的重点审查范围。审查涉卖淫类案件的证据，一般情况下，被告人是否实施了组织、强迫、引诱、容留、介绍卖淫行为，属于重点审查的对象。但是，重点与非重点都是相对的。具体到每一个案件，重点与非重点也并非绝对。如在一般案件中，卖淫人员的年龄不是重点，但当卖淫人员系不满十四周岁的幼女时，卖淫人员的年龄就成了案件审查的重点。当卖淫人员不满十八周岁时，在量刑问题上，也就成了审查的重点。又如，在故意传播性病案件中，行为人是否明知自己患有性病，自然就成了案件证据的审查重点。在故意传播艾滋病案件中，不仅行为人是否明知自己患有艾滋病是案件证据的审查重点，其传播艾滋病行为是否致使他人感染艾滋病病毒，也是案件证据审查的重点。因为根据《涉卖淫案件解释》第十二条第二款规定，明知自己感染艾滋病病毒而卖淫、嫖娼或者明知自己感染艾滋病病毒，故意不采取防范措施而与他人发生性关系，致使他人感染艾滋病病毒的，应当依照《刑法》第二百三十四条第二款的规定，以故意伤害罪定罪处罚，且致使他人感染艾滋病病毒的，认定为“重伤”。因此，对于明知自己患有艾滋病或者感染艾滋病病毒而卖淫、嫖娼的，是否实际致使他人感染艾滋病病毒，成了行为人的行为以传播性病罪定罪处罚还是以故意伤害罪定罪处罚的关键问题，而对于明知自己感染艾滋病病毒，故意不采取防范措施而与他人发生性关系的，是否实际致使他人感染艾滋病病毒，成了行为人的行为是以故意伤害罪定罪处罚还是以无罪论处的问题。

在审查涉卖淫类刑事案件的证据时，还要注意审查与数罪并罚相关的以下方面的证据：

（一）组织、强迫卖淫罪与强奸罪、故意杀人罪、故意伤害罪、绑架罪的数罪并罚问题

根据 1997 年《刑法》的规定，组织、强迫卖淫中并有杀害、伤害、强奸、绑架等犯罪行为的，依照组织、强迫卖淫罪处罚，最高可判处死刑。但是，《刑

法修正案(九)》取消了组织、强迫卖淫罪的死刑,对犯罪分子实施杀人、伤害、强奸、绑架行为的,进行了立法上的技术处理,即由原来的一罪处罚改为数罪并罚。这样,可以确保取消组织、强迫卖淫罪的死刑后,对有杀害、伤害、强奸、绑架等犯罪行为的犯罪分子在需要判处死刑时,可以依法判处死刑。故《涉卖淫刑案解释》第七条第一款特别强调,根据《刑法》第三百五十八条第三款的规定,犯组织、强迫卖淫罪,并有杀害、伤害、强奸、绑架等犯罪行为的,依照数罪并罚的规定处罚。

这一规定要求我们在收集、审查、判断证据时,要注重两个方面的问题。一是组织、强迫卖淫行为人,在故意杀人、故意伤害、强奸、绑架案件中的主观故意和客观行为问题。既要防止将卖淫人员的伤亡以客观归罪的方式,一律定性为组织、强迫卖淫行为人的故意犯罪行为,更要防止疏漏了这方面的证据而让组织、强迫卖淫犯罪行为人逃脱了故意杀人、故意伤害、强奸、绑架的刑事责任。特别是,在《刑法》取消了组织、强迫卖淫罪的死刑刑种后,如果行为人故意杀人、故意伤害、强奸、绑架的罪行特别严重,依法应当判处死刑。此时,就更加应当注重这方面的事实认定和证据审查,以确保对此类犯罪严厉打击的高压态势。二是协助组织卖淫行为人参与故意杀人、故意伤害、强奸、绑架犯罪的证据问题。由于《刑法》将协助组织卖淫罪单独规定为一个独立的罪名,因而,协助组织卖淫行为人与组织卖淫行为人之间不以共同犯罪论处。但是,如果两者共同实施故意杀人、故意伤害、强奸、绑架的,则对这部分犯罪以共同犯罪论处。而且,实践中,协助组织卖淫行为人在故意杀人、故意伤害、强奸、绑架犯罪中充当主犯角色,组织卖淫行为人充当了从犯角色的可能性也会存在。也就是说,组织卖淫行为人和协助组织卖淫行为人在杀人、伤害、强奸、绑架犯罪中的地位、作用,并不一定依照他们在涉卖淫类刑事犯罪中的地位、作用来认定,而是依照他们在杀人、伤害、强奸、绑架犯罪的具体情况确定主从犯地位。因此,对此类共同犯罪案件,就要认真审查证据,确定他们在共同犯罪中的地位、作用,以准确定罪量刑。

(二)组织卖淫罪与引诱、容留、介绍卖淫罪的数罪并罚问题

《涉卖淫刑案解释》第三条规定,在组织卖淫犯罪活动中,对被组织卖淫的人有引诱、容留、介绍卖淫行为的,不实行数罪并罚,依照处罚较重的规定

定罪处罚。但对被组织者以外的其他人实施引诱、容留、介绍卖淫行为的，仍应当分别定罪，实行数罪并罚。因此，在组织卖淫犯罪活动中，如果行为人伴有引诱、容留、介绍卖淫犯罪行为的，一般情况下，重点审查其组织卖淫行为即可。但是，在以下两种情况中，对其引诱、容留、介绍卖淫行为的事实证据，仍然应该重点审查。(1)组织卖淫犯罪未达到情节严重，其法定刑为五年以上十年以下有期徒刑，而如果行为人同时引诱不满十四周岁的幼女卖淫的，依照《刑法》第三百五十九条第二款的规定，应当处五年以上(至十五年)有期徒刑。此时，对行为人依照处罚较重的规定定罪处罚即应当以引诱幼女卖淫罪定罪处罚。(2)组织卖淫犯罪人对被组织者以外的其他人实施引诱、容留、介绍卖淫行为的，根据前述解释规定，应当分别定罪，实行数罪并罚。上述情况下，对组织卖淫行为人的引诱、容留、介绍卖淫行为从事实、证据上进行重点审查，关系到对被告人定相对重罪还是相对轻罪，定一罪还是数罪的问题，故不可或缺。

(三)对所谓的一般性证据也要认真审查

《刑法》规定了具体犯罪的犯罪构成，犯罪构成是决定一个行为是否构成犯罪的条件，犯罪构成包括犯罪客观方面、犯罪客体、犯罪主观方面、犯罪主体。包括涉卖淫类犯罪在内的所有犯罪都有特定的犯罪构成要件，符合犯罪构成要件的事实是定罪量刑的基础。对犯罪事实的证明，不仅仅包括对客观方面，尤其是犯罪行为的证明，同样包括对犯罪构成其他方面事实的证明。因此，在审查证据时不仅应当把握重点，而且应当照顾全面。除了需要有证据证明的犯罪客观方面，还需要充分的证据证实其他的犯罪成立条件，对其他方面同样需要有确实充分的证据证实。

1. 犯罪客体。涉卖淫类犯罪侵犯的客体是社会主义道德风尚，其中具有暴力、威胁等强迫行为的组织卖淫活动、强迫卖淫活动以及传播性病罪还侵犯了他人的人身权利。涉卖淫类犯罪对象既包括女人，也包括男人。犯罪客体应有一定证据证明。虽然并不必然的由具体的证据直接证明犯罪客体，但是在案件中综合各种证据必须能够证实犯罪客体及其犯罪对象。

2. 主观方面。涉卖淫类犯罪的主观方面是犯罪故意，包括直接故意和间接故意。故在审查证据时应当着重审查被告人的犯罪罪过，被告人是否具有犯罪的主观故意。比如,在协助组织卖淫罪中,帮助运送卖淫人员的司机是否知道或者可能知道运送的是卖淫人员或者自己在协助他人实施组织卖淫;容留卖淫人员的,被告人是否明知容留的是他人卖淫,如果被告人不明知是卖淫人员或者知道是卖淫人员但不是以卖淫为目的居住的话,就不能认定被告人构成容留卖淫罪。比如,卖淫女甲因故在自己亲属乙租住的房屋里居住,其间曾卖淫,乙并不知晓甲的卖淫行为,只是以其他目的为甲提供了住处,因乙没有容留卖淫的主观故意,不构成容留卖淫罪。故在审查犯罪主观方面时,应重点审查被告人是否具有涉卖淫类犯罪的犯罪故意。

司法实践中,行为人一般是以营利为目的,但这并不是涉卖淫类案件主观方面的必备要件。只要行为人实施了涉卖淫类犯罪的行为即构成本罪,而不论其动机、目的如何。故在审查证据时不必有确定的证据证实被告人具有营利目的等。但犯罪动机和目的可能影响被告人的刑事责任。在审查证据时若证实被告人具有卑劣的犯罪目的和动机,是适度从重的酌定情节,若有充分的证据证实被告人具有该类动机和目的的,应当在宣告刑中体现;若对该类犯罪动机和目的不能达到确实充分的证明标准,则不能认定被告人具有该卑劣的动机和目的。被告人如果是基于贫困、治病等动机和目的的,由于此类动机是对被告人有利的酌定从轻情节,也应有相应证据证明。

3. 犯罪主体。犯罪主体是实施犯罪的人。涉卖淫类犯罪的犯罪主体均为一般主体,系自然人。根据《刑法》规定"单位"不能构成此类犯罪。《刑法》规定应当是年满十六周岁,具有刑事责任能力的自然人才能构成此罪。在审查证据时应当审查被告人是否年满十六周岁,是否足以具有刑事责任能力。

另外,在涉卖淫类犯罪相关的犯罪中,《刑法》第三百六十一条、第三百六十二条规定了一类特殊身份主体,即"旅馆业、饮食服务业、文化娱乐业、出租汽车业等单位的人员"。《刑法》第三百六十一条第一款规定,"旅馆业、饮食服务业、文化娱乐业、出租汽车业等单位的人员,利用本单位的条件,组织、强迫、引诱、容留、介绍他人卖淫的,依照本法第三百五十八条、第三百五十九条的规定定罪处罚"。第二款规定,"前款所列单位的主要负责人,犯前款罪的,从重处罚"。第三百六十二条规定,"旅馆业、饮食服务业、文化娱乐业、出租汽车业等单位的人员，在公安机关查处卖淫、嫖娼活动时，为违法犯罪分子通风报信，情节严重的，依照本法第三百一十条的规定定罪处罚”。在处理上述人员犯罪时，应当有充分的证据证实被告人系“旅馆业、饮食服务业、文化娱乐业、出租汽车业等单位”的人员。如果被告人是上述单位的主要负责人的，因要对其从重处罚，更要以充分、扎实的证据证明之。

六、既要注重审查定罪证据，又要注重审查量刑证据

定罪是人民法院通过对某一案件的审理，确定某种危害行为是否构成犯罪以及构成何种犯罪等的活动，简言之，解决犯罪事实是否存在，是何种性质犯罪的问题。但是刑事诉讼的最终目的是确定被告人的刑事责任，实现刑事责任需要通过人民法院对被告人量刑程序完成。量刑是以定罪为基础，是定罪之后的后续环节，其和定罪活动一起构成了人民法院审判阶段的全部活动。量刑活动包括是否对犯罪人判处刑罚、判处何种刑罚、多重的刑罚，对刑罚是否立即执行以及将数个刑罚合并为宣告刑的行为。量刑以事实为根据，以法律为准绳。审查涉卖淫类案件时，不仅要审查对被告人定罪的证据，同样要审查对被告人量刑的证据。在量刑情节上一般分为法定情节和酌定情节，对被告人有利的情节和对被告人不利的情节，应当型情节和可以型情节。

审查量刑情节证据时，应当注重法定情节和酌定情节、对被告人有利的情节和对被告人不利的情节等，并有充分的证据证实。《涉卖淫刑案解释》中规定了诸多量刑情节，尤其明确规定了“情节严重”的常见样态，司法实践中要围绕《刑法》及司法解释规定的内容组织证据，审查判断证据的证明力以及对被告人刑事责任的影响。基于保证被告人权益的目的，对量刑情节的证明同样需要达到证据确实充分的标准。

比如，《涉卖淫刑案解释》第九条规定了司法实践中常见的引诱、容留、介绍他人卖淫罪中“情节严重”的情形，即具有下列情形之一的，应当认定为《刑法》第三百五十九条第一款规定的“情节严重”：(1)引诱五人以上或者引诱、容留、介绍十人以上卖淫的；(2)引诱三人以上的未成年人、孕妇、智障人员、患有严重性病的人卖淫，或者引诱、容留、介绍五人以上该类人员卖淫

的;(3)非法获利人民币五万元以上的;(4)其他情节严重的情形。确认被告人是否具有该罪"情节严重"事实时,要审查现有证据是否足以证实被告人具有情节严重的条件,且达到事实清楚、证据确实充分的证明标准。如果证据足以证实被告人具有引诱、介绍、容留他人卖淫情节严重的行为之一,就应当在"情节严重"对应的量刑幅度内量刑。

《涉卖淫刑案解释》还对《刑法》规定的"组织、强迫未成年人卖淫的,应当从重处罚""组织他人卖淫""协助组织他人卖淫""强迫他人卖淫"等有从重处罚或者"情节严重"的标准予以规定。对涉卖淫类案件量刑时,对量刑情节特别是决定量刑幅度的情节,要有充分的证据证实。比如,上述未成年人、未满十四周岁的幼女卖淫,怀孕的人、患有严重性病的人卖淫等情节都需要充分的证据证实。现有证据不能形成完整的证据链,对上述从重处罚情节等不能达到确实充分的标准的,不能认定存在上述情节,只能在较轻的量刑幅度内量刑。

在审查量刑情节时,不能仅重视从重型情节,还需要重视对被告人有利的情节即从宽型情节,如自首、立功等。该类从宽型情节有明确的法律规定的成立条件,对此均要有证据证明并达到确实充分的证明标准。

除审查证明法定量刑情节的证据,还要重视审查证明酌定量刑情节的证据。酌定量刑情节往往不是法律或者司法解释所规定,但是在司法实践中影响被告人的刑事责任及其刑罚的事实。比如,犯罪动机和目的、犯罪的时间、犯罪后的态度、犯罪后果、犯罪的时间地点、犯罪的个人情况等。酌定情节同样区分为有利于被告人的情节和不利于被告人的情节。比如,犯罪动机和犯罪目的不同,反映了犯罪分子的主观恶性不同。犯罪动机卑劣的,其主观恶性大,社会危害程度深,应予严惩;基于可囿性动机,比如,被骗犯罪的、基于强迫等犯罪的,一般情形下可以考虑适当从轻处罚。如在引诱、容留、介绍卖淫罪中,有的是为谋取巨额利益,为实施其他犯罪行为,有的是基于家庭贫困为上学、医疗等基本生活、维持基本生存所需费用而实施的犯罪。在同等条件下,对后者量刑轻于前者。基于证据裁判原则,对上述酌定量刑情节均需要以证据予以证明。

《刑法修正案(九)》对组织、强迫卖淫罪、协助组织卖淫罪等进行了修改,涉卖淫类犯罪的刑罚中不再保留死刑,对涉卖淫类犯罪的最高刑期为无期徒刑。最高人民法院于2017年3月9日发布了修订后的《关于常见犯罪的量刑指导意见》(以下简称《量刑指导意见》),《量刑指导意见》中规定,该指导意见规定的15种常见犯罪以外,其他判处有期徒刑、拘役的案件,可以参照量刑指导原则、基本方法和常见量刑情节的适用规范量刑。故涉卖淫类犯罪量刑时,可以参照《量刑指导意见》的量刑原则和常见量刑情节适用等内容。对《量刑指导意见》的适用条件及其要求的量刑情节同样需要达到确实充分的标准。

总之,对涉卖淫类案件事实证据进行审查时,应当坚持全面审查与重点审查相结合的方法。既重点审查犯罪客观方面的证据,又兼顾犯罪构成其他方面如犯罪客体、犯罪主体、犯罪主观方面的证据;既要审查定罪证据,又要审查量刑证据;既要审查对被告人不利的证据,又要审查对被告人有利的证据;既要坚持证据裁判原则,又要兼顾其他证明方法,避免机械办案。在涉卖淫类案件中贯彻证据裁判原则,要把握案件本质,审查证据不偏漏,确保认定事实清楚,尽量接近客观事实,确保定罪准确,量刑适当。

文证审查意见在刑事审判实践中的应用

周维平

文证审查意见,又称技术咨询意见、技术审核意见,在刑事审判中并不罕见。在存在人体损伤程度鉴定、人体损伤成因鉴定或者死因鉴定的案件中,检察院在提起公诉时常将其内设技术部门出具的《文证审查意见书》一并作为指控犯罪的证据移交法院并当庭出示。此种文证审查意见是否具有证据资格,能否进入诉讼程序,以及如何在裁判文书中予以表述与记载,在实践中争议较大。这在本质上涉及文证审查的界定以及法院对作为证据提交的文证审查意见书的审查处理问题。

一、文证审查的源与流

虽然在诉讼实践中时常使用,但"文证审查"并非刑事诉讼法条中的术语,因而有必要考察"文证审查"这一概念的渊源与演变。

(一)文证

作为"文证审查"词汇的组成部分,"文证"一词在刑事诉讼中用法较为普遍,但在商务印书馆出版的《现代汉语词典》中,"文证"却并未作为一个词语而被记载下来。可见,"文证"一词在现当代的社会生活中并不常用。有专家考证认为,"文证"一词最早是一个文言词汇,元代《隐居通议·杂录》中曾记载:"东邻尝以庄契质于西邻,后当收赎,先入八百千,自恃密熟,不取文证。"《清史稿·食货志一》亦曾记载:"如式者官予文证。"由此可见,在古代,"文证"一词的意思指的是"证明文书"。

但在"文证审查"一词中,"文证"一词显然不是证明文书的意思。刑事审判实践中的文证审查,通常是指对书面材料进行的审查,包括对法医鉴定意见、司法精神病学鉴定意见、现场勘验、调查访问等书面材料进行的专业审查。

（二）文证审查

根据现有材料，“文证审查”作为一个专业词汇首先出现是在 1988 年 1 月 28 日，最高人民检察院以高检办发字〔1988〕第 5 号文件正式印发《人民检察院法医工作细则（试行）》和《人民检察院文件检验工作细则（试行）》。其中，《人民检察院法医工作细则（试行）》在第二章“勘验、鉴定”中，专设一节为“文证审查”，具体包括两条，其中第二十条系对法医文证审查予以界定，第二十一条明确文证审查的重点方向。

随后，司法部在 2001 年 8 月 31 日以司发通〔2001〕092 号颁布《司法鉴定程序通则（试行）》。该版的《司法鉴定程序通则（试行）》第三十八条规定，司法鉴定文书分为司法鉴定书、司法鉴定检验报告书、司法鉴定文证审查意见书、司法鉴定咨询意见书等。因而，文证审查意见书属司法鉴定文书的一类。但 2007 年司法部删除了该项规定，在《司法鉴定程序通则》第三十四条则明确规定，司法鉴定文书包括司法鉴定意见书和司法鉴定检验报告书。虽然 2016 年版的《司法鉴定程序通则》没有再规定司法鉴定文书的种类，但在 2018 年版的《司法鉴定程序通则》则再次恢复了“司法鉴定文书包括司法鉴定意见书和司法鉴定检验报告书”的界定，因而也再次明确了文证审查意见书不属于司法鉴定文书。

除此之外，在最高司法机关及国家部委层面，再也未见有关“文证审查”的表述了。应该说，“文证审查”概念的萎缩与刑事司法理念的转变，尤其是鉴定管理体制的改革有关。即便如此，“文证审查”的概念及界定却在地方司法机关的指导性意见中继续使用。如北京市人民检察院及广东省人民检察院均曾制定有关文证审查的规定，陕西省西安市人民检察院亦曾制定《文证审查工作暂行规定》，广东省司法厅在 2012 年以粤司办〔2012〕107 号文件形式向东莞市司法局下发《关于司法鉴定机构开展文证审查业务的批复》，同意东莞市司法鉴定机构提供文证审查服务。

（三）专家咨询

2005 年 2 月 28 日，全国人大常委会通过《关于司法鉴定管理问题的决定》。该决定第一条即明确,司法鉴定是一种鉴别、判断并提供鉴定意见的活动,由此排除了文证审查在司法鉴定业务中的存在空间。此外,由于公安机关保留了鉴定机构,因而不存在针对鉴定意见的文证审查需求。但法院及检察院内部均存在对司法鉴定意见的技术辅助审查的需求,因而最高人民法院、最高人民检察院对此作出相应规定。

2005年9月21日,最高人民检察院下发《关于贯彻〈全国人民代表大会常务委员会关于司法鉴定管理问题的决定〉有关工作的通知》,一方面明确各级检察机关的鉴定机构不得面向社会接受委托从事鉴定业务,鉴定人员不得参与面向社会服务的司法鉴定机构组织的司法鉴定活动;另一方面强调,各级检察技术部门要着眼于提高检察机关法律监督能力,加大对批捕、公诉工作中技术性证据的审查力度,积极开展文证审查工作,为检察机关履行法律监督职能提供技术保障,并决定将制定《人民检察院文证审查工作规定》。因此,司法鉴定管理体制改革后,检察机关内设的鉴定机构得以检察技术部门的名义予以保留,但不再对外提供服务。

无独有偶,2006年9月25日,最高人民法院以法发〔2006〕182号文件形式下发《关于地方各级人民法院设立司法技术辅助工作机构的通知》。该通知提到,在司法鉴定管理体制改革后,为保障审判工作和执行工作的顺利进行,最高人民法院近日在司法行政装备管理局增设司法辅助工作办公室,主要职责之一即为最高人民法院审判工作提供技术咨询、审核服务,同时要求高中级法院应根据实际工作需要设立独立建制的司法技术辅助工作机构,为审判工作和执行工作提供技术保障服务。有条件的基层人民法院,可以根据工作需要设立相应的机构。该机构的职责之一即为本院和下级人民法院审判工作提供技术咨询、技术审核服务。对法官提出的涉案技术问题进行解释或者答复,对送审案件中的鉴定文书及相关材料进行审查,提出审核意见等。2007年8月23日,最高人民法院还以法办发〔2007〕5号文件下发了《技术咨询、技术审核工作管理规定》。

由此可见,司法鉴定管理机制改革的结果是,法检机关内部均存在司法技术服务机构,只不过法院系统的名称是技术咨询与技术审核,而检察系统的名称是文证审查[①]而已。

2012年《刑事诉讼法》的修改，一方面，在“证据种类”一章中将“鉴定结论”修改为“鉴定意见”；另一方面，明确证据必须经过查证属实，才能作为定案的根据。由此，鉴定意见作为一种科学证据，不再具有天然至上的证明力。检察官在决定是否将其作为起诉证据时，法官在决定是否将其作为定案证据时，均要首先查证是否属实，否则将不能用作为定案证据。但问题的关键在于，鉴定意见是一种科学证据，是由有专门知识的人作出，运用的是专门知识，解决的是专门性问题。而法官及检察官多为法律专业出身，面对专门性问题却并不专业。为避免盲从于鉴定意见、出现错判，法官及检察官有必要借助外力帮助审查鉴定意见，因而，审查起诉及刑事审判实践均对“文证审查”或者“技术咨询”存在客观需求。

与此同时，2012年《刑事诉讼法》的修改，增加了“有专门知识的人出庭”的相关规定，因而最高人民检察院及最高人民法院在随后出台的相关司法解释及内部指导性文件中，均沿用“有专门知识的人”的表述，而放弃“文证审查”概念。如《最高人民法院关于适用〈中华人民共和国刑事诉讼法〉的解释》第二百一十五条规定，审判人员认为必要时，可以询问证人、鉴定人、有专门知识的人。最高人民检察院《人民检察院刑事诉讼规则（试行）》第三百六十八条第二款规定，公诉部门对审查起诉案件中涉及专门技术问题的证据材料需要进行审查的，可以送交检察技术人员或者其他有专门知识的人审查，审查后应当出具审查意见。2018年2月11日，最高人民检察院制定《关于指派、聘请有专门知识的人参与办案若干问题的规定（试行）》再次放弃了“文证审查”的概念。该规定的第八条明确，人民检察院在审查起诉时，发现涉及专门性问题的证据材料有与其他证据之间存在无法排除的矛盾的或者就同一专门性问题有两份或者两份以上的鉴定意见，且结论不一致的等五种情形之一的，可以指派、聘请有专门知识的人进行审查，出具审查意见。由此，技术专家所出具的意见开始被称为有专门知识的人的意见，实践中简称为“专家意见”。

---

① 最高人民检察院内设的检察技术信息研究中心的职责之一即“负责研究制定全国检察机关勘验取证、文证审查、检验鉴定工作的细则、规范”。

从上述有关"文证审查"概念的源与流来看,这个概念本身系最高人民检察院在1988年首创,但与最高人民法院的技术咨询与技术审核存在异曲同工之妙。概念的提出,均是因为作为法律专家的法官与检察官在面对技术证据时,审查判断存在客观难度;概念的演变,均是因为司法鉴定管理体制的改革与刑事司法理念的变迁,尤其是与2012年《刑事诉讼法》修改所弘扬的审判中心主义思想有关。

二、文证审查的形与实

虽然2012年《刑事诉讼法》创设了有专门知识的人参与诉讼的制度,但最高人民检察院在新一轮机构改革后,依然赋予其内设机构检察技术信息中心以规范文证审查之职责,且赋予文证审查以法律监督之功能。因而,文证审查及其成果《文证审查意见书》也依然活跃在刑事诉讼程序之中。分析文证审查的形式与实质,目的在于为法官对文证审查的审查奠定理论基础并指明运用方向。

(一)文证审查的形式

分析文证审查的形式,有效区分文证审查与相近的司法鉴定,从而为文证审查运用的规则构建进行铺垫。

1. 文证审查的外观

《人民检察院法医工作细则(试行)》及2001年《司法鉴定程序通则(试行)》均规定,审查人员在审查完毕后要出具书面的《文证审查意见书》,签名并加盖公章。因此,文证审查的外观通常表现为文书,且文书标题明确为"意见书",但这并非意味着文证审查的外观仅为书面形式。2012年《刑事诉讼法》引入有专门知识的人的概念,允许公诉人申请通知有专门知识的人出庭针对鉴定意见发表意见后,有专门知识的人所发表的口头意见,也是文证审查的另一种外观表现形式。

2. 文证审查的对象

从现行规定看,《人民检察院法医工作细则(试行)》明确规定审查的文证对象是法医鉴定书、司法精神病学鉴定书、医疗事故鉴定意见书、病历以及现场勘验、调查访问等文证材料,广东省人民检察院《关于办理文证审查案件的暂行规定》则明确审查的对象系鉴定书、检验报告书、分析意见书、现场勘查记录、财务会计资料、视听资料等。西安市人民检察院《文证审查工作暂行规定》明确审查的对象为技术性证据文书和材料，具体是指案件中起证据作用的鉴定书、检验报告、勘验检查记录、病历材料、财会资料、视听资料等含有技术性内容的证据和材料。由此可见，文证审查的对象通常为具有专业性的技术性证据和材料。

从诉讼实践看，无论是法官还是检察官，均为法律专业出身，本身擅长文法经管类的法律技能及文史知识，但对于理工农医类的科学素质与技术知识了解不够深入。因此，在面对需要用具体专业知识来解读的证据材料时，法官及检察官这方面的专业能力相对较弱。为避免出现事实误判，法官及检察官在审查分析判断病历材料、鉴定书等技术性较强的证据和材料时，有必要寻求专业知识的帮助，文证审查应运而生。因此，文证审查的对象主要为检察官及法官所不熟悉的科学技术类证据。

3. 文证审查的内容

文证审查的内容既可以针对技术性证据的某一个侧面，也可以针对证据整体。以针对法医鉴定而言，文证审查一般可以包括如下一个或者全部内容，即鉴定人的资格与能力审查、检材的真实性与充分性评价、鉴定依据的科学性与可靠性判断、论证分析的合逻辑性与合科学性分析及论证结论的一致性与合目的性确认等。

（二）文证审查的实质

1. 辅助审查。文证审查之目的在于弥补检察官、法官专业知识之不足，辅助检察官、法官完成对技术性证据的审查分析，确定技术性证据是否符合证据的客观性、关联性及合法性要求，能否作为指控犯罪的证据。

2. 强化确信。证据乃事实认定的基石。单一技术性证据在客观性、关联性及合法性上存疑，必将动摇检察官、法官对指控事实认定的内心确信。文证审查确定关键性的技术性证据符合定案证据的要求，无疑强化了检察官、法官的内心确信，从而依据证据作出相应的事实判断。

3. 补强证据。孤证不能定案是刑事证据法的一般常识，为此发展出所谓的相互印证的证据认证模式。所谓孤证不能定案，实际强调的是单个证据无法确定其真实性;所谓证据相互印证,实际强调的两个证据通过印证来相互佐证其真实性。文证审查所发挥的功能实系补强该技术性证据本身的真实性。

(三)《文证审查意见书》的性质分析

基于前述分析,文证审查的结果多数表现为书面的《文证审查意见书》。该意见书的性质决定了在刑事诉讼中的审查运用规则,而其性质则系由其形式与实质所共同决定。

1.《文证审查意见书》不是刑事证据

文证审查虽然也是由有专门知识的人所作出,但所出具的书面意见不是鉴定意见,因为鉴定意见是鉴定人直接针对案件中的专门性问题所作出,而文证审查意见则是针对鉴定意见所作出。同时,文证审查意见书虽然也以其记载的内容和反映的思想来证明案件真实情况,但其并不是书证,因为书证一般产生于诉讼开始之前。

2.《文证审查意见书》是专家意见

虽然相关规定要求文证审查意见书要加盖公章,但其不是公文,因为其反映的是审查人基于自身技术对技术性证据的分析判断意见,本质上是有专门知识的人的一种意见。

3.《文证审查意见书》是辅助认证的专家意见

虽然鉴定意见本质上也是一种专家意见,但《文证审查意见书》所论证的内容不是直接针对案件事实,而是直接针对鉴定意见、现场勘查报告等技术性证据。文证审查的目的在于辅助检察官及法官,从技术角度帮助检察官及法官审查判断证据,因而属于一种辅助认证的专家意见。

三、文证审查的出与入

鉴于诉讼实践中检察官与法官对技术性证据的辅助审查具有客观需求,因而无论该辅助审查名为"文证审查"还是名为"技术咨询""技术审核""专家辅助",其本身并无实质性区别。在厘清文证审查的源与流及分析其形式与实质后,需要着重讨论的是文证审查如何进入诉讼程序,最终又如何走出程序进入裁判文书并实际影响司法裁判。

(一)文证审查如何进入诉讼程序

1. 进入诉讼程序的方式。《最高人民检察院人民检察院法医工作细则(试行)》规定,文证审查的主体主要是其内设技术部门的法医,因而该文证审查进入诉讼程序的方式系指派。《最高人民法院技术咨询、技术审核工作管理规定》规定,提供技术咨询及技术审核的主体系该院司法辅助部门的司法技术人员。但对于超出司法辅助工作部门所有技术人员专业范围的问题,经该部门负责人批准和咨询方同意,可以向相关专家咨询后予以答复。因此,技术咨询及技术审核意见进入诉讼程序的方式包括指派及聘请。事实上,在诉讼实践中,如果检法系统内部有相关技术力量,则往往采取指派方式;但如果技术问题超出了内设机构技术人员的专业范围,则往往采取聘请方式。但对于司法鉴定机构参与审查的,则只能采取聘请方式。

2. 进入诉讼程序的形式。《最高人民检察院人民检察院法医工作细则(试行)》规定,文证审查后需要出具《文证审查意见书》,显然该意见书的形式为书面。但《最高人民法院技术咨询、技术审核工作管理规定》规定,技术咨询的形式较为灵活,一般采用面谈的方式进行,也可以通过电话、计算机网络、信函等方式进行。采用面谈方式进行的技术咨询,咨询法官制作的谈话笔录应由咨询法官和接受咨询的司法技术人员签名;采用电话、计算机网络及信函方式进行的咨询,电话记录、电子文稿和信函应留存。但对于法官要求出具书面咨询意见的,应制作咨询意见书,经司法辅助工作部门负责人审核后签发,并加盖司法辅助工作部门技术咨询、审核专用章。但对于司法鉴定机构提供审查、咨询服务的,则理当既可以采取口头(笔录)形式,也可以采取书面形式。

3. 进入诉讼程序的审查。从技术角度看,鉴定意见与文证审查意见只是在审查对象上有所区别。对于法官而言,两者均为技术人员所作出,均不可盲从。因而,作为裁判事实的最终认定者,法官需要对文证审查意见进行最终审查,在认定该意见的产生不违背法律规定,意见本身不违反常识常情常理的基础上,可以依据该意见来评判分析相关的技术性证据,并据此决定是否采信。

(二)文证审查如何影响裁判结论

1. 影响法官对技术性证据的采信。无论是检察官还是法官,在面对专业性较强的技术性证据时,求助于文证审查是为了弥补自身专业知识的不足。因而文证审查对法官的首要影响就在于判断技术性证据是否具有客观真实性,无论是基于检材全面性的分析,还是基于鉴定依据科学性的分析,抑或基于论证过程合逻辑性的判断。

2. 影响法官对重新鉴定申请的准许。《刑事诉讼法》第一百九十二条规定,法庭审理过程中,当事人和辩护人、诉讼代理人有权申请重新鉴定。对于重新鉴定的条件,《司法鉴定程序通则》第三十一条规定了五种情形,其中部分情形法官是可以通过相关文件审查得出结论的,但对于"办案机关认为需要重新鉴定的"等情形,法官在作出是否准许重新鉴定的判断时往往会听取专业审查的意见。

3. 影响法官对裁判事实的判断。在审判实践中,损伤机理、司法精神病及死亡原因等鉴定意见,对于指控事实是否成立及行为人是否承担刑事责任,往往至关重要。而文证审查的结果将可能直接影响到上述关键性证据能否得到法官采信,继而影响到法官对裁判事实的判断。

(三)文证审查如何进入裁判文书

虽然文证审查在刑事诉讼中发挥关键性作用,并实际上伴随着技术性证据一起进入法庭审理,文证审查人也可以作为有专门知识的人在法庭审理中发表意见,但在法庭审理结束后,文证审查意见如何走出法庭进入裁判文书,始终是一个悬而未决的问题,实践中也无有效规范。但基于上文对文证审查的源与流、形式与实质的考察后,对于文证审查意见如何进入裁判文书,我们可以初步得出以下基本判断:

1. 不能作为定案证据进入裁判文书。无论是书面的《文证审查意见书》,还是技术咨询笔录抑或技术咨询意见书,均不属于《刑事诉讼法》所规定的证据种类,上述意见或者笔录不能作为经认证的证据写入刑事裁判文书,不能直接作为认定案件事实的根据。

2. 可以作为质证意见进入裁判文书。鉴于文证审查的目的在于从技术角度协助对技术性证据的审查,因而对于控辩双方提交的文证审查意见书或者有专门知识的人发表的出庭意见,则属于控辩一方针对对方证据的质证意见。在裁判文书中,对此应当加以记载,但应记载在裁判文书中的质证意见部分。

3. 可以作为认证意见进入裁判文书。如果该意见系基于法官委托而产生的技术咨询意见,则属于裁判一方针对控辩双方技术性证据,在难以准确认证时寻求的一种帮助。此种意见原则上应当进入法庭,并听取控辩双方的意见。最终法庭无论是否采信该意见及相应的技术性证据,均应在裁判文书中加以记载,实际操作中可记载在裁判文书中的认证意见部分。

(作者单位:北京市第一中级人民法院)

裁判文书选登

【编者按】

对于醉酒超速驾车发生事故致人死亡的案件，判断被告人在案发时究竟是持放任危害后果发生的间接故意，还是持轻信能够避免发生危害后果的过于自信的过失，是区分被告人交通肇事罪和以危险方法危害公共安全罪的关键所在，也是实践中认定的难点。《刑事审判参考（总第115集）》刊发了李彬交通肇事案，反响较好。本案二审裁定书不仅围绕案件的事实与证据、被告人的量刑情节进行了详细的论证，更在理论上对于间接故意和过于自信的过失的区分进行了详细的论述，同时坦诚描述了法官办案的心路历程。文书紧扣定性问题，说理充分，感情真挚，形式新颖，不失为文书写作的一次有益尝试。

现将该案的二审裁判文书全文刊发，以飨读者。

李彬交通肇事案

北京市第一中级人民法院
刑事附带民事裁定书

（2015）一中刑终字第1797号

抗诉机关北京市延庆县人民检察院。

上诉人（原审附带民事诉讼原告人）张有石，男，1965年1月15日出生，汉族，住北京市延庆县延庆镇新兴小区51号楼3单元201室。系被害人张格之父。

上诉人（原审附带民事诉讼原告人）闫新蕊，女，1962年5月4日出生，汉族，住北京市延庆县延庆镇新兴小区51号楼3单元201室。系被害人张格之母。

诉讼代理人余建阳,北京市泽文律师事务所律师。

原审被告人李彬,男,1992年4月6日出生,汉族,出生地北京市延庆县,高中文化,无业,住北京市延庆县延庆镇康安小区10号楼310号。因涉嫌犯交通肇事罪,于2013年9月23日被羁押,次日被刑事拘留,因涉嫌犯以危险方法危害公共安全罪,于同年10月30日被逮捕。现羁押于北京市延庆县看守所。

原审附带民事诉讼被告中国人民财产保险股份有限公司北京市延庆支公司。住所地北京市延庆县延庆镇妫水北街70号。

法定代表人张胜利,该公司总经理。

委托代理人郭雁云,女,1973年9月5日出生,汉族,系该公司职员。

北京市延庆县人民法院审理北京市延庆县人民检察院指控原审被告人李彬犯以危险方法危害公共安全罪及原审附带民事诉讼原告人张有石、闫新蕊诉李彬及中国人民财产保险股份有限公司北京市延庆支公司民事赔偿一案,于2015年4月27日作出一审判决。一审宣判后,延庆县人民检察院对刑事判决部分提出抗诉,附带民事诉讼原告人张有石、闫新蕊对附带民事判决部分提出上诉。本院于2015年5月27日立案受理,依法组成合议庭,并于立案后向上诉人张有石、闫新蕊及原审被告人李彬告知了合议庭组成人员、书记员名单及当事人依法享有的各项诉讼权利。根据上诉人张有石、闫新蕊的委托,北京市泽文律师事务所律师余建阳担任其诉讼代理人向本院提交了委托手续并查阅复制了卷宗材料。原审被告人李彬表示二审期间不委托辩护人。本院于2015年7月29日依法公开开庭审理了本案。北京市人民检察院第一分院指派代理检察员金鑫出庭支持抗诉。原审被告人李彬,原审附带民事诉讼原告人张有石、闫新蕊及其诉讼代理人余建阳,原审附带民事诉讼被告中国人民财产保险股份有限公司北京市延庆支公司的委托代理人郭雁云,均到庭参加诉讼。因本案系附带民事诉讼案件,经北京市高级人民法院批准,本案延长审理期限两个月。本案经合议庭合议,并提交审判委员会讨论,现已审理终结。

北京市延庆县人民法院判决认定:

(一)2013年9月23日晚,被告人李彬与刘海波等人一起饮酒后,由李杨驾驶被告人李彬的速腾牌轿车(车牌号:京P7NX28)将李彬送回家。之后,被告人李彬不听李杨言语劝阻,又驾驶汽车到舜泽园小区接上高昂向延庆县第七中学方向行驶。当晚21时10分左右,被告人李彬超速行驶到延庆县第七中学门口处时,恰逢学生下晚自习,大量学生陆续走出校园,李彬未避让行人,其车辆前部将走人行横道过公路的北京市延庆县第一中学高三学生张格撞飞,致张格受伤。被告人李彬发现发生事故后,驾车从道路前方断口处返回,将车辆停在道路北侧非机动车道上,用自己手机拨打120,说自己在第七中学门口撞人,后来到事故现场。民警和急救车赶到现场后,将被害人张格送往北京市延庆县医院急救。李彬向民警承认是其饮酒后驾车撞人。后被害人张格因闭合性颅脑损伤经抢救无效于当日死亡。经鉴定,被告人李彬在案发当时其体内血液的酒精含量为227.1mg/100ml。被告人李彬负此次交通事故的全部责任。

原审人民法院认定上述事实的证据有:

1.证人刘海波、张龙、赵阳、刘鹏的证言,证实2013年9月23日晚在延庆县体育场小区一饭店,与李彬一起吃饭。席间,李彬等六人一共喝了三瓶百年牛栏山白酒和一瓶42度牛栏山白酒。李彬是李杨开车将其送回康安小区的。

2.证人尹敬一的证言,证实当晚六人共喝了三瓶百年牛栏山白酒和一瓶42度牛栏山白酒。李彬喝了有一斤左右。

3.证人崔会会的证言,证实2013年9月23日晚,有八个小伙子在其工作的饭店喝酒。他们将自己带的酒喝光了,又从饭店拿了一瓶白牛二(42度牛栏山白酒)。

4.证人李杨的证言,证实2013年9月23日晚与李彬等人一起吃饭,饭后其驾驶李彬的速腾牌轿车将李彬送回家。到家后,不让李彬再开车,他不听,就开车走了。

5.证人陈醒的证言,证实2013年9月23日晚上9点,其与同学常姗姗下晚自习后,大约过了十分钟走到学校大门口准备由南向北过公路,看见一辆小客车由东向西冲过来,听到一声响,一个人就向西飞出去了。当时在其身边还有很多同学,其和常姗姗在其他同学前面一点。张格走在斑马线上,由南向北横过道路。

6. 证人常姗姗的证言,证实2013年9月23日晚上9点下晚自习,21时10分左右,其与同学陈醒推着自行车从学校大门出来,由南向北走到非机动车道听到一辆小轿车的发动机声音特别大,并且速度特别快,随后听见砰的一声,见一个人飞了出去。后来知道被撞的人是张格。

7. 证人闫新蕊的证言,证实2013年9月23日21时10分左右,其看见女儿张格走着由南向北横过公路,一辆小客车时速有130公里,由东向西开过来,听见砰的一声,就见一个人被撞出二三十米远。那辆车也没有刹车减速,就向西开走了。其跑到被撞的人身边一看是自己的女儿张格,就赶紧叫救护车去医院了。

8. 证人高昂的证言,证实2013年9月23日20时左右,接到李彬打来电话,说下楼待会儿。其上车后坐在副驾驶位置,一直低头玩手机,李彬就开车走了。过了十分钟左右,就听见砰的一声,就感觉车减速。开出几十米后就向右后面掉头,头东尾西停在了现场北面非机动车道内。因为害怕,就打车回家了。

9. 证人王浩的证言,证实2013年9月23日21时其在第七中学大门口内侧值班,21时10分左右,听见砰的一声,就赶到现场看到一个女学生头朝西脚朝东躺在路北侧机动车道内,这时有人问是谁撞的人,边上一名打电话的男子说是他撞的。然后他就继续打电话叫救护车,过了一会儿,警察和救护车都到现场了。救护人员将伤者拉走了,警察将那个自称是司机的男子带上警车。这时其发现路北侧非机动车道内头东尾西停着一辆银灰色小客车,前风挡玻璃损坏,前机器盖子有撞痕。

证人王浩还证实发生交通事故前有二百多名学生陆陆续续从学校走出来,并有一部分学生走人行横道过公路。

10. 证人黄玉莹的证言,证实2013年9月23日晚上9点下晚自习和张格一起向学校门口走,21时10分左右,一起走到学校大门口,张格和其说了一声再见后,就向北走人行横道过公路了。其走了十几米,就听见砰的一声撞车声。没有敢去现场,第二天知道被撞的人是张格。

11.现场勘验笔录及照片,证实事故现场位于基准点(学校大门)迤西40.5米,位于基准线(北侧机非隔离线)迤南1.7米处有血迹,面积0.3平方米×0.4平方米。位于基准点迤西21米,基准线迤南3.8米有其他洒落物,面积为20平方米×7.8平方米。位于基准点迤西30米,基准线迤北8.4米处有鞋。位于基准点迤西37.7米,位于基准线迤南2.8米处有头发,面积为0.4平方米×0.3平方米。现场照片证实由东向西行驶可以见到限速标志,限速40公里/小时。

12.当事人血样提取登记表、抽取血样视频、北京市公安交通司法鉴定中心出具的《酒精检验报告》,证实被告人李彬血液中酒精含量为227.1mg/100ml。

13.车辆技术检验鉴定委托书、法大法庭科学技术鉴定研究所出具《司法鉴定检验报告书》,证实小型轿车(京P7NX28)制动系工作状况正常、照明、信号装置工作状况正常。

14.北京市延庆县公安局交通大队出具的《道路交通事故认定书》认定,李彬承担全部责任,张格无责任。

15.车速检验鉴定委托书,证实因路面未遗留轮胎痕迹,无法确定该车制动情况,无法进行有效分析。

16.北京市延庆县司法鉴定中心出具的《尸体检验鉴定书》,认定张格符合闭合性颅脑损伤死亡。《死亡医学证明》证明被害人张格因抢救无效于2013年9月23日死亡。

17.手机15810678992通话记录,证实2013年9月23日20时48分24秒呼叫过13716515864(高昂),通话时长1分31秒;21时3分37秒,与他人通话,通话时长3分30秒;21时11分26秒呼叫120。

18.视频资料:第七中学大门口监控设备录制资料证实21时后,开始有学生陆续走出校门,部分学生出门向东走,部分学生横过道路。发生事故时间大致为21时10分26秒。

19.案件来源以及122报警台事故电话记录表、110报警服务台电话记录表,证实该案系134…554机主于2013年9月23日21时10分45秒向122报警,称在延庆县第七中学门口有人被撞;1352…603机主于2013年9

月23日21时10分51秒向110报警称有一人躺在地上,可能被撞。

20. 120急救中心接报视频资料证实15810678992机主(李彬)于2013年9月23日21时11分26秒呼叫120急救中心称自己在延庆县第七中学门口撞人。

21. 延庆县公安局夏都派出所出具的出警说明,证实该派出所民警到达现场后,路边群众反映站在路边的男青年是司机,遂上前询问,男青年承认是其喝酒了,是其全责,并到路边便道上的车内取驾驶证。

22. 被告人李彬的供述,证实2013年9月23日20时左右,在体育场小区一饭店内与他人喝了有半斤白酒,后别人将其送回家,后自己开车到舜泽园小区接上高昂,准备去第七中学西侧公路边上聊天(在法庭供述为兜风)。大约21时10分,行驶至第七中学大门口时,其车前部与一个由南向北横过道路的女孩子相撞。之后就减速然后将车头东尾西停在路北侧非机动车道内。下车后让高昂走了,之后到达现场拨打120,找急救车。警察和急救车先后到达现场,就告诉警察是其撞了人,喝酒了。后被警察带到警车上。第一次供述:(1)那个女孩跑着横过公路;(2)开着远光灯由东向西大约以80公里/小时的速度在内侧机动车道行驶;(3)当时按喇叭了,我认为别人应该让我,所以就没有减速;(4)当时自己车内就其一个人;(5)我觉得自己没有喝多酒,就想开车出去玩。

23. 车辆基本信息以及《中华人民共和国机动车行驶证》复印件,证实速腾牌小型汽车(京P7NX28)所有人为李彬。《中华人民共和国机动车驾驶证》复印件,证实被告人李彬具有驾驶资格。

24.《常住人口登记表》证实被告人李彬已达到刑事责任年龄。

(二)被害人张格出生于1995年7月8日,发生事故前就读于延庆县第七中学高三年级。附带民事诉讼原告人张有石、闫新蕊于2007年2月自延庆县旧县镇米粮屯村迁至现居住地,即延庆县新兴小区51号楼3单元201号。被告人李彬驾驶的速腾牌小型汽车在被告中国人民财产保险股份有限公司北京市延庆支公司保有机动车交通事故责任强制保险。被告人李彬应当赔偿附带民事诉讼原告人张有石、闫新蕊项目为:死亡赔偿金人民币878 200元,丧葬费人民币34 758元,抢救费人民币407.84元,住宿费人民币

2 700 元,交通费人民币 970 元,处理事故及丧事误工费人民币 23 172 元,总计人民币 940 207.84 元。被告人李彬亲属先期垫付了尸体服务费人民币 5 500元,本案在审理期间,被告人李彬亲属交纳赔偿款人民币 742 500 元。该院应附带民事诉讼原告人张有石、闫新蕊的申请,依法将被告人李彬所有的速腾牌轿车诉讼保全。

原审人民法院认定上述事实的证据有被害人张格的户籍证明、附带民事诉讼原告人张有石、闫新蕊户籍信息表、机动车交通事故责任强制保险单、延庆县医院医疗收费收据、保险分割单、死亡证明、案款收据、诉讼保全裁定书等。

根据以上事实及证据,北京市延庆县人民法院认为,被告人李彬违反交通管理法规,在道路上醉酒超速驾驶机动车,遇行人通过人行横道,未采取措施避让,致一人死亡,负事故全部责任,其行为已构成交通肇事罪,依法应予刑罚处罚。延庆县人民检察院指控被告人李彬醉酒驾驶,致一人死亡的事实清楚,证据确实、充分,但认定被告人李彬的行为构成以危险方法危害公共安全罪的指控,证据不足,指控的罪名不能成立。被告人李彬大量饮酒后驾驶机动车,造成一人死亡,情节恶劣,后果严重,应当从重处罚。鉴于其案发后自首,赔偿了大部分损失,酌情予以从轻处罚,但从轻幅度应当从严掌握。刑事附带民事诉讼原告人张有石、闫新蕊要求被告人李彬赔偿死亡赔偿金、丧葬费、处理丧事误工费、交通费、住宿费符合法律规定,依法应予赔偿。对于被告中国人民财产保险股份有限公司北京市延庆支公司同意在交通强制险范围内承担责任,予以支持。故判决:一、被告人李彬犯交通肇事罪,判处有期徒刑二年十一个月。二、被告人李彬赔偿附带民事诉讼原告人张有石、闫新蕊死亡赔偿金人民币八十七万八千二百元、丧葬费人民币三万四千七百五十八元、处理事故及丧事误工费二万三千一百七十二元、抢救费人民币四百零七元八角四分、住宿费人民币二千七百元、交通费人民币九百七十元,总计人民币九十四万零二百零七元八角四分。该赔偿款项由被告附带民事诉讼被告中国人民财产保险股份有限公司北京市延庆支公司支付人民币十万零四百零七元八角四分,剩余八十三万九千八百元减去已经交到本院的七十四万二千五百元,剩余九万七千三百元限被告人李彬自判决生效后十日内支付。三、驳回附带民事诉讼原告人张有石、闫新蕊其他诉讼请求。

北京市延庆县人民检察院以一审判决改变公诉机关指控罪名有误，导致对被告人量刑畸轻为由提出抗诉。认为：行为人醉酒驾车发生交通事故构成犯罪的，区分交通肇事罪和以危险方法危害公共安全罪的依据在于行为人主观上是过失还是故意。具体来说，可从行为人醉酒程度，发生交通事故时的车速和行驶的道路及时间，以及造成后果严重程度等三方面判断。本案被告人李彬案发前大量饮酒且不顾劝阻继续驾车，在醉酒驾车的情况下没有避让行人的意识，李彬高速驾车冲向正值下晚自习的学校门口路段，证明李彬明知醉酒，明知严重醉酒超速驾驶机动车会发生极其严重的危害后果，但在主观上根本没有避让意识，也未采取任何措施避免交通事故发生。其行为构成以危险方法危害公共安全罪，不属于过失犯罪。一审判决错误地改变公诉机关指控罪名，判决李彬构成交通肇事罪，导致对李彬量刑畸轻。请求二审依法予以改判。

北京市人民检察院第一分院支持抗诉的意见为：李彬酒后在人流密集的限速道路上高速行驶，与放火、爆炸、投放危险物质一样，都对不特定多数人造成了严重的生命威胁；李彬不听他人劝阻执意酒驾，驾车过程中明知延庆七中附近有前往学校的提示标志和限速 40 公里的标志，仍然没有按照交通提示行驶，对危害结果的发生没有采取任何避免措施，且案发地能见度高、人流密集，李彬没有对此予以重视，强行高速通过，结合案发前后的表现，可以证明李彬在明知危害后果可能发生的情况下，没有采取任何避免措施，放任危害结果发生，具有危害公共安全的间接故意，故李彬的行为应构成以危险方法危害公共安全罪，而非交通肇事罪。

上诉人张有石、闫新蕊在二审期间提交了营业执照复印件及闫新蕊的诊断证明等证据证明其经济损失。其上诉理由及代理人的代理意见为：李彬案发前大量饮酒，明知其酒后驾车会危及公共安全；李彬对案发周边地区道路情况非常熟悉，明知案发时间段会有大量学生出校；撞人后李彬没有刹车，而是让车往前疾驰了 60 余米；上述均说明李彬对于造成他人死亡的后果持放任的间接故意心态，李彬的行为应构成以危险方法危害公共安全罪。

事发后李彬拨打120报案是基于自我保护的意识和举措，不是自首，更不能据此推断其对发生交通事故持反对心态。李彬驾车撞人后继续向前开了60余米，既离开撞击点，同时也从现场绝大部分人眼中消失，是逃逸行为，延庆县公安局交通大队于案发后出具的《研究工作记录》不具有客观真实性。李彬家属向法院交纳的赔偿款系法院强制执行，不能据此证明李彬犯罪时的心态是过失，也不应据此对李彬从轻处罚。一审附带民事部分未支持原告人关于被害人生前购买3份保险的保险利益、上诉人生育被害人的计划生育超生罚款以及上诉人之一闫新蕊因被害人死亡患上严重抑郁症的医疗费用，且判决误工费的数额过低，系判决民事赔偿数额有误。

原审被告人李彬及原审附带民事诉讼被告中国人民财产保险股份有限公司北京市延庆支公司对一审判决表示无异议。

经二审审理查明的事实、证据与一审相同，本院经审核予以确认。

在本案二审庭审过程中，北京市人民检察院第一分院出庭检察员及上诉人张有石、闫新蕊及其代理人对于一审判决认定原审被告人李彬醉酒超速驾驶机动车致被害人张格死亡的基本事实并无异议。合议庭经对抗诉机关的抗诉意见、北京市人民检察院第一分院的支持抗诉意见以及上诉人及其代理人在二审审理期间对原判刑事部分提出的意见进行归纳，认为本案在事实、证据、量刑情节的认定及法律适用方面，围绕抗诉、上诉焦点，有以下几方面需要逐一厘清。

（一）事实及证据认定方面

首先，关于案发现场的状况。延庆县人民检察院在起诉书中对此描述为“大量学生涌出校园”，而延庆县人民法院在一审判决书中则描述为“大量学生陆续走出校园”。二审庭审中，上诉人及其代理人对一审判决的这一表述提出异议，认为当时案发现场的状况是大量学生晚自习后涌出校园，原审被告人李彬驾车冲撞人群。对此，合议庭经对一审庭审举证、质证的现场证人证言、现场勘验检查笔录及照片、道路交通事故认定书及延庆县第七中学门前监控视频资料进行分析认为，从现场勘查情况及道路交通事故认定书可见，延庆县第七中学大门外为一条东西走向的道路，上下行各有两条机动车道（每条3.8米）和一条非机动车道（6.2米），道路两侧设有机非隔离带

（2米）。案发时虽确有大量学生晚自习后陆续从学校大门出门，但通过学校门前监控视频可以看出，学生出校门后并未在校门前滞留、聚集形成密集人群，而是沿不同方向离开，大部分学生的行动轨迹是骑自行车或步行沿非机动车道向东边延庆县城方向，另有一部分学生向西行走，仅有为数不多的学生陆续由南向北沿人行横道过马路。而李彬驾车是在机动车道内由东向西行驶，撞击被害人的地点也位于机动车道内，不存在驾车冲向人员密集的人群的情况。故合议庭认为，一审判决书对于案发现场状况的描述更加客观。

其次，关于李彬驾车过程中是否打电话。上诉人在二审庭审中曾提出，李彬案发前驾车过程中一直疯狂打电话，导致撞人。但根据公安机关调取的李彬手机的通话记录显示，李彬于21时03分37秒通话3分30秒后，直至案发后21时11分26秒拨打120，其间没有其他通话记录，不存在因其案发前仍在打电话导致发生事故的情形，上诉人的上述意见缺乏事实和证据依据。

第三，关于李彬是否构成肇事后逃逸。上诉人在二审庭审中对延庆县公安局交通大队于案发后出具的《研究工作记录》提出异议，认为不应凭该证据认定李彬不构成逃逸。上诉人及代理人均在庭审中提出李彬撞人后继续向西行驶60余米，已离开现场大部分人视线，应认定为肇事后逃逸。对此问题，首先应明确一点，一审判决中并未采纳上诉人提出异议的《研究工作记录》作为定案依据，更未仅依据该证据认定李彬不构成逃逸。关于何为交通肇事后逃逸，并非如上诉人的代理人在二审庭审中所述没有法律或司法解释规定，相反，早在2000年11月发布的《最高人民法院关于审理交通肇事刑事案件具体应用法律若干问题的解释》中第三条就已明确规定，交通肇事后逃逸是指"在发生交通事故后，为逃避法律追究而逃跑的行为"。即构成逃逸要求行为人客观上实施了逃离现场的行为，主观上逃离现场的目的是逃避法律追究。本案中，现有证据可以证明，李彬驾车撞人后未采取制动措施而是继续向西行驶了60余米，随后驾车掉头将车停放在北侧非机动车道，李彬让同车人高昂离开后用自己的手机拨打了120并返回案发现场。根据监控视频，李彬驾车撞人的时间发生在21时10分以后，而通话记录显示，李彬拨打120电话的时间是21时11分26秒，证明从李彬驾车撞人至其返回现场拨打120中间仅间隔约1分钟，整个过程是一个连贯的行为；且李彬拨打120后一直在现场等候，并在民警赶到后主动向民警表示是自己酒驾撞人，并没有逃避法律追究的行为。故李彬的行为不构成肇事后逃逸，一审判决未认定李彬肇事后逃逸是符合事实和法律规定的。

（二）量刑情节方面

首先，关于李彬是否构成自首。上诉人在二审庭审中提出不应对李彬认定自首。根据证人王浩的证言、李彬手机的通话记录和公安机关出具的出警记录可以证明，李彬在发生事故后于21时11分26秒拨打了120，此后一直在案发现场等候并曾向周围群众表示是自己撞的人，在民警出警时，李彬主动向民警表示自己酒后撞人，到案后至一审庭审也一直如实供述醉酒超速驾车撞人的基本犯罪事实，其行为符合《刑法》第六十七条第一款及相关司法解释关于“自动投案”和“如实供述自己罪行”的情形，一审判决认定李彬构成自首符合法律规定。

其次，关于是否认定赔偿这一从轻处罚情节。上诉人及代理人在二审庭审中提出不应以法院强制执行财产作为对被告人从轻处罚的情节。对此问题，延庆县人民法院在一审审理期间确实根据被害人家属的申请对李彬驾驶的肇事车辆采取了保全措施，但目前在案的人民币742 500元系李彬的家属于一审审理期间主动向一审法院交纳作为赔偿款，该款项并非一审法院通过查封、扣押、冻结等强制手段执行。根据《最高人民法院关于适用〈中华人民共和国刑事诉讼法〉的解释》第一百五十七条的规定，审理刑事附带民事诉讼案件，人民法院应当结合被告人赔偿被害人物质损失的情况认定其悔罪表现，并在量刑时予以考虑。一审判决将这一赔偿情节作为对被告人从轻处罚的情节并无不当。

（三）法律适用方面

二审庭审中，抗诉机关的抗诉意见、北京市人民检察院第一分院的支持抗诉意见以及上诉人及其诉讼代理人的意见主要围绕对李彬的行为究竟应当认定为以危险方法危害公共安全罪还是交通肇事罪所展开，故合议庭认为本案的法律适用问题是二审要解决的核心问题。

本案是一起醉酒超速驾车发生事故致人死亡的案件，对于该类案件被告人的主观心态究竟是过失还是故意,需要结合案件具体分析。应当明确一点,本案不存在被告人为发泄不满、报复社会而故意驾车冲撞人群危害公共安全的直接故意,且李彬作为心智健全的成年人应当能够认识到其醉酒超速驾车发生危害后果的可能性,而且证人李杨的证言证明劝说过李彬不要酒后驾车,因此本案也不存在被告人应当预见自己的行为可能发生危害社会的后果因疏忽大意没有预见的疏忽大意的过失。故关于本案法律适用的焦点问题在于案发时李彬究竟是持放任危害后果发生的间接故意,还是持轻信能够避免发生危害后果的过于自信的过失。

在刑法理论中,对于间接故意和过于自信的过失的区分一直是一个难点问题,正如德国刑法学家汉斯·韦尔策尔所总结:“间接故意与有认识过失的分界问题是刑法最困难和最具争议的问题之一,这个问题难在意欲是一种原始的、终极的心理现象,它无法从其他感性或知性的心理流程中探索出来,因而只能描述它,无法定义它。”在刑事审判实践中,考虑到被告人犯罪时的主观心态只存在于其本人主观意识之中,要证明其主观心态只能通过行为人的认知水平、行为时间、地点、对象、力度、使用的工具以及事发后表现等外在的客观表象,根据主客观相一致的原则,运用经验规则与逻辑规则形成判断,以此来推定行为人的主观心态。这种推定,正如我国刑法学家陈兴良教授所言,“是在被告人的主观意图认定中经常采用的一种司法技术”。也正是基于此点,合议庭完全赞同检察员在二审法庭辩论阶段发表的以下意见:“认定行为人的主观心态是一件非常复杂的事情,必须综合全案证据,综合考虑事前、事中以及事后的全部情节予以判断,仅以事后的表现作出判断有失偏颇。”具体到本案被告人李彬的主观心态究竟是间接故意还是过于自信的过失,继而对李彬的行为究竟应定性为交通肇事罪还是以危险方法危害公共安全罪,合议庭认为应作如下分析:

根据刑法理论,罪过由两项因素组成:一是行为人对自己的行为会引发危害社会后果的认知,即认识因素;二是在认识因素基础上对该危害后果所持的态度,即意志因素。间接故意与过于自信的过失在认识因素和意志因素两方面均存在区别:按照我国《刑法》第十四条和第十五条的规定,间接故意的认识因素为“明知自己的行为会发生危害社会的结果”,过于自信的过失则是"已经预见自己的行为可能发生危害社会的结果"。所谓"明知"和"会",是指清楚明确地知道发生危害后果的必然性,而"已经预见"和"可能"则只是行为人对危害后果可能性的一种认知。正如我国刑法学家王作富教授所概括:"间接故意是明知危害结果发生的现实可能性,过于自信的过失是预见到危害结果发生的假定可能性";在意志因素方面,二者的区别更加明显,间接故意是放任危害结果发生,即行为人对于危害结果的发生并不反对,不持排斥的态度,而过于自信的过失则是行为人轻信能够避免发生危害后果,其对危害后果的发生持反对和排斥的态度。以此为切入点,具体到本案,原审被告人李彬案发前大量饮酒处于醉酒状态,而且超速驾驶,此外,李彬对于案发地周边的环境是熟悉的,由此是否可以推定李彬对于发生撞人事故在主观上已经认识到了现实的可能性,并且放任这一结果发生?首先,根据我国《刑法》第一百一十四条、第一百一十五条的规定,以危险方法危害公共安全罪要求的"其他危险方法"应当与"放火、决水、爆炸以及投放毒害性、放射性、传染病病原体等物质"具有同等破坏性、危险性,必须性质相当。而醉酒超速驾车与发生事故之间联系的紧密性远远低于放火、决水、爆炸等引发危害后果的危险性,而且醉酒超速驾车的情况下,既有可能发生本案这种撞击他人的事故,也有可能发生撞击其他车辆或翻车的事故,而一旦发生事故,驾驶者本人有很大可能自身也在事故中受到人身伤害,根据上述一般经验常识可以推断,李彬在实施醉酒超速驾车行为时,虽然意识到有发生事故的可能性,但出于避免自身伤害的目的也不希望发生事故;其次,从李彬当时驾车出行目的看,李彬本人供述和同车证人高昂的证言均证明二人是要开车出去玩,在这种情况下,按照正常逻辑,李彬此时也是不希望发生事故的;第三,根据李彬到案后的第一次供述,他当时开着远光灯由东向西以80公里的时速在内侧机动车道内行驶,通过校门口时按了喇叭,他认为别人应该让他,所以没有减速,发现被害人时来不及躲闪发生相撞。李彬的这一供述反映其判断可以避免发生危害后果的依据是认为行人会避让车辆,符合其当时的主观心态;第四,虽然不能单纯以事后行为判断行为人的主观心态,但行为人事发后即时的行为在推定其主观心态过程中,也是必须加以考量的因素之一。从李彬案发后行为看,其及时返回现场拨打120,

并向周围群众和出警的民警承认是自己醉酒驾车撞人，此点也可以作为推断李彬主观上对于发生危害后果持反对态度的依据之一。

综上分析，从本案被告人李彬驾车撞人事前、事中及事后的证据看，只能证明其对违反交通法规是故意的，但不能证明其在主观上具有危害公共安全的故意，故应按照过失犯罪处理。对于这一逻辑推理的过程、方法和结论，在刑法学理论界已经取得共识，德国刑法学家克劳斯·罗克辛在其著作《德国刑法学总论》（第1卷）中就有过如下总结："在驾驶员不顾同车人的警告，以危险的方式超车并因此造成了交通事故的情况下，这样的案件在通常情况下都不会是故意的，而仅仅是有意识的过失，尽管行为人……认识到了可能发生的结果，甚至有人还向他提醒了这一点。区别在于，在这样一种情况下的汽车驾驶员，虽然有风险的意识，但是通常都相信，凭借自己的驾驶技术能够避免这种结果，否则，在其他情况下，由于他本身会是自己行为的第一位被害人，这位驾驶员是会放弃自己的行为的。这种比软弱无力的希望更多一些的对好结果的相信，不能导致反对受保护的法益的决定。"基于上述刑法学一般理论及本案的证据情况，合议庭认为，只要有理由相信被告人不愿意看见危害结果的发生，就应当认为其心态属于有认识的过失而非间接故意，而不能只强调对发生危害后果的可能性有无认识。只有在有充分证据证明被告人违章驾车的动机已经偏离了驾车本身并具有利用机动车辆实施加害行为的情况下，才能认定被告人主观上具有故意并认定其行为构成以危险方法危害公共安全罪，反之还是应当以交通肇事罪处理。至于醉酒及超速，只是交通肇事中违反交通法规的程度不同，这些情节都只能作为量刑情节考虑而不能作为影响定罪的因素。

此外，还需特别指出，现行法律及司法解释对于醉酒驾车致人伤亡类案件区分交通肇事罪与以危险方法危害公共安全罪有明确的认定标准。根据2000年11月发布的《最高人民法院关于审理交通肇事刑事案件具体应用法律若干问题的解释》第二条规定："交通肇事致一人以上重伤，负事故全部或者主要责任，并具有下列情形之一的，以交通肇事罪定罪处罚：（一）酒后、吸食毒品后驾驶机动车辆的；……"即该类案件原则上应以交通肇事罪定罪。但不可否认，在审判实践中，对于此类案件也有按照以危险方法危害公共安全罪判决的案例,如2007年广东省佛山市黎景全案及2009年四川省成都市孙伟铭案等。为统一该类案件的法律适用标准,最高人民法院于2009年9月11日发布了《关于印发醉酒驾车犯罪法律适用问题指导意见及相关典型案例的通知》,其中规定,"行为人明知酒后驾车违法、醉酒驾车会危害公共安全,却无视法律醉酒驾车,特别是在肇事后继续驾车冲撞,造成重大伤亡,说明行为人主观上对持续发生的危害结果持放任态度,具有危害公共安全的故意。对此类醉酒驾车造成重大伤亡的,应依法以以危险方法危害公共安全罪定罪"。上述司法解释从立法层面对此类案件明确了具体的法律适用认定标准,即仅一次碰撞行为的,除非有充分的证据证明行为人对危害结果的发生持希望或放任态度,否则难以认定其具有危害公共安全的直接或间接故意,只能认定为过失,以交通肇事罪论处;有二次碰撞行为的,说明行为人出于逃逸等目的,将他人的生命置于高度危险之中,其本人已没有能力对这种危险予以控制,危险随时会发生,但依然不管不顾,主观上具有危害公共安全的间接故意,应定以危险方法危害公共安全罪。从审判实践看,包括上述黎景全案、孙伟铭案在内的二次碰撞案件,均按照以危险方法危害公共安全罪定罪。而通过前文对本案事实及证据的梳理,本案不存在二次碰撞的情形,且现有证据亦不能证明李彬具有直接或间接危害公共安全的主观故意,故一审判决认定其行为构成交通肇事罪符合刑法理论及现行法律规定。

(四)情与法的抉择

虽然在法律层面上,本案只是一起典型的醉酒超速驾车发生事故致人死亡的交通肇事案件,但在情感方面,本案被害人张格是一名对未来人生充满美好憧憬、正在努力准备高考的高三女生。可以想象,当这个正值花样年华的少女在完成一天繁重的课业,准备通过人行横道过马路返回家中享受父母的呵护时,无论如何不会想到自己那本该精彩的人生、尚未绽放的生命,会终结在一个素昧平生的醉酒司机手中。而更加残酷的是,被害人的母亲,本案上诉人之一闫新蕊当时正在马路另一侧准备迎接自己的女儿。近在咫尺的母亲目睹女儿被车撞击的过程,此时这对母女之间的距离也许就是人世间最近却又最遥远的距离。这一场景对于任何具有正常情感和同情心的人来说，都是可以想象到的最为悲伤的画面之一。正因如此，在本案二审审理过程中，特别是在面对正处中年却已早生华发的被害人之母闫新蕊以及沉默寡言的被害人之父张有石时，合议庭法官同样经历了最为痛楚的心路历程。

如果基于一般的社会情感及其体现出的情绪评价，一审判决对被告人李彬科处的刑罚可能无法与被害人及被害人父母遭受的痛苦相匹配。但基于前文对本案事实、证据认定及法律适用方面的分析，这种失衡并非源于一审判决在事实、证据认定或法律适用方面存在错误，而是源于罪刑法定原则与个人情感接受度之间的冲突。在面对内心悲伤情绪激动的被害人亲属时，合议庭也曾经多次讨论过是否要为了追求被害人亲属的情感接受度与刑罚的高度契合，而改变本案的定罪与量刑。但法官不应是情绪化的法律人，而应是能够遵守法律规定，严守法律底线，在法律框架内从事审判活动的理性法律人，不能以个人同情之心去突破法律规定和司法认知界限。因此，在经历情感与法律的艰难抉择后，合议庭一致认为，对于案件的审判只能以法律为唯一标准和底线。虽然尊重被害人亲属的情感是司法联系人民群众的重要纽带，更是司法裁判合法性及正当性的基础，是实现公平正义的重要依托，但是司法对于当事人情感的尊重不能是盲目的和随意的，必须是基于理性而非感性，必须遵循司法规律而非个人道德观念，必须保证坚守法律界限而非个人价值选择，必须坚持公正立场而非袒护一方。无论是根据法律，还是司法规律，刑事审判都应该坚持以罪定刑，如果仅仅为追求最终刑罚后果与被害人亲属情感的契合来决定案件罪名，就会演变为以刑定罪，不仅会使刑事责任失去确定性，而且会使刑事法律规范也失去确定性，其代价就是牺牲刑法的基本原则和法治的基本精神。也许，在个案角度，突破罪刑法定的基本原则选择适用重罪罪名得出的刑罚结果可以满足被害人亲属情感对个案公正的需求，但在这种情况下，定罪沦为量刑的装饰，司法权力堂而皇之地摆脱了制约，甚至会导致司法权篡夺立法权；更加危险的是，这种思路势必导致审判结果更多取决于法官个人道德观念或是并不稳定的当事人情绪，司法很容易为个人情感所左右，法律的尊严终将丧失殆尽，民众对于法律尚未坚固的信仰会轰然坍塌，建设法治化国家的努力也将付诸东流。若此,何谈依法治国?因此,无论怎样追求罪刑均衡,均不能突破罪刑法定原则的底线。

面对本案这样一起对被害人一家造成严重伤害的悲剧,合议庭法官完全能够理解被害人亲属,特别是上诉人张有石、闫新蕊在本案诉讼过程中,多次强烈表达诉求的心情,也深知如何严谨的逻辑论证也不能挽回被害人的生命,如何专业的法律分析也不能抚平被害人亲属的悲伤。也许在被害人亲属看来,上述判决理由过于冰冷无情,但可以确定的是,本案的裁判结果是合议庭法官经历对情与法的纠结和挣扎后,严格依据法律所作,而且也是合议庭唯一能够作出的裁判结果。

本院认为,原审被告人李彬违反交通管理法规,在道路上醉酒超速驾驶机动车,遇行人通过人行横道,未采取措施避让,致一人死亡,负事故全部责任,其行为已构成交通肇事罪,依法应予惩处。鉴于李彬有自首情节,且积极赔偿被害人亲属经济损失,故可依法对其从轻处罚。由于李彬的犯罪行为使原审附带民事诉讼原告人张有石、闫新蕊遭受的合理经济损失,李彬应依法承担赔偿责任。原审附带民事诉讼被告中国人民财产保险股份有限公司北京市延庆支公司应依法在交通强制险范围内承担责任。对于北京市延庆县人民检察院所提一审判决改变公诉机关指控罪名有误,导致对被告人量刑畸轻的抗诉意见及北京市人民检察院第一分院的支持抗诉意见,以及上诉人张有石、闫新蕊及其代理人对一审判决刑事部分所提意见,本院均不予支持。对于上诉人张有石、闫新蕊二审期间提交的证据及所提一审附带民事部分判决赔偿数额有误的上诉理由以及其代理人所提相关代理意见,经查,一审根据法定赔偿标准以及相关经济损失单据计算附带民事判决数额,符合法律规定。上诉人主张的因被害人张格死亡造成的商业保险利益损失、因生育被害人张格被处罚的罚款以及闫新蕊的医疗费用,根据《侵权责任法》及《最高人民法院关于审理人身损害赔偿案件适用法律若干问题的解释》的规定,均不属于因被害人死亡给原告人造成的直接经济损失范围,且上诉人提交的现有证据并不能证明其误工损失情况,一审判决按照城镇职工月平均工资标准,根据实际需要确定上诉人误工费的数额亦无不当之处,故对于上诉人所提上述上诉理由及代理人的相关代理意见,本院不予采纳。原审人民法院根据李彬犯罪的事实,犯罪的性质、情节和对于社会的危害程度所作出的判决,认定的事实清楚、证据确实、适用法律正确、量刑适当、民事赔偿数额合理、审判程序合法,应予维持。据此,依照《中华人民共和国刑事诉讼法》第二百二十五条第一款第(一)项的规定,裁定如下:

驳回北京市延庆县人民检察院的抗诉及上诉人张有石、闫新蕊的上诉,维持原判。

本裁定为终审裁定。

审 判 长 张 鹏
代理审判员 相 阳
代理审判员 杨 亮
二〇一五年九月十八日
书 记 员 袁慧超
书 记 员 张 洋

【编者按】

本案被告人梁家乾贩卖含氯胺酮成分的液体3 543克,贩卖的毒品数量大。本案虽然案情较为简单,但办理难度较大。一是被告人梁家乾系贩卖毒品的再犯,反侦查能力强,归案后拒不供认,系"零口供"毒品犯罪案件。二是本案虽然缴获了毒品,但在案证据相对单薄,在被告人拒不供认的情况下,仅有证人证言证实犯罪环节,缺乏视听资料等其他证据证实本案缴获的毒品来自被告人。三是本案系特情介入的案件,采信证人证言时需十分审慎。因此,经发回重审,一审补充了笔迹鉴定意见、电子数据(手机短信)等证据。二审时,坚决贯彻"以庭审为中心"的诉讼改革要求,传唤特情人员、侦查人员、关键证人出庭接受质证,做到事实查明在庭上。二审刑事裁定书围绕控辩双方的意见,从证据采信、事实认定、定罪量刑、审判程序以及排除合理怀疑等方面一一论述,对证据是否采信,控辩意见是否采纳均作出回应。文书结构合理,详略得当,层次清晰,说理充分。同时,坚持证据裁判原则,对证据不足的其余39.86克"神仙水"部分,依法不予认定,以客观中立实现裁判公正。

梁家乾贩卖毒品案

广西壮族自治区高级人民法院

刑事裁定书

(2016)桂刑终242号

原公诉机关广西壮族自治区来宾市人民检察院。

上诉人(原审被告人)梁家乾,男,1974年8月8日出生,汉族,初中文化,户籍所在地广西壮族自治区柳州市柳南区和平路7号,住柳州市鱼峰区九头山路15号燎原路新居七排四室。曾因犯聚众斗殴罪于1999年12月7日被判处有期徒刑一年六个月;又因犯贩卖毒品罪于2008年3月24日被判处有期徒刑四年,2011年1月25日刑满释放。因犯贩卖毒品罪于2014年4月16日被刑事拘留,同年4月30日被逮捕。现羁押于广西壮族自治区象州县看守所。

指定辩护人王文千,广西刘晰律师事务所律师。

广西壮族自治区来宾市中级人民法院审理来宾市人民检察院指控原审被告人梁家乾贩卖毒品罪一案,于2015年5月11日作出(2015)来刑一初字第6号刑事判决,梁家乾不服,提出上诉。本院于2015年10月15日作出(2015)桂刑二终字第42号刑事裁定,撤销原判,发回来宾市中级人民法院重新审判。来宾市中级人民法院于2016年3月24日作出(2015)来刑一重字第2号刑事判决。宣判后,梁家乾不服,再次提出上诉。本院依法组成合议庭,于2016年12月15日公开开庭审理了本案。广西壮族自治区人民检察院指派检察员黄思艳、代理检察员农悄出庭履行职务。上诉人梁家乾及其指定辩护人王文千,证人吴华超、覃春瑚、银柳峰,侦查人员孟某某、覃某某到庭参加诉讼。经本院审判委员会讨论决定,现已审理终结。

原判认定:2014年4月14日晚,被告人梁家乾与吴华超电话联系后,即从柳州市驾驶桂BCF511小轿车拉一箱"神仙水"到象州县与吴华超交易。梁家乾在象州县古郡宾馆302房内等候取钱交易时被抓获。经清点,毒品"神仙水"407瓶,净重3 543克。当日,公安民警还从吴华超的车内查获4月初梁家乾送给吴华超的3瓶"神仙水",净重39.86克。经鉴定,所查获的上述"神仙水"均检出氯胺酮成分。

原判认为:被告人梁家乾明知是毒品仍予以贩卖,已构成贩卖毒品罪。梁家乾是累犯和毒品再犯,应当从重处罚。依照《中华人民共和国刑法》第三百四十七条第一款和第二款第一项、第三百五十六条、第六十五条第一款、第五十六条第一款、第五十五条第一款、第五十九条第一款、第六十四条及《最高人民法院、最高人民检察院、公安部办理毒品犯罪案件适用法律若干问题的意见》第三条第一项第二目之规定,判决被告人梁家乾犯贩卖毒品罪,判处有期徒刑十五年,剥夺政治权利四年,并处没收个人财产5万元;随案移送的手机三部、黄色纸箱一个,予以没收,作证据保存。

梁家乾上诉及其辩护人辩护提出:原判认定事实不清,证据不足。本案所缴获的毒品不是梁家乾带来的,是其在象州县古郡宾馆302房打麻将期间,吴犖超的一个"阿弟"搬进来的;本案没有宾馆的监控视频等客观证据,仅依靠具有利害关系的证人及特情人员单方的证言定案,证据不充分;本案系办案人员及特情人员栽赃陷害,没有排除合理怀疑,应当按照疑罪从无的原则,宣告无罪。

梁家乾上诉还提出,其是来为吴犖超代办信用卡的,以为清点的是女人香水,并不知道是毒品;装香水的纸箱不是其的,纸箱上的字是4月初吴犖超来其办公室时让其写的,用于发配件;一审法院先后两次一审判决的审判委员会有75%以上的组成人员重复,第二次一审判决有未审先定的嫌疑,程序不合法。作为本案物证的毒品"神仙水"的重量随意更改,其只认可第一次当其面称量的重量7 086克,要求传唤关键证人、侦查人员出庭对质。

辩护人另提出在证人吴犖超车上查获的三支"神仙水"不能认定为梁家乾所赠送,吴犖超手机上提取的短信内容不能采信,本案尚未查清毒品来源和交易金额,证据链不完整等辩护意见。

广西壮族自治区人民检察院的出庭意见:一审判决认定事实清楚,证据确实、充分,审判程序合法,定性准确,量刑适当。梁家乾上诉称毒品数量应按照当面称量的第一次称重数字来认定的意见成立,其余意见不成立。建议二审驳回上诉,维持原判。

经审理查明,2014年4月14日晚8时许,上诉人梁家乾与吴犖超电话联系后,独自驾驶桂BCF511小汽车从广西壮族自治区柳州市拉一箱毒品含氯胺酮成分的液体(俗称"神仙水")销售给象州县古郡宾馆老板吴犖超。次日凌晨3时许,梁家乾来到宾馆。吴犖超先后安排覃春瑚从梁家乾的车尾箱搬下该纸箱,后又让石宏海将该纸箱搬至302房间。在宾馆大厅的银柳峰、吴杰超目击了上述经过,并与梁家乾、吴犖超、石宏海一道进入302房。到房间后,石宏海、银柳峰先后清点了数量,梁家乾亦清点两次,确认是407瓶。之后,吴犖超、吴杰超、石宏海在宾馆与梁家乾打麻将。其间,象州县禁毒大队得到情报,安排民警乔装成"杜老板"进入房间摸底。15日7时许,缉毒民警将梁家乾抓获。经称量,上述407瓶“神仙水”净重3 543克,经鉴定,均检出氯胺酮成分。

上述事实,有下列经一审庭审举证、质证,二审出庭作证的证人吴犖超、覃春瑚、银柳峰,侦查人员孟某某、覃某某的证言证实。

1. 物证证实:公安机关从象州县古郡宾馆302房提取到407瓶“神仙水”可疑物。

2. 提取笔录、毒品鉴定意见书证实:上述407瓶神仙水提取的样品均检出氯胺酮,含量从0.54% ~3.16%不等。

3. 称量笔录及侦查实验证实:上述407瓶神仙水净重3 543克。

4. 装“神仙水”的纸箱,该纸箱上用透明胶粘贴的白纸上有手写的“标准件象州刘老板”字样。

5. 笔迹鉴定意见证实:“标准件象州刘老板”字迹倾向为梁家乾本人书写。

6. 鉴定意见告知书证实:梁家乾对笔迹鉴定意见无异议。

7. 搜查笔录、扣押清单证实:从梁家乾身上扣押金立牌白色直板手机一部,从梁家乾位于柳州市鱼峰区九头路15号的住处扣押三星牌黑色直板手机一部。

8. 电子数据证实:从梁家乾的白色金立手机上提取的恢复短信,含有大量疑似毒品交易的信息。如2014年1月24日梁家乾发给18677203233的短信,“你给的沙子是什么价钱,果子味道有点小小的怪味,力度没有,没有突出它的买点,果我这里可能走没得”。

9. 通话清单证实:梁家乾的手机号码15577238588与吴犖超的手机号码13633001168于案发前经常深夜联系。案发前一天,即2014年4月14日晚20时25分、22时21分,梁家乾二次主叫吴犖超。

10. 桂BCF511宝骏车行车记录证实:该车于2014年4月15日0时从柳州出发,途经柳江县穿山镇、象州县马坪乡,于3时许到达象州县城。

11. 刑事判决书、释放证明书证实:梁家乾曾因聚众斗殴于1999年12月7日被判处有期徒刑一年六个月,于2001年2月3日刑满释放;又因贩卖毒品于2008年3月24日被判处有期徒刑四年,并处罚金5 000元,于2011年

1月25日刑满释放。

12. 情况说明证实：吴牮超系象州县公安局禁毒大队的特情人员，“杜老板”系该大队的民警。

13. 证人吴牮超证言证实：2014年年初，其经覃维（吸毒人员，已判刑）介绍认识了梁家乾。2014年4月初，石宏海驾驶其汽车载其与银柳峰到柳州市真龙会所，其与银柳峰上到九楼后，其与梁家乾商谈“神仙水”交易事宜。当天，梁家乾还送了3瓶样品给其。4月14日晚，梁家乾打电话给其称有430瓶“神仙水”，其让梁家乾送货并承诺次日8时前付款。次日3时许，梁家乾驾驶宝骏牌小轿车到其经营的象州古郡宾馆。其叫覃春瑚从梁驾驶的车尾箱取出一个纸箱放至宾馆大厅。后其让石宏海将纸箱搬至宾馆三楼的302号房。经石宏海、银柳锋清点，有407瓶，梁家乾认为不对还亲自数了两次并确认只有407瓶。

14. 证人覃春瑚证言证实：2014年4月15日3时许，其回到古郡宾馆大厅看见吴牮超、银柳峰、吴杰超及一不认识的男子。吴牮超介绍该男子是梁家乾。吴牮超让其到梁家乾的车尾厢拿东西，梁家乾把车钥匙给他。其从梁家乾的车尾箱搬一纸箱物品到宾馆大厅内。吴牮超叫石宏海将该箱物品搬至宾馆302房内。经银柳峰、石宏海、梁家乾清点，该纸箱内有400多瓶“神仙水”。证人银柳峰证言证实了吴牮超、覃春瑚的证言。

15. 证人吴杰超证言证实：2014年4月15日3时许，梁家乾驾驶一辆红色宝骏小车到古郡宾馆。吴牮超让覃春瑚从梁家乾的车尾箱内抱一纸箱物品放至宾馆大厅内，后又叫石宏海将该箱物品搬到302号房。纸箱上贴着白纸，白纸上写着“标准件象州刘老板”字样。在302房内，石宏海、银柳峰先后清点并报数，但梁家乾说数量不对并亲自点了两次，才说是407瓶。7时许，他们一起被民警查获。

16. 证人石宏海证言证实：其与吴牮超、银柳峰一起到柳州市找过梁家乾。2014年4月15日3时许，吴牮超让其将一纸箱从宾馆大厅搬至302房内，纸箱上写着“标准件刘老板”。在302房内，其与银柳峰各数了一次，梁家乾数了两次，是407瓶。7时许，他们一起被民警查获。

17. 证人覃俊英证言证实：梁家乾无固定工作，且有吸毒史。

18. 证人卓义盛证言证实:2014 年 4 月 7 日,韦柳波向其经营的公司租赁桂 BCF511 红色宝骏车。

19. 证人韦柳波证言证实:其将从卓义盛处租来的车借给同事艾青芳。

20. 证人艾青芳证言证实:2014 年 4 月 12 日晚,梁家乾叫其帮借一辆车。其向同事韦柳波借得车牌号桂 BCF511 红色宝骏车后转借给梁家乾。梁家乾有吸毒前科,2007 年梁因贩毒被判刑 4 年,直到 2011 年才刑满释放。

21. 证人曾胜彬、李鹏证言证实:2014 年 4 月 16 日象州县公安局向曾胜彬借了一台电子秤。该秤的单位是千克,但为了做生意方便,之前已调制为市斤数。因此,电子秤上显示的 1 千克实际重量为 0.5 千克。

22. 证人覃维证言证实:2013 年年底,其经介绍认识吴华超后一起玩耍。吴华超问其哪个有好的"神仙水",其将梁家乾介绍给吴华超认识。

23. 证人李林证言证实:其系古郡宾馆的合伙人。宾馆装有监控视频,但是在案发前已经坏了。无法调取案发时的监控录像。

24. 侦查人员孟某某、覃某某出庭证实:在得到梁家乾贩毒的情报后,为摸清情况,特安排民警乔装为"杜老板"前往古郡宾馆查看。本案有特情介入,但是不存在搞假案、陷害梁家乾的问题。

25. 上诉人梁家乾供述:2014 年 4 月 15 日凌晨 3 时许,其一人从柳州驾车来到了古郡宾馆为吴华超代办信用卡并上到宾馆 302 房与吴华超等人一起打麻将。其间,吴华超的一个"阿弟"搬了个纸箱进来,里面装的是女人用的香水。因他们数没对,其也帮数了两次,是 407 瓶。之后,来了个老板一起打麻将。天亮后,其莫名其妙被公安抓了,被栽赃陷害说其贩毒。

针对上诉人梁家乾及其辩护人所提出的上诉理由和辩护意见、出庭检察员意见,本院就本案的证据采信、事实认定、定罪量刑、审判程序等问题,综合评判如下:

(一)关于证人证言以及电子数据的证据采信问题

1. 关于本案的关键证人证言能否采信的问题。梁家乾及其辩护人提出覃春瑚等人与梁家乾有利害关系,他们作出的证言不能采信,并要求与他们出庭对质。经查,(1)二审期间,证人吴华超、覃春瑚、银柳峰出庭作证,证实该纸箱系覃春瑚先从梁家乾的车尾箱搬下来,后由石宏海搬进 302 房间,梁家乾与他们一同进入房间。覃春瑚还当庭证实了其从梁家乾车上搬下纸箱的经过"吴华超就叫我和乾哥要车钥匙到外面车上拿东西,但具体是什么东西我不知道。我先摁安全锁再用钥匙打开车门",上述证言与其于2014年4月16日(案发后第二天)作出的证言"乾哥给车钥匙给我,我就按车子的解锁按钮,我发现车子的报警灯一闪一闪的,我到车尾箱旁,用手开不得车尾箱,然后我用车钥匙插进车尾箱开锁才能把车尾箱打开"相一致,其证言自然、连贯,画面感强,切合生活实际。且三人的证言均经过了梁家乾的质证。因此吴华超、覃春瑚、银柳峰的证言应予采信。(2)证人石宏海、吴杰超虽因个人原因未能出庭作证,但石、吴二人均从各自的角度佐证了本案的部分事实,且与出庭的三名证人所作的证言内容一致。虽然石宏海因记忆有误,在第三份询问笔录(2014年6月3日)中说错了房间号,但其第一份笔录(2014年4月15日)证实了搬运纸箱上到302房以及在房间清点玻璃瓶的经过,并能说出该纸箱上粘贴的白纸上的字样。而住宿资料则证实了石宏海于案发前的2014年3月13日即入住于古郡宾馆,案发前其并不认识梁家乾,没有陷害梁家乾的动机。因此,石宏海、吴杰超二人的证言亦应当采信。

2. 关于二审期间从吴华超苹果手机上提取的收到梁家乾于2014年3月31日20时6分发送的一条长短信的这一电子数据报告的证据资格问题。经查:(1)从报告的检材来源看,该报告使用的手机检材系2015年12月11日从吴华超处提取。此时距案发一年半有余,其间吴华超一直使用着该手机,侦查人员并未在案发后第一时间封存、固定。(2)从短信息内容的对应性来看,该报告所显示的梁家乾发给吴华超的疑似毒品交易的长短信无法与在案发后第一时间扣押的梁家乾手机上的信息对应,且梁家乾手机上显示的发送给吴华超的另二条短信,也未能在吴华超的手机上体现。即梁家乾手机上发件箱的内容无法与吴华超手机收件箱的内容相互对应。(3)从报告的具体内容看,该报告显示出吴华超于2018年6月、2028年3月、2037年4月有过收发短信的记录,这明显悖于生活常识。因此,该报告的客观性、真实性存疑,本院不予采信,对上诉人、辩护人的相关质证意见予以采纳。

(二)关于梁家乾贩卖毒品的事实认定问题

1. 关于本案在古郡宾馆302房所查获的407瓶"神仙水"是否为梁家乾

所带来的问题。(1)经笔迹鉴定,该纸箱上所粘贴的白纸上书写的“标准件象州刘老板”字样,倾向为梁家乾所写,梁家乾对该鉴定意见不持异议,并当庭承认系其书写,却否认纸箱为其所有。其提出“该字样系4月初与吴垈超在真龙会所见面时,吴垈超需要发配件,要求其帮写的,故而之后被吴垈超粘贴在纸箱上了”的辩解遭到吴垈超、银柳峰二人的当庭否认。吴垈超称,与梁家乾会面时已是深更半夜,并没有需要发送配件的事由。并且,该次会面,一同开车来到柳州的石宏海尚在楼下,如需托运物品,吴垈超亦可随车携带,根本不用托运。两相比较,吴垈超的证言更符合生活实际,且得到银柳峰的证实,梁家乾的该辩解不能成立,该纸箱即是梁家乾所携带而来。之后,梁家乾与吴垈超、石宏海等人一同进入302房间。石宏海当面将密封的纸箱打开,经石宏海、银柳峰清点,梁家乾本人亦清点两次,确认为407瓶。故,该纸箱及箱内的407瓶“神仙水”均系梁家乾带来的。(2)关于本案是否仅凭前述吴垈超、覃春瑚等人的证言定罪,因而证据不足的问题。经查,除了证人吴垈超等人直接证实梁家乾贩卖毒品的证言之外,还有笔迹鉴定、通话记录、行车记录仪等客观性证据来分别印证本案的事实环节。且本案的多数关键证人均出庭作证并接受梁家乾及其辩护人的质证,一致指认本案查获的纸箱及箱内毒品来自梁家乾的汽车尾箱,梁家乾对这一事实却无力辩驳。故,这些证人证言与其他证据已共同形成证据锁链,证实了梁家乾贩卖毒品的事实。

2. 关于本案毒品数量的问题。经查,侦查人员于2014年4月16日当着梁家乾面称量的结果是7.086千克,梁家乾对上述数字予以认可。证人曾胜彬、李鹏证实该次称量所借用的电子秤原系公斤称,后被调制为市斤称,所显示的数字1千克,实际重量为500克。后经侦查实验,上述证言得到印证。因此,本案的毒品实际重量为3 543克。而从证人吴垈超桂BSR099汽车副驾驶室工具箱搜查出的另三支“神仙水”,因吴垈超的证言与证人银柳峰、侦查人员孟某某的证言均无法完全对应,无法确凿证实该“神仙水”即是梁家乾所送的样品。故对上述三支39.86克“神仙水”不计入梁家乾贩卖毒品的数量。故,对上诉人及其辩护人,检察员关于毒品数量的意见之合理部分,予以采纳。

(三)关于本案是否存在合理怀疑没有排除的问题

1.关于本案是否存在公安办假案的问题。经侦查人员孟某某、覃某某出庭证实,本案系禁毒大队特情人员提供情报。为核实信息的真伪,特派遣民警乔装为“杜老板”前往摸查,不存在公安搞假案的问题。经合议庭庭外核实象州县公安局刑事特情档案以及特情接报表,证实了本案的报案情况及侦破经过。宾馆合伙人李林则证实了监控视频案发前已损坏,因此无法提取现场的录像。故,本案现有证据无法得出公安隐匿证据办假案的合理怀疑。

2.关于本案是否存在证人之间相互串通陷害梁家乾的问题。经查,证人吴华超、覃春瑚、银柳峰具结保证书,出庭证实了本案的事实经过,并与梁家乾对质。吴华超还证实,其是通过(吸毒人员)覃维认识的梁家乾;4月初,其前往柳州找吴华超查看样品;案发前一天晚上,经电话联系后,梁家乾驾车前来交易。吴华超的上述事实与覃维、银柳峰的证言、通话记录、桂BCF511小汽车的行车记录等证据相印证。故,本案亦排除了证人串通陷害梁家乾的合理怀疑。

3.关于梁家乾辩解来象州是为吴华超代办信用卡的辩解是否成立的问题。经查,梁家乾当庭承认其从未为他人成功代办过信用卡,也无法说明代办的操作流程。但却辩称其深夜借用他人车辆,从柳州独自驾车来到象州,为他人代办信用卡。这一辩解显然无法自圆其说,难以支持。

故,应梁家乾的要求,经过二审传唤关键证人、侦查人员出庭,已排除了其被栽赃陷害的合理怀疑,而其关于来象州的目的是代办信用卡的辩解并不能成立。

(四)关于梁家乾是否构成贩卖毒品罪的问题

1.关于梁家乾否认明知纸箱内的东西为毒品的问题。经鉴定,该纸箱内的407瓶液体含有氯胺酮成分,系毒品“神仙水”。但梁家乾辩称其以为纸箱内的东西为女人用的香水,并不知是毒品。经查,梁家乾深夜独自驾车前往柳州,运送一箱密封的“香水”给(吸毒人员)吴华超,这一辩解明显与生活常识不符。从其随身携带的手机上提取的短信来看,有大量内容疑似与他人毒品交易的信息,如“你给的沙子是什么价钱,果子味道有点小小的怪味，力度没有，没有突出它的买点，果我这里可能走没得”。且其有吸毒史，曾因贩卖毒品被判过刑，又对纸箱系从其车上搬下的这一前提事实拒不承认。可见，梁家乾明知该玻璃瓶内装的是“神仙水”，为逃避罪责，拒不承认贩卖毒品的事实。故，梁家乾的该辩解不成立。

2. 关于辩护人提出本案未查清毒品来源以及未缴获毒资的问题。经查，明知是毒品而非法销售的，即构成贩卖毒品罪，是否查清毒品来源以及是否获利并不影响该罪的成立。本案中，在古郡宾馆302房间所查获的毒品“神仙水”系从梁家乾的车上搬下来；经过石宏海、银柳峰和梁家乾本人的清点确认，有407瓶；经称量，净重3 543克；经鉴定，均检出氯胺酮成分。故此，梁家乾贩卖毒品含氯胺酮成分的液体的事实清楚，证据确实、充分。故，辩护人提出的该辩护意见不能阻却对梁家乾定罪判刑。

（五）关于本案审理程序的问题

1. 关于梁家乾提出的本案一审前后两次判决所告知的审判委员会组成人员中有75%的委员系重复的，因此，第二次一审判决有未审先定的可能的问题。经查，来宾市中级人民法院于2015年5月11日作出的（2015）来刑一初字第6号刑事判决并未经审委会讨论。本院发回重审后，因案情重大、疑难，方提交审委会讨论后于2016年3月24日作出（2015）来刑一重字第2号刑事判决。因此，梁家乾顾虑的先入为主、未审先定的问题并不存在。

2. 关于梁家乾提出为其指定辩护人及邀请人大代表、政协委员、群众等旁听庭审的要求。经查，本案一审、二审均通过法律援助中心为其依法指定了辩护人，故其辩护权已得到了保障；本案前后四次庭审均公开开庭审理，每次开庭三日以前均公布案由、开庭时间和地点，来宾市中级人民法院还于2016年2月16日分别向象州县政协委员会、象州县人大常委会发出邀请函；本院还于第四次庭审时，应上诉人的要求，传唤了关键证人、侦查人员出庭作证。因此，本案的一审、二审均做到了依法接受监督，并不存在所谓的暗箱操作、官官相护的情形，上诉人的程序性权利均予以了充分保障。

本院认为，上诉人梁家乾明知是毒品含氯胺酮成分的液体，仍贩卖给他人，其行为已构成贩卖毒品罪。梁家乾贩卖毒品含氯胺酮成分的液体3 543克，根据《最高人民法院、最高人民检察院、公安部办理毒品犯罪案件适用法律若干问题的意见》第三条第(一)项第二目之规定,已属贩卖"其他毒品数量大",依法应处十五年有期徒刑、无期徒刑或者死刑,并处没收财产。梁家乾曾因犯贩卖毒品罪被判处有期徒刑,刑罚执行完毕以后,在五年以内再犯应当判处有期徒刑以上刑罚之罪,是累犯和毒品再犯,依法应当从重处罚。二审期间,虽对梁家乾贩卖毒品的数量依法扣减了39.86克,但综合考虑本案的实际情况,原判对其判处有期徒刑十五年,剥夺政治权利四年,并处没收个人财产5万元,属起点刑量刑,应予维持。综上,原判认定梁家乾贩卖毒品含氯胺酮成分的液体3 543克的事实清楚,证据确实、充分,适用法律正确,定罪准确,量刑适当。审判程序合法。依照《中华人民共和国刑事诉讼法》第二百二十五条第一款第(一)项和第二百三十三条之规定,裁定如下:

驳回上诉,维持原判。

本裁定为终审裁定。

审 判 长 权 彤

审 判 员 唐玉迪

代理审判员 梁冬媛

二〇一七年三月十日

书 记 员 马春艳

REFERENCE TO CRIMINAL TRIAL

CONTENTS

图书在版编目（CIP）数据

刑事审判参考. 总第120集 / 中华人民共和国最高人民法院刑事审判第一、二、三、四、五庭主办. -- 北京：法律出版社，2019

ISBN 978-7-5197-4148-8

Ⅰ. ①刑… Ⅱ. ①中… Ⅲ. ①刑事诉讼－审判－中国－丛刊 Ⅳ. ①D925.218.4

中国版本图书馆CIP数据核字（2019）第280095号

刑事审判参考（总第120集）
XINGSHI SHENPAN CANKAO
（ZONG DI-120 JI）

中华人民共和国
最高人民法院刑事审判
第一、二、三、四、五庭 主办

责任编辑 许 睿 连晓敏
装帧设计 李 瞻

编辑统筹 司法实务出版分社

出版 法律出版社
总发行 中国法律图书有限公司
经销 新华书店
印刷 永清县金鑫印刷有限公司
责任印制 胡晓雅

开本 710毫米×1000毫米 1/16
印张 19
字数 329千
版本 2020年2月第1版
印次 2020年2月第1次印刷

法律出版社/北京市丰台区莲花池西里7号（100073）
网址/www.lawpress.com.cn
投稿邮箱/info@lawpress.com.cn
举报维权邮箱/jbwq@lawpress.com.cn
销售热线/400-660-8393
咨询电话/010-63939796

中国法律图书有限公司/北京市丰台区莲花池西里7号（100073）
全国各地中法图分、子公司销售电话：
统一销售客服/400-660-8393/6393
第一法律书店/010-83938432/8433
西安分公司/029-85330678
重庆分公司/023-67453036
上海分公司/021-62071639/1636
深圳分公司/0755-83072995

书号：ISBN 978-7-5197-4148-8
定价：38.00元

征稿启事

《刑事审判参考》是最高人民法院刑事审判第一、二、三、四、五庭共同主办、法律出版社出版、面向国内外公开发行的刑事司法业务指导和研究性出版物。

为能够以最前沿的视野、最权威的高度和最贴近刑事司法实践的方式编辑本书,欢迎各位同仁向本书以下栏目提供稿件:

1. 指导案例。在认定事实、采信证据和适用法律、司法解释定罪量刑方面具有研究价值和指导意义的典型、疑难案件,并附一审、二审裁判文书。

2. 理论前沿。对刑事司法的前沿理论问题进行深入研讨的论文。

3. 域外司法。评介域外的刑事立法及司法制度、实务问题和典型案件的文章。

4. 经验交流。地方司法机关制定的刑事司法规范性文件及其背景说明,地方人民法院院领导在刑事审判工作会议上的讲话,等等。

5. 实务探讨。对某一类刑事实务问题提出的解决方案。

6. 裁判文书。具有较强说理性、充分体现法官裁判思维和判案智慧的优秀裁判文书。

7. 编辑部答疑。读者在刑事司法实践中遇到的法律适用方面的疑难、复杂问题。

8. 疑案争鸣。针对刊登的疑难案例争议问题进行分析、发表观点,等等。

稿件应有问题意识,观点明确,语言平实,不晦涩。

来稿请注明作者的联系方式(包括地址、邮编和电话)。来稿一经采用,将按著作权的规定支付报酬。

来稿可向以下任何一位执行编辑投递：

北京市东城区北花市大街 9 号最高人民法院刑一庭　赵俊甫

zhaojunfu81@ 163. com

北京市东城区北花市大街 9 号最高人民法院刑二庭　段　凰

cankaodh@ 163. com

北京市东城区北花市大街 9 号最高人民法院刑三庭　周　川

xingsanting@ sohu. com

北京市东城区北花市大街 9 号最高人民法院刑四庭　陆建红

Lu_Lu_jianhong@ 126. com

北京市东城区北花市大街 9 号最高人民法院刑五庭　方文军

fwjzgf@ sina. com

邮编：100062

特别提示：为避免各庭之间采稿重复，来稿不可同时投递。

最高人民法院刑事审判第一、二、三、四、五庭